歪(ゆが)んだ正義

「普通の人」がなぜ過激化するのか

Tomoko Ohji
大治朋子

毎日新聞出版

歪(ゆが)んだ正義

「普通の人」がなぜ過激化するのか

はじめに

「あなたは、自分や自分の家族が無差別殺人を犯す可能性があると思いますか」

そう聞かれて、「はい」と即答する人はほとんどいないだろう。

「そんな凶暴な人は、そもそも自分たちとは無縁の世界の住人だから」

もしあなたが咄嗟にそう感じたのなら、本書は一読する価値がある。

本書は「普通の人」がさまざまな経緯を経て過激化へと突き進むにいたるその道のりを、いわば体系的に地図化しようという試みだ。過激性はどこから生まれ、どのように育つのか。そうしたプロセスを可能な限り「見える化」することで、個々人、あるいはその愛する人が過激化プロセスにあるのかどうか、あるとすればどの位置にいるのかを認識し、暗くて深い過激化トンネルへと落ちるのを防ぐ、もしくは落ちたとしてもそこから引き返すために手がかりとなりそうな情報をまとめている。

これまでの海外特派員生活で過激化した人々らが怒りをむき出しにして衝突する現場を幾度も取材した。だが、その暴力のメカニズムを十分に解き明かす文献は見つからなかった。

私は２００６年秋から４年間、ワシントン特派員を務めた。２００９年春、駐アフガニスタン米陸軍に約１カ月間従軍取材し、乗っていた軍用車がイスラム系原理主義組織タリバンの爆弾攻撃を受けて大破した。奇跡的に命拾いしたが、文字通りテロリズムの脅威を肌で感じた。同じ年の11月、米テキサス州陸軍基地に勤務するイスラム教徒で移民二世の軍医が銃を乱射し同僚の米兵ら13人を殺害した。米国はやがて、ホームグロウン（自国生まれの）・テロリズムという巨大な波に呑み込まれた。２０１３年春からはエルサレム特派員として現地の紛争や過激派組織「イスラム国」（ＩＳ）の元戦闘員らへの取材を重ねた。

こうした経験から、私の中では「テロリズムといえば特異な人々によるもの」というイメージが無意識的に形成されていたように思う。だが２０１７年夏から２年間、会社を休職してイスラエルの大学院で研究生活に入り、テロリズムはイスラム系に限らないことはもとより、どんな人も過激化しテロリストにすらなりうるのだという認識に達した。

現地で心理学を専門とするユダヤ人の教授らが口にしたのは、「テロリストの心の中を知りたければ、まず私たち自身の心を見つめることだ」という言葉だった。イスラエルの大学院で学ぶにあたり、私はユダヤ人の教授らがパレスチナ人を「テロリスト」呼ばわりし差別と偏見に満ちた講義をするのではないかと内心懸念していたが、それは杞憂だった。イスラエルの政治は近年、右傾化が著しいが、大学はその影響を必ずしも受けていない。

学内のカフェではユダヤ人、パレスチナ人、そして私のような外国人の学生が入り乱れておしゃべりに興じていた。紛争が絶えない聖地エルサレムに住んでいた特派員時代には、決して見ることのなかった「共存」風景だった。

過激化やテロリズムの心理学的研究で世界を牽引してきたのは欧米もしくはイスラエル出身のユダヤ人だ。ナチス・ドイツによるホロコースト（ユダヤ人大量虐殺）より以前から現在にいたるまで脈々と続く反ユダヤの潮流の中で、彼らは「普通の人」がいかにその思考を過激化させ、自分たちと異なる集団を排斥し、暴力をもって排除しようとするかを身をもって経験し、その心理メカニズムについての研究を重ねてきた。

こうした研究分野では米国が先駆者のようなイメージを抱く人は少なくないかもしれないが、米国で本格的な研究が始まったのは2001年の9・11同時多発テロ事件以降だ。しかも当初は9・11事件の「被害者」の心理ケアが中心で、「加害者」による過激化の心理メカニズムを解き明かす研究はさらに時を待たねばならなかった。その調査が緒につい たのは私がワシントン特派員として米国に滞在していたころだ。自国生まれのローンウルフ（一匹オオカミ）によるテロリズムが拡大し、過激派組織に属さない個人がどのように「自己過激化（self-radicalization）」するのかという心理メカニズムの解明が喫緊の課題となった。

2019年秋、私は留学を終えて毎日新聞編集委員として復職した。最初に手がけたのは2020年東京五輪のセキュリティを検証する特集記事だった。その取材を通じて、日本においてもごく「普通の人」が単独で無差別の凶行に走る事件が近年、増加傾向にあることを改めて認識した。

2015年4月、首相官邸の屋上に微量の放射性物質を乗せたドローンを落下させた男は調べに対し、自らの犯行を「デモ以上、テロ未満」と語った。2019年元日未明、東京・原宿の竹下通りで男が車を暴走させ8人に重軽傷を負わせた事件は記憶に新しい。

米田壮（つよし）元警察庁長官は取材に対し、ローンウルフによる「現代型テロ」は五輪の大きな脅威だと指摘した。その特徴として①死ぬことや捕まることを恐れず、刑事罰による抑止力が効かない②組織的でないため事前の情報収集が極めて困難③テクノロジーの進歩による単独でも高い実行力——などを挙げた。こうした傾向は、私がイスラエルの大学院やその併設のシンクタンクで行った研究結果と見事に一致していた。また、「無差別テロの心理分析」に関する論文がある大渕憲一・東北大学名誉教授（社会心理学）は「従来の心理分析は、テロ事件を起こす人は特殊な思想信条の持ち主、あるいは偏った性格・異常な心的状態にある人であるとの特異心理仮説に基づく研究が中心だったが、近年は、先進諸国からISに参加する若者、ホームグロウン・テロリスト、ローン・ウルフ型の増加などを背景に、誰でもが状況によってはテロリストになりうるのではないかという一般心理仮説に基づく分析が主流になりつつある」と指摘している（大渕，2018, p.80）。日本の状況や課題に鑑(かんが)みても、過激化プロセスの「地図」を作り多くの人と情報共有することは大きな意義があると思われた。

本書の主な構成は、第1章が2015年秋から約1年間続いたパレスチナの若者らによるユダヤ人への波状攻撃や、それに対するユダヤ人の反応も含めた双方の個人、集団による過激化現象についての検証だ。

第2章は2015年1月に発覚したイスラム国による日本人男性2人の誘拐・殺人事件を中心に、イスラム国の元戦闘員たちへのインタビューなどから組織がいかに個人を過激化させるかについて報告した。

第3章はイスラム主義に限らず世界各地で起きるさまざまなローンウルフによる攻撃のパターンや「一匹オオカミ像」の変遷を追った。

第4章は彼らが過激化する過程に注目し、私が描いた過激化プロセスを明らかにした。また過激化を促すものとして人間の認知バイアス（思い込み）や、ユーチューブなどソーシャルメディアが果たす役割についても分析している。

第5章は本書が掲げる最大の問い、『普通の人』がなぜ過激化するのか」への答えを私なりに記した。この疑問に十分答える調査・研究は私が知る限りこれまで日本においても世界においても存在せず、本書を書く強い動機になった。私が目にした論文や著書の多くはすでに過激化プロセスに入っている人、あるいは入った後に脱過激化に成功したという人のインタビューから過激化プロセスの心理メカニズムを検証していた。しかしそのプロセスに入る手前、つまりどういう人がどのような状況でプロセスに入って行くのかが分かる文献は見つからなかった。扱われるケースもテロ組織の元メンバーが多く、最近世界的に増えているローンウルフの過激化メカニズムに特化した分析は限られていた。

テロが起きると、貧困地区出身であるとか家庭に問題があるとか、移民である、イスラム教徒であるといったことが直接的な要因であるかのように伝えられがちだが、貧困であっても家庭環境が厳しくても移民であってもイスラム教徒であっても大多数の人はテロリズムを起こすこともなく平穏に暮らしている。それにもかかわらずなぜごく一部の人だけが過激化するのか、そうした疑問に可能な限り答えたのがこの章だ。

第6章は東京五輪に向けてローンウルフがもたらす脅威や、新型コロナウイルス禍で相次いだ「歪(ゆが)んだ正義」に基づく差別やいじめについて専門家の知見を借りながら分析した。さらに日本で起きた過去の事件について、第4、5章で紹介した過激化メカニズムをもとに検証した。

最後の第7章は、私たち一人ひとりがちょっとした工夫でできる過激化抑止のための試みについてまとめている。

ジャーナリストにとって情報収集と分析は車の両輪のような存在だ。どちらも重要で欠かせない。ところが現場に行くのに追われ、勉強不足になったり多角的な視点を補う余裕が持てなかったりする。私自身、取材で訪ね歩いた現場と現場、その「点」と「点」を専門的、統計的な知識を持たないまま自分の限られた経験だけを根拠につないで「現実」であるかのように提示してしまったこともある。2年余りの研究生活を送ったのも、そうした長年の課題を少しでも解消したいとの思いからだった。現場と現場を結ぶ分析の「線」をもっと自信を持って力強く描き、より実態に迫るための知識や分析力を身につけたかった。

その意味では、本書はジャーナリズムと学術的視座（アカデミズム）の両方、いわば「アカデミ・ジャーナリズム」（私の造語です）を私なりに実践してみた結果である。このため可能な限り参考文献を明記した。

なお、本書ではイスラエルが占領するパレスチナ自治区ヨルダン川西岸や、パレスチナ自治区ガザ地区、東エルサレムに住むアラブ人を「パレスチナ人」、またイスラエルに住むユダヤ人を「ユダヤ人」とそれぞれ便宜上、記した。また、本書の登場人物の肩書、年齢は取材当時のままで敬称は原則、省略させていただいた。

歪(ゆが)んだ正義　「普通の人」がなぜ過激化するのか　目次

第3章 ローンウルフ2・0

第4章 「過激化プロセス」のモデル

第5章 誰にでもある心身のバランスシート

ブックデザイン、図版　鈴木成一デザイン室
編集協力　折笠由美子
DTP　センターメディア

第1章

「普通の人」が過激化する

「私はテロリストにはならない」

２０１７年10月、イスラエル最大の都市テルアビブ北方にあるヘルツェリア学際研究所（ＩＤＣヘルツェリア）の教室で、私は「テロリズムの心理」という授業が始まるのを心待ちにしていた。ＩＤＣ併設の大学院への入学が決まり、授業の一覧表を見て最も関心を持った授業のひとつだ。担当のエラン・シャダク博士は、イスラエル軍兵士の心理的危機管理を担当してきた元軍幹部だという。黒い半そでのＴシャツにサファリパンツで登場したシャダク博士は授業の冒頭、私たちにこう尋ねた。

「あなたは、自分がテロリストになることもありうると思いますか」

受講する生徒計約80人の半数が「ありうる」と答え、残る半数が「ありえない」と答えた。「絶対ありえない」。私はそう直感したので、多くの生徒が肯定的に答えたのにはむしろ驚いた。２０１３年春から4年余りエルサレム特派員として現地で暮らし、イスラエルとパレスチナ双方による暴力の応酬を目の当たりにしてきただけに、暴力を肯定するいず

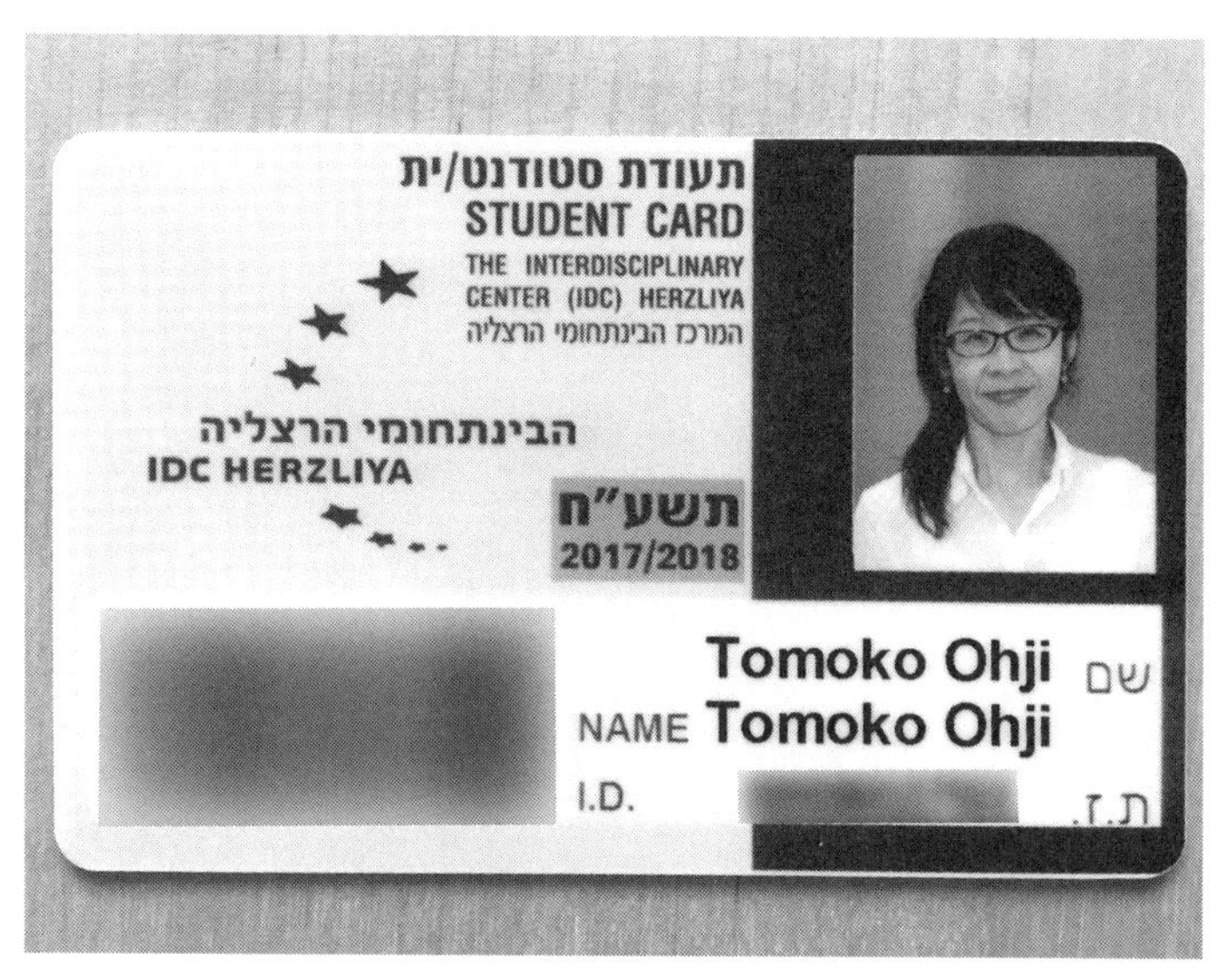

ヘルツェリア学際研究所大学院の学生証＝筆者撮影

れの勢力にも強い憤りを感じてきた。だからこそ、そんな行為を自分がするわけがないという強い思いがあった。

だがこの確信は、研究を進めるにつれ徐々に崩れていくことになる。

1学年150人余りの生徒は4割が米国系ユダヤ人、3割が欧州系、3割弱がイスラエルのユダヤ人で、それ以外はアフリカ系が男女ひとりずつ、アジア系は私ひとりだった。政府から派遣されていたのは、米国からは米軍のエリート、陸軍士官学校（ウェスト・ポイント）と米議会からの女性2人、欧州からはオーストリアの警察から男性1人がそれぞれ来ていた。イスラエルからは警察の爆弾処理班の元トップと現職トップも私たちと机を並べた。

年齢層は20代が大半をしめたが、すでに専門的な経験を積んだ40代以上も1割程度はいた。私のような50代は爆弾処理班の2人を含めてもさすがに数えるほどだったが、彼らとは専門的な知識を共有できたのでよい刺激をもらった。

教授陣は8割以上がイスラエル在住のユダヤ人で、米国からは元米中央情報局（ＣＩＡ）幹部、現職の米連邦捜査局（ＦＢＩ）幹部、シンクタンクのランド研究所上級研究員ら治安当局系の専門家が来ており、大半は非ユダヤ系だった。

授業が進み、シャダク博士は衝撃的な言葉を口にした。

「テロリストの頭の中を考えるには、まず普通の人々の頭の中を考える必要がある。そうしていくと、大半の人は状況さえ整えばテロリストになるのだということが分かる」

博士は自分たちユダヤ人も含め、誰もがテロリストになるのだと断言した。その根拠として授業で見せたのが１本の動画だった。

米スタンフォード大学のフィリップ・ジンバルドー名誉教授（心理学）が行った、有名な「監獄実験」の撮影フィルムだ。状況がいかに人を過激化させるかを証明した心理学の実験である（ジンバルドー，2015）。１９７１年、ジンバルドー名誉教授は24人の中流階級の米国人学生を対象に、12人を看守役、残りを囚人役にそれぞれ設定。囚人役は裸にされ、身体検査をされ、足を鎖でつながれ、番号で呼ばれて囚人服と敷物だけを渡される。看守役はアイコンタクトをしなくてすむようにサングラスをかけ、制服、笛、警棒と鍵を渡され、「囚人に何をしてもよい」という支配権をもらう。その結果、実験は想定よりかなり短い６日間で終了せざるをえなくなった。看守役が予想以上に残酷な行為を繰り返し始めたからだ。

囚人にろくに食事を与えず、頭巾をかぶせて鎖でつなぎ、トイレを手で掃除させ、退屈になると品格をおとしめるようなゲームで弄んだ。36時間後には、ひとりの囚人が急性のうつ状態になり、解放せざるをえなくなった。実験結果を踏まえ、ジンバルドー名誉教授は、「これまでに、どこかの誰かが行った恐るべき行為も、私たちの誰もがやりかねないことを証明した」と述べた。

現在は倫理的観点からこのような実験が行われることはないが、同じような事態は現実社会でも起きている。イラクの首都・バグダッド郊外のアブグレイブ刑務所を舞台に２００４年に発覚したイスラム教徒への虐待事件だ。ジンバルドー名誉教授はこの事件で刑務所の看守を務めた米兵の弁護側に立ち、環境は人を悪魔にさえすると弁護した（AFP, 2008）。

この監獄実験の動画を見た後、授業で議論が始まると、米陸軍士官学校から来ていた女性士官が手を挙げて発言した。「私はイラクでアブグレイブ事件の調査に実際に関わっていました。具体的なことは言えませんが、刑務所にいた兵士すべてが残虐な行為をしたわけではありません。ごく一部の兵士がやったことで、大半の兵士はそこまではやらなかったか、そういう事態が起きていることすら知らずにいたのです」

同じ状況下に置かれてもエスカレートして過激な行為に走る者もいれば、そうはならない者もいる。だとすればその運命を分けるのは何なのか。人はどのようなメカニズムで「悪魔」へと変貌するのか。私は彼女の言葉を聞きながら、かねて抱いていた疑問が改めて胸に浮かんだ。

テロリズムと過激化の定義

「テロリズムの定義はない」。大学院の授業で学ぶなかで驚いたことのひとつに、国際社会がテロの定義ですら合意できていないという事実があった（越智，2019）。国連の国際テロリズム特別委員会にインドが定義案を提出したのは２００１年1月だが、その年の9月に米同時多発テロが起きて議論は紛糾した。結局、インド案は却下され現在にいたるまで合意できていない（モハダム＆マーセラ，2008）。その結果、各国は独自にテロを定義し、それに基づく法制度を整備している。例えば米国は１９８３年から、テロリズムの統計および分析を行うため、米国が独自に合衆国法典第22編第２６５６ｆ(d)条にて規定したテロリズムの定義を採用し、「テロリズムという言葉は、通常、一般大衆（audience）に影響を与えることを意図し、準国家的集団（subnational group）又は秘密の代理人による、非戦闘員を標的とし、事前に計画された政治的な動機を持つ暴力をいう」と定めている（清水, 2005, p.43）。

一方、私が通った大学院のボアズ・ガノール学長はテロリズムへの対策を講じるにはまずその定義について広く合意する必要があるとして以下のような内容を提案している。「テロリズムとは政治的（民族・国家主義的、社会経済的、イデオロギー的、あるいは宗教的なものなどを含む）な目的を達成するために市民に対して意図的に使われる暴力的な闘争の一形式」（Ganor, 2006, p.17）

本書は心理学的な観点からテロリズムを探究する試みであることから、米国の著名な社会心理学者らが共著で出版した『テロリズムを理解する――社会心理学からのアプローチ』（釘原直樹監訳 ナカニシヤ出版）が記す定義「テロリズムとは、何らかの政治的、思想的、感情的（emotive）目標を成し遂げるために実行される、無辜の市民に対する意図的暴力」を使うこととする（ワグナー&ロング, 2008, p.264）。

次に「過激化（radicalization）」についてはどうか。これはさらに悩ましい。英国の内務省は「人々がテロや暴力的な過激主義を支援するようになる過程で、一部のケースではテロ

[図1] 意見の過激化ピラミッド 出典：Moskalenko & Mccauley, 2016

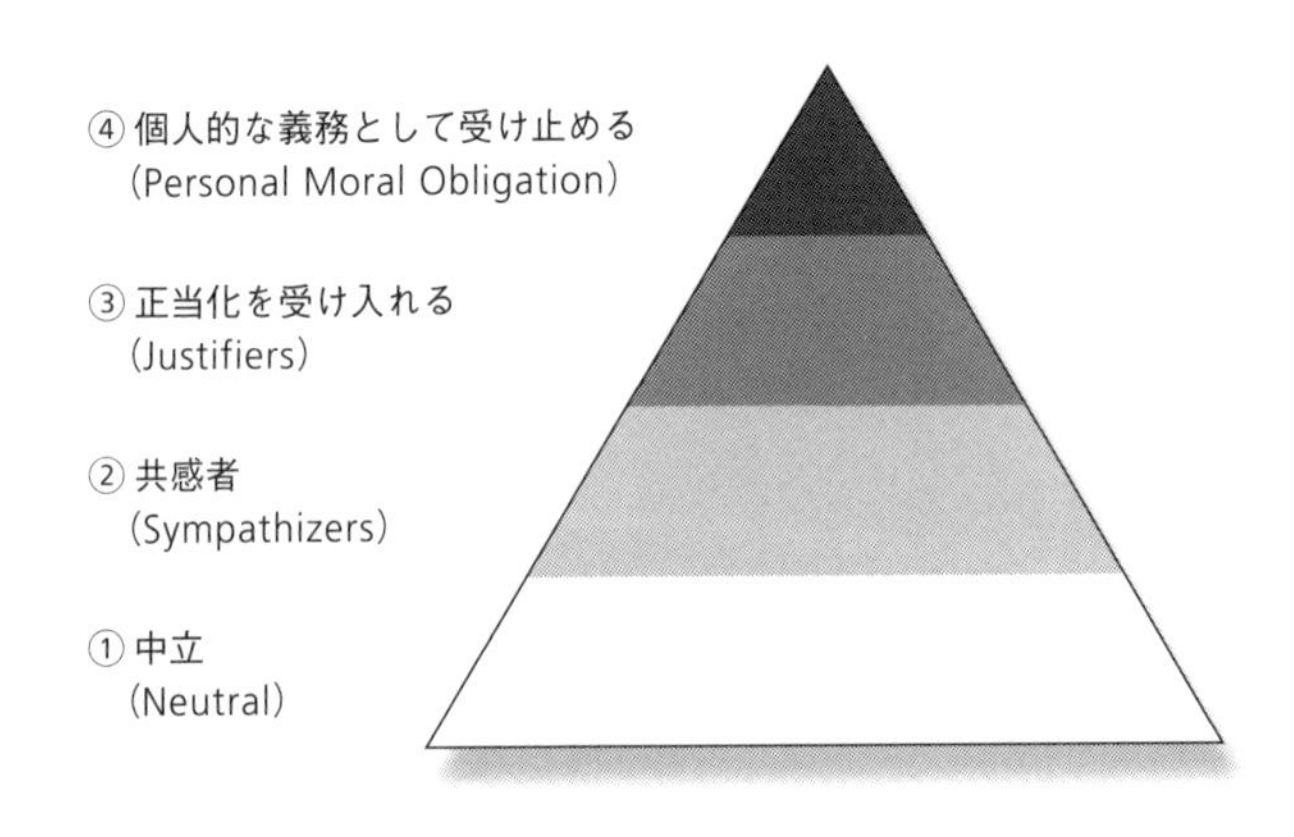

組織に参加する」と定める（UK Parliament, 2009）。同省は過激化を次の3つのステップに分けている。まず社会に劇的な変化が必要だという過激な考えを受け入れた段階、そしてその目標を達成するためなら政治的な暴力もいとわないと考える段階、最後は暴力という手段を実際に使う段階だ。つまり英政府は、過激化とは過激な思考を持つ状態だが暴力を肯定するとは限らないし、実際にそれを行使するかどうかも分からない状態、と考えている。

一方、米ブリンマー・カレッジのクラーク・マカウリー名誉教授（心理学）と米ペンシルベニア大学のソフィア・モスカレンコ博士が2016年に出版した過激化についての著作『摩擦――いかに紛争は我々や彼らを過激化させるか』は意見と行動の過激化を区別。そのう

[図2] 行動の過激化ピラミッド 出典：Moskalenko & Mccauley, 2016

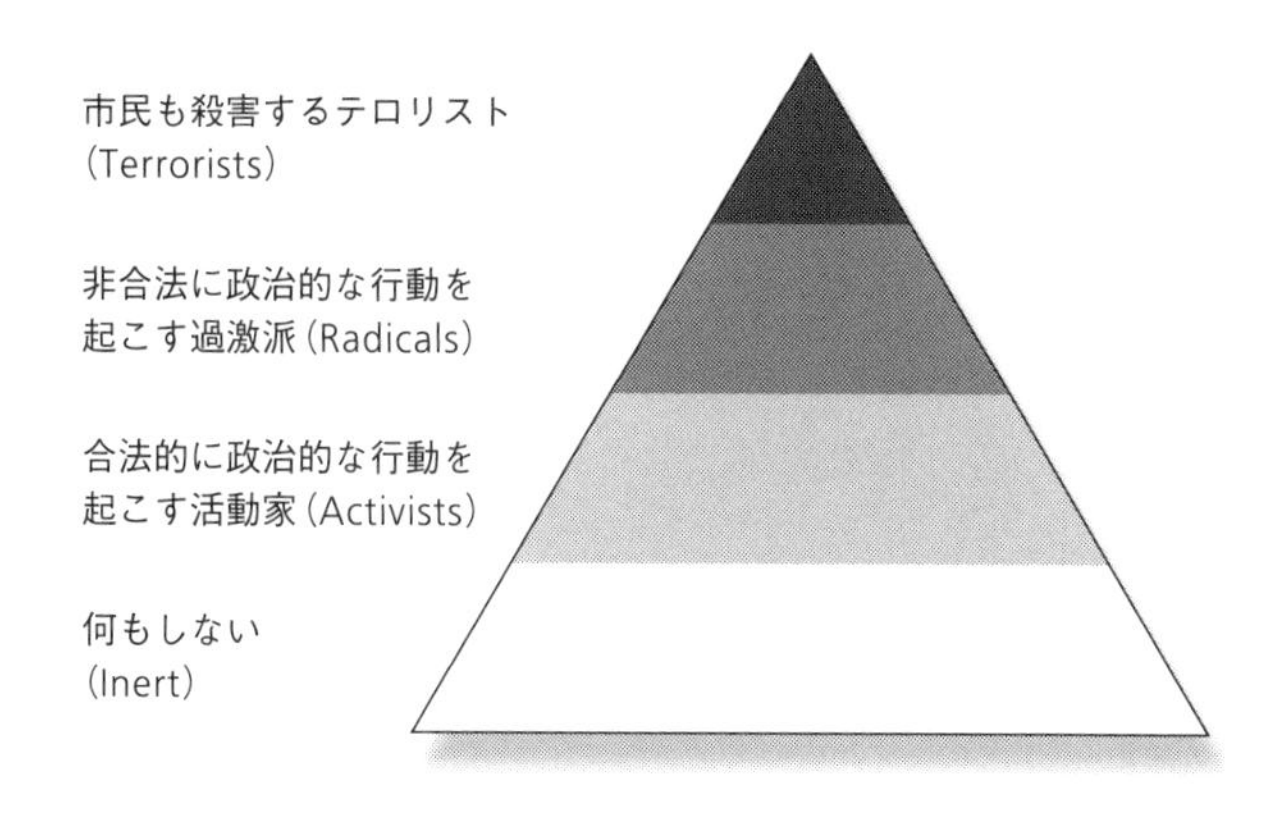

えで双方は必ずしも連動しないと指摘している(Moskalenko & Mccauley, 2016)。

彼らによると、意見の過激化は図1のようなピラミッド状になる。まず、ある特定のイデオロギー（考え方）について①中立レベルから始まり、②共感者③当然のことと正当化を受け入れる段階へと進み、最終的にはその考えを④個人的な義務として受け止めるレベルへと進む、という。

また、著者らは行動の過激化も図2のようにピラミッド化している。一番下が何もしない状態で、その上が合法的に政治的な行動を起こす活動家レベル、さらにその上が非合法に政治的な行動を起こす過激派レベル、最後は市民殺害もいとわないとするテロリストレベルだ。

政治的行動が合法的なものから非合法なもの

へ、さらに非合法な暴力へとエスカレートする背景には、合法的な手段ではもはや目標は達成できないという思い込みや絶望がある。

この2つのピラミッドはどのように相互に関係し合うのか、それとも関係を持たないのか。著者らによると、この疑問にデータでしっかりと答えられるような調査研究はこれまで行われていない。

ただ、イスラム教徒に対してはこうしたレベルにそれぞれどれぐらいの人がいるかがおおまかに分かる世論調査が行われている (Guardian, 2004)。例えば2004年11月に英国在住のイスラム教徒500人に聞いた調査では、「ブッシュ米大統領とブレア英首相が『テロとの戦いはイスラムとの戦いではない』と言っているがその通りだと思うか」という問いに「その通りだ」と答えた (図1の①レベル) のは全体の14%で、「そうではない」(図1の②レベル) は8割を占めた。これはつまり、西欧が掲げる「テロとの戦い」は実際のところイスラム教徒を敵視する戦いだと8割のイスラム教徒が受け止めていることを意味する。

同様の調査は2005年7月に起きた英ロンドン同時多発爆弾テロの後にも行われ、「英国の自爆テロ犯がさらなる攻撃をすることは正当化されるか」という問いに、5%が「正当化される」と回答した (Guardian, 2005)。英国のイスラム教徒 (成人) は約100万人とされ、その5%となると約5万人にあたる。2001年9月11日の米同時多発テロからこの調査が行われた時点までに英国で検挙されたテロ関連事件(イスラム教徒に限らない)は数百件とメディアで報じられているので、仮に500件としても、「英国の自爆テロ犯がさらなる攻撃をすることは正当化される」と答えた5万人のうち実際に行動を起こしたのは1%程度、という計算になる。これは成人イスラム教徒の0・05%程度にあたる。

こうした結果からいえることは、テロリズムに共感するレベル(図1の②レベル)はおおむね8割前後と高くても実際にそれを実行することを正当化したり本当に実行したりするレベルとの間には大きな差があるということだ。意見の過激化=行動の過激化、と単純に結びつけることはできない。

このためマカウリー名誉教授らは、例えばイスラム過激化の潜在的テロリストを見つけたいのであれば治安当局がよくやるイスラム礼拝所のモスク周辺での諜報(ちょうほう)活動ではなく、射撃場で張り込むほうが効率が良いと皮肉交じりに提案している。オバマ政権がこの点で大失敗をしでかしているからだ。

2015年2月、ホワイトハウスは3日間にわたる「危険な過激主義への対策サミット」と銘打った国際会議を開催した(The White House, 2015)。各国の過激思想の専門家らを招いて過激思想の持ち主からテロリストを事前に探し当てる手法などを検討するのが目的だったが、対象者がむやみに広がり過ぎ、イスラム教徒への差別や偏見などむしろさまざまな弊害をもたらす結果となった。

過激な表現活動をいくらマークしても、過激な行動をする者にいきあたるとは限らない。そのことはまず、表現活動の不要な取り締まりなどを治安当局にさせないためにも私たち市民がしっかり認識しておくべきことだ。

緒についたばかりの心理分析

では、テロリズムや過激化を心理学の見地から解き明かすというアプローチはどの程度行われてきたのか。

調べてみるとここにもまた意外な状況があった。9・11事件の前までは、テロや過激化を専門とする心理学者の数は米国でも非常に限られていた。例えば米メイン州ベイツ・カレッジのリチャード・ワグナー元教授（平和心理学）は『平和、紛争、暴力――21世紀の平和心理学』（2001年出版）という本を作るため、テロリズムに関する章を担当できる心理学者を探したが見つからず、やむなく、テロに関する章抜きで出版準備を始めたと回想している（ワグナー&ロング, 2008）。

政治的暴力としてのテロリズムは18世紀末のフランス革命以降に世界各地で見られるようになり、20世紀に入ると、ドイツ赤軍派、イタリアの赤軍「赤い旅団」、バスク祖国と自由、パレスチナ武装組織など、宗教的要素を含まない世俗派の過激派組織による襲撃事件やハイジャック事件が相次いだ。

１９７０年代初期の心理学者は当初、こうしたテロリズムを行う者には反社会的人格障害や精神障害があり、ナルシシストや偏執狂者、サイコパスなどが多いといういわば個人の極端な性格やその心理状態に着目した仮説を立てた（モハダム＆マーセラ，2008）。一般の犯罪は加害者と犠牲者の間に何らかの個人的接点があったり、金銭など物質的な利益が絡んでいたりするが、テロリズムにはそうした要素がないうえ、女性や子供も含めた不特定多数の一般市民を標的とすることから異常性が高いという考えだが、こうした要素がテロリズムの直接的原因だとデータで裏付けることはできず、現在も、個人的な資質のみでテロリズムを説明することは不可能との見方が有力だ（Sageman, 2004）。

個人に直接的な原因を見出せなかった心理学の研究者らが次に注目したのは社会的な環境要因だ（モハダム＆マーセラ，2008）。社会経済的な地位や教育を受ける機会を含む社会的格差、差別、貧困、占領などである。だがいずれもテロリズムとの直接的な関係性は証明されなかった。というのも、そもそもこのアプローチは理論的な矛盾を抱える。同じような環境にいながら、テロリストになる人とそうでない人がいるからだ。つまりこの「社会が悪い説」もまた、テロリズムを説明するのに十分な根拠とはなりえなかった。

こうした壁に直面し、テロリズムや過激化に関する心理学的な探究は「一部の例外」を除いてほぼ停滞した。その「例外」のひとつが、ソロモン・アッシュというワルシャワ生まれの心理学者が行った同調圧力に関する研究だ（Asch, 1955）。先の「監獄実験」にも大きな影響を及ぼしたこの調査は、ドイツでナチス党が席巻（せっけん）した時代、少数民族ユダヤ人の迫害をけしかけるヒトラーに追随し、暴力的な行為を繰り返した大衆の心理メカニズムの理解にも貢献した（コーリン，2013）。

アッシュの実験は、「視覚テスト」と呼ばれるもので、被験者に2枚の紙を見せ、1枚目には1本の線、2枚目には3本の線を引き、1枚目に描かれた線と同じ長さの線を2枚目から選ばせる。被験者123人をひとりずつサクラばかりのグループに入れ、サクラの集団が徐々に誤った回答をするのに被験者がどれぐらい引きずられるかを調べた。その結果、被験者は約3回に1回、あえて誤った回答をした。「正解は知っていたけれど、誤った回答をする残りのメンバーの雰囲気になじみたかった」とその理由を語った。アッシュはこうした結果を著書『意見と社会的圧力』で発表し、集団がいかに個人の思考に影響を及ぼし圧力を加えるかを実証した（Asch, 1955）。

もうひとりはニューヨーク出身の社会心理学者、スタンレー・ミルグラムだ。彼が行った権威に対する服従について調べた有名な「ミルグラム実験」もまた、「監獄実験」の発想につながった(Milgram, 1974)。被験者40人に対し、医者のような白衣を着た「生物学教師」が「学習における懲罰の効果を調べている」と説明する。「隣の部屋にいる人間(サクラ)に単語を記憶させるから、間違えたら電気ショックで罰を与えるように」と被験者に指示。教師役はサクラが解答を間違えるたびに被験者に「もっとショックを強めて強い罰を。私が責任を取る」と命令し、被験者がどこまで電気ショックのレベルを上げるかを調べた。精神科医らは当初、最も高いレベルまでショックを強めるのは1000人に1人だと予測したが、被験者の約3人に2人が最高レベルまで「罰」を与えた。これは人間が本質的に持つ権威への強い服従性と、それにより過激な行為をもいとわなくなる心理を実証したとされる。

多数派や権威に服従してしまうこうした人間の心理は、過激派組織に足を踏み入れ、やがて組織の理論や権威に盲従し残虐な暴力行為に及ぶプロセスにも通じる。

米心理学会(APA)は9・11事件から8日後の2001年9月19日、遅ればせながら理事会を急きょ開催し、テロリズムへの対処を協議する小委員会を設置した。だが被害者の心理ケアへの対処が中心で、テロを起こす側の心理分析の本格化はさらに時を待たなければならなかった（モハダム&マーセラ, 2008）。

ただ9・11事件以降、テロ対策の一環として、実行犯の心理分析の必要性を強調する学者は出始めた。そのひとりがあの監獄実験を行ったジンバルドーだ。彼は9・11事件の直後、元米心理学会会長としてこう語った。「米国に対する憎悪の源泉が何か、そしていかにして憎悪を緩和するかということを理解しなければ、テロを防止することはできない」（ワグナー&ロング, 2008, p.260）

殉教がもたらす「英雄」像

「普通の人」が過激化する時、彼や彼女の頭の中でいったい何が起きるのか。シャダク博士の最初の授業をきっかけに、かねて抱いてきた疑問が改めて湧き起こり、エルサレム特派員時代に目撃したある現象が頭に浮かんだ。

２０１３年春に特派員としてエルサレムに赴任して迎えた3度目の秋だった。２０１５年9月下旬、一時帰国を終えて日本からイスラエルに戻ると、エルサレムは不穏な空気に包まれていた。ユダヤ暦の新年祭（ヘブライ語でローシュ・ハッシャーナー）を迎えることの時期はイスラム・ユダヤ両教徒の宗教心が高まることもあり、例年、聖地エルサレムで

ユダヤ人男性2人を殺害したとして射殺されたムハンナド・ハラビ容疑者の写真の横に立つ母親スヘル＝ヨルダン川西岸パレスチナ自治区スルダで2015年10月21日、筆者撮影

衝突が起きやすい。だがこの年は前年とは比べ物にならないほどの緊迫感に包まれていた。

　イスラム教三大聖地のひとつであるエルサレム旧市街の「ハラム・アッシャリーフ（高貴なる聖域）」（ユダヤ教の呼称は「神殿の丘」）で、パレスチナの若者らとイスラエル警察が連日のように激しく衝突している。聖域の一角にあるアルアクサ・モスク（イスラム礼拝所）にパレスチナの若者が立てこもり、イスラエル警察がそこに土足で踏み込んだという「証拠」の映像なども拡散され、一触即発の雲行きになっていた。

　そして10月3日、パレスチナの若者らによる波状攻撃が始まるきっかけとなった事件が起きた。深夜のエルサレム旧市街で、パレスチナ自治区ヨルダン川西岸スルダに住むアルクッズ大学法学部2年のムハンナド・ハラビ容疑者（19）が、ユダヤ教指導者の家族ら計4人を刃物で襲い、男性2人を殺害、女性1人と2歳の幼児に重軽傷を負わせた。ハラビ容疑者は、駆け付けたイスラエルの警官にその場で射殺された（大治，2015f）。

私は後日、ハラビ容疑者の自宅を訪ねた。立派な門構えのある一軒家で、入り口にはハラビ容疑者の笑顔の写真が張られていた。庭に置いた白いプラスチックのテーブルをはさんで、私は母スヘル（41）に「息子さんのお話を聞かせてください」と切り出した。小柄で華奢（きゃしゃ）なスヘルは明らかに憔悴（しょうすい）した様子で、小さな声でつぶやいた。「息子に何が起きたのか、私にも分からないのです」

ハラビ容疑者は父シャフィーク（51）とスヘルの間の次男として生まれた。勉強が好きで成績も良く、「パレスチナ人をイスラエルの不当逮捕から守るため」、弁護士を目指していた。パレスチナの武装組織に所属したことはなく、犯罪歴や補導歴もない。「ただ、事件の2週間ほど前に大学の同級生で親友の青年がイスラエル軍との衝突で死んでしまい、ひどくショックを受けていました」。スヘルはそう言って、涙をぬぐった。

この友人が亡くなったのは9月中旬。ちょうど、アルアクサ・モスクでパレスチナ人とイスラエル警察の衝突が激化し始めたころだった。ハラビ容疑者はこうした状況についてフェイスブックに「（土足でモスクに踏み込むとは）聖地への侮辱だ。（そのような蛮行を）

受け入れてはならない。我々は報復する。第３次インティファーダが始まった」と書き込んだ。インティファーダとはパレスチナ人による反イスラエル民衆蜂起で、第１次は１９８７〜１９９３年、第２次は２０００〜２００５年にかけて起きた。これ以降、ハラビ容疑者のフェイスブックへの同様の書き込みは連日のように続いた。

そして事件前夜。彼は数万もの「いいね」がつくことになる一編の詩をしたためる。黒、緑、白、赤という４色からなるパレスチナの旗を美しいパレスチナの少女に例え、「黒い髪と緑の瞳、白い心と赤い唇の少女」が悪者（イスラエル）に「捕らえられ、凌辱（りょうじょく）を受けている。少女を解放するため、僕は最後まで戦う。アルアクサ・モスクに対して行われた（イスラム教徒を辱める）行為は他の僕たちの聖地でも行われている。アルアクサの女性（信者）に行われた（暴力的な）行為は僕たちの母や姉妹に行われたも同然だ。僕はパレスチナ人がこのような凌辱を受け入れるとは思わない」（拡散された彼のフェイスブックへの書き込みより）。

アルアクサ・モスクで撮影された動画でイスラエルによる「暴力」を目撃し、やり場のない怒りを募らせている様子がうかがえる。親友を亡くした喪失感と、こうした動画のもたらす刺激が日ごろから抑圧してきたイスラエルへの反感を一気に爆発させたのかもしれない。

スヘルによると、彼のこのフェイスブックのアカウントは事件から数時間後、「何者かに閉鎖されてしまった」という。しかし彼の事件をニュースなどで知って、瞬く間に近所に住む友達や見ず知らずのパレスチナの若者がスヘルの自宅に集まり、ハラビ容疑者の攻撃を称えた。

そしてこの事件以降、パレスチナの若者によるユダヤ人への攻撃が急増する。2016年秋までの約1年間にわたり続いた「ローンウルフ(一匹オオカミ)・インティファーダ現象」の始まりだった(Benoist, 2017)。

スヘルに事件をどう思うかと聞くと、きっぱりとこう言った。「私はあの子を誇りに思っています」。憎むべき占領者イスラエルに命を賭して抵抗したのだからそれは称賛されるべき誇らしい行為だ、という意味だ。

パレスチナでは若者によるこうしたユダヤ人襲撃事件が起きると、実行犯は大抵その場で銃殺され、自宅には「殉教者」としての写真が掲げられる。多数の家族はその死を「誇りに思う」と話す。「殉教者」の名前を刻んだブレスレットやネックレスを身に着ける人もいる。

私はパレスチナで取材を始めた当初、こういう殉教を称える「文化」に違和感を覚えた。どれほど厳しい環境であっても「その中で生きてこそ」という思いがあり、そういう気持ちを家族やコミュニティも共有するものだと思っていた。いかなる理由であれ、自死、そして殺人を称賛することには抵抗感がある。だが、特派員としての仕事を通じてパレスチナの苦境を知れば知るほど、彼らの言葉を支持することはできないまでも彼らがそう語る意味を少しずつ理解できるようになった。

そして今になって思えば、この事件は過激化のプロセスに必須のさまざまな要素を含んでいた。詳しくは徐々に記すが、そのキーワードだけをここで挙げるとすれば、占領による「抑圧」と、親友を奪われた「喪失感」、尊厳を踏みにじられているという「被害者としての意識」。イスラエルを絶対悪、パレスチナを絶対的な善とする「善悪二元論的な発想」と、個人の苦悩から社会的大義へと視座を広げる「ナラティブ（物語）」、敵への「正当なる報復」とそれを称賛し英雄視するパレスチナ社会。そして「殉教者」としての「アイデンティティの追求」。

長期的な紛争下に置かれた人は、紛争がもたらす脅威や恐怖、不安や不信の感情を繰り返し体験するなかで「危険」を示す社会的な兆候、サインに敏感になるといわれる。ちょっとでもイスラエル軍との衝突の「におい」が漂ってくると、パレスチナには不穏な空気が広がる。それは悲しいかな、彼らが「常に身構えた心理状態」にある証拠でもある（ハルパリン et al., 2012, p.98）。ハラビ容疑者もそうした心理状態の中で親友を失い、「なぜ死ななければならなかったのか」という疑問を抱き、過激化の谷へと落ちてしまったのかもしれない。

こうした話はパレスチナという特殊な状況下に置かれた特別な人々の話で、自分には関係がないと思われるかもしれない。だがその後の私の調査で、先に述べた各キーワードは過激化の普遍的なメカニズムに通じるものでパレスチナに限られた特有の現象ではないのだということが次第に明らかになっていく。

パレスチナのように半世紀以上にわたり占領状態が続いている状況は、世界のさまざまな紛争地においても他に例を見ない。それほど彼らは異例で異常な環境下に置かれ、重く、そして長期的な抑圧を受けている。それでいて大半の人々が何とか爆発せず、ぎりぎりのところで心身のバランスを保っている。それは言うなれば火薬庫のような状態で、だからこそこうした事件がひとたび起きるとその「発火」が一気に燃え広がり、暴力の波を形成してしまう。ハラビ容疑者は、イスラエル側から見ればパレスチナの占領とも彼の親友の死とも直接関係がない女性や子供までもを傷つけたテロリスト（terrorist）以外の何ものでもないが、パレスチナ人にとっては占領と戦う自由の戦士（freedom fighter）そのものであり、その行為は「正義」に基づく「報復」なのだ。

ここでは最後に、彼らの日常を覆う抑圧感を示す一例を挙げておこう。

イスラエルが占領するパレスチナ自治区ヨルダン川西岸地区に住むパレスチナ人が事件

を起こして私がその自宅を訪ねると、大抵、対応してくれるのは母親か親戚のおじだ。父親や男兄弟は事件後、まず真っ先に、パレスチナ人を対象とするイスラエルの対内諜報機関シンベトらにより容疑不明のまま連行される。いわゆる令状なしの「行政拘束(Administrative Detention)」で、この拘束は長い時は数カ月、数年にもおよぶ(B'Tselem, 2017a)。また、実行犯の自宅は破壊されたり、爆破されたりする。これは集団懲罰(Collective Punishment)と呼ばれるもので、国際人道法上違法だと批判されるが、イスラエルは占領地では軍法を適用しているため適用外で違法性はないとしている(B'Tselem, 2017b)。

事件を起こした息子の責任は家族や一族で背負うべきものだというイスラエル特有の考え方で、背景にあるのは、「抑止力(deterrence)」の発想だ。家族がイスラエルを攻撃しないようしっかり見張れ、という家長への暗黙の圧力でもある。

治安当局者を狙う一匹オオカミ

「ローンウルフ・インティファーダ」現象の特徴をつぶさに見ていくと、パレスチナのイスラエルに対する過去の武装闘争とは明らかに異質であることが分かる。しかもその特徴は、米国で多発する単独犯によるローンウルフ(一匹オオカミ)攻撃にも通じる。

過去の武装闘争と最も異なるのは、攻撃対象が治安当局者に集中している点だ。誰かが指示を出したり組織が関与したりしたわけではないのに、まるで足並みをそろえたようにその傾向は続いた。２０１５年10月から２０１６年9月末までの1年間にユダヤ人を襲ったパレスチナ人の実行犯の標的の53％はイスラエル治安当局者で7人が死亡、ユダヤ人の一般市民は28％で27人が亡くなった。治安当局者の死者数が限定的なのは防護服などを着て重装備だったためだ。一方、一連のローンウルフ・インティファーダで死亡したパレスチナ人は２３６人で、大半が攻撃の直前や途中で治安当局者にその場で銃殺された（Benoist, 2017）。イスラエル側はより強硬に対応することで抑止力を効かせ、早い段階で収束させようと考えていた。

なお、ここで一点明確にしておきたいことがある。すでに述べた通り、本書はテロリズムについて「テロリズムとは、何らかの政治的、思想的、感情的目標を成し遂げるために実行される、無辜の市民に対する意図的暴力」と定義する。これによると、ローンウルフ・インティファーダのうち治安当局者を狙ったものは市民を標的にしていないので「テロリズム」ではないという整理になる。先のハラビ容疑者はユダヤ人の女性や子供も襲ったのでテロリズムの範疇（はんちゅう）に入る。ただ、いずれにせよ心理的な過激化の末に起きている点では同じだ。

イスラエルは従来通りの方針で抑止力対応に終始したが効果が得られず、むしろ暴力の波は高波となって襲いかかった。当時多くのイスラエル治安当局者に取材したが、彼らは当惑したように同じ言葉を繰り返していた。「これまで経験したことのない現象が起きている。殺しても殺しても向かってくる。抑止力が効かない」と。

過去のインティファーダとの最大の違いは、攻撃者の狙いだ。これまでの武装闘争はパレスチナの武装組織が直接、あるいは間接的に攻撃の規模や対象をコントロールし、いかに自分たちのダメージを最小限に抑え効率よく相手を殺傷するかという「費用対効果」を重視していた。第2次インティファーダで自爆攻撃によりユダヤ人の一般市民を重点的に狙ったのはそのためだ。ひとりの自爆犯が敵の多数の市民を殺傷すれば、「効率」が良いだけでなく敵の社会全体に強い不安を広げることができると考えた。

だが、リーダー不在のローンウルフ・インティファーダではそうした「計算」を誰もしているようには見えない。もちろん波状攻撃が続き、ナイフを持って治安当局者に近づけばほぼ自動的に射殺されることは分かってきたが、それでも彼らの多くは治安当局者を狙った。私は後に、この心理を垣間見ることができる、ある書籍に出会った。米国で近年多発するローンウルフ攻撃について研究した米インディアナ州立大学のマーク・ハム教授（犯罪学）と、オーストラリア・ビクトリア大学のラモン・スパイジ教授（社会学）による共著『ローンウルフ・テロリズムの時代（The Age of Lone Wolf Terrorism）』だ（Hamm & Spaaij, 2017）。

同書によると、近年のローンウルフには「ユニホームを着た警官や軍人」を標的とする傾向が高まっている。彼らが収集したデータの分析によると、２００１年から２０１６年半ばまでに米国で起きたローンウルフによる攻撃69件のうち32件（46％）は治安当局者を狙ったものだった。また９・11事件以降に米国で起きたローンウルフ攻撃により死傷した犠牲者の約３分の１は治安当局者だった。９・11事件以前のローンウルフによる事件の大半が爆弾事件で、被害者は圧倒的に市民が多かった。世界で起きるローンウルフ攻撃の４割は米国が発生地だが、こうした治安当局者を狙う傾向は２０１４～２０１６年にかけて、カナダ、イギリス、フランスでも見られた。

同書はその理由について、制服姿の警察官や軍人はいわば「国家のシンボル」であるからだと分析する。従来のテロリズムは最大限の被害（成果）をひねり出すために市民という狙いやすいソフトターゲットを標的にしたが、最近のローンウルフは国家なり権力を攻撃するというスタイルをより重視している。後段で詳述するが、これはローンウルフが命を賭してでも成し遂げたいと願う「聖戦」「英雄としての死」と無縁ではない。

例えばパレスチナ人の場合、イスラエルによる占領で社会経済的な抑圧に苦しんでいるが、その抑圧者の象徴は、ユダヤ人の一般市民ではなく、日ごろから彼らのデモを鎮圧し、催涙弾を放ち、警棒を持って追いかけて来るイスラエル治安当局者だ。ローンウルフ・インティファーダの実行犯には、治安当局者という「イスラエル国家の象徴」を狙うからこそ命をかける意味がある、という思考がある。

また、このローンウルフ・インティファーダ現象にはもうひとつ、米国で急増するローンウルフ事件に通じる傾向がある。それは日用品や軽装の凶器を使う傾向だ。

パレスチナのローンウルフは大半が小型のナイフや缶切り、自動車など日用品を使った。爆弾やライフル銃を多用した第2次インティファーダとは対照的だ。

米国でも、9・11事件以前のローンウルフは威力の強い爆弾を使うことが多く、それにより234人もの市民を死傷させた。だが9・11事件以降は、ローンウルフによる爆弾テロの犠牲者は6人だった。むしろ凶器は銃器が目立ち、最も頻繁に使われたのはグロックと呼ばれるオーストリア製の軽量銃（口径9ミリ）だった。ナイフやノコギリ、ガソリン、車両など日用品や小型ドローンが使われるケースも増えている。

一般に、治安当局は大量の爆薬や重火器の購入過程でテロの端緒をつかもうとするが、こうした新たな凶器の傾向は事前の摘発を極めて困難にしている（Hamm & Spaaij, 2017）。

それにしても「効率的な殺傷」「大量殺戮」からの乖離が近年のローンウルフの傾向だ

とすると、彼らの攻撃は「感情の発露」に過ぎないのか。もやもやした気持ちでいたちょうどそのとき、イスラエルの対外諜報機関モサドで心理分析官を務めるという人物が大学院の臨時講師として教壇に立った。

モサドの心理分析

講師を務めたロニー・シモンズ博士はローンウルフ・インティファーダが始まった2015年秋から、攻撃状況を分析するため、未遂で捕まった実行犯や家族からの情報収集を続けているという。モサドは通常、海外での情報収集・分析などを担うが、首相直轄の組織でもあり、おそらく国家に現れた新たな「脅威」としてその対処を求められたのだろう。モサドというからどれほど眼光鋭い幹部が登場するのかと思ったが、とても小柄でぼそぼそと話す地味な感じの中年男性だった。

彼はまずローンウルフについて「組織からいかなる指示、訓練、支援も受けずに攻撃する者」と定義した。モサドの調査によると、2015年9月13日から同年11月24日までの約70日間に起きた一連のユダヤ人への攻撃は109件で、このうち凶器にナイフが使われたのは96件(既遂50件、未遂46件)、車両で群衆に突撃したうえでナイフを使ったのが4件、残る9件は車両のみの手口だった。パレスチナ自治区ガザ地区を拠点とするイスラム主義組織ハマスなどが関与していたのは18％で、残る82％は完全な単独犯だった。

実行犯については、大半が男で年齢層は16～25歳だった。この世代はパレスチナ国家建設を目指すためイスラエルとの間で交わした１９９３年の「パレスチナ暫定自治合意（オスロ合意）」の後に生まれた、いわゆる「ポスト・オスロ世代」だ。イスラエルが２００１年ごろからパレスチナとの間に建設した分離壁に阻まれてイスラエル側に足を踏み入れた経験がほとんどなく、イスラエル人と個人的に話したり交流したりした記憶もない世代である。また、実行犯の学歴はパレスチナの平均である高校卒業以上だが、成人の場合は無職か不安定な雇用状態が目立った。性格的には、「他者に影響されやすい脆弱性」があり、「混乱しがちな思考」も目立ったという。

また、攻撃にいたる直前までの特徴的なプロセスとして彼は以下を挙げた。

・極めて短期間に犯行を思いつくが、必ずしも強固な決意が伴うわけではない
・実際に犯行に及ぶまで、心の中で十分に気持ちの整理をしていない
・計画性が乏しい
・周囲の家族などに相談せず、気づかれないまま決行している

・攻撃を呼びかけるようなネット上の扇動にさらされている
・ソーシャルメディアや既存メディアの影響を受けている
・攻撃方法などについてネット上などで自分で学び、自己流で（人の刺し方などを）トレーニングしている場合もある

「短期間」で犯行を思いつくというのが気になり、具体的にどのくらいの期間かと質問すると「短い者は1～2日」との答えだった。犯行時の心理的状態としては「乖離」（自分の体と心が一致していないような感覚）「迷い」「衝動性」「パニック」などが見られた。また、動機としては主に次の3点を目立つ順として挙げた。①（失恋などの）個人的な悩み②パレスチナ社会の苦境③宗教（イスラム教徒として占領者を攻撃すべきだ、などの義務感）

過激化プロセスについてまだ本格的に研究を始めていなかった私は、ここで2つの意外性を感じた。まず宗教が「3番目」と意外に低かったことだ。中には酒を飲むような世俗派も少なくなかったという。もう1点は「個人的な悩み」が筆頭に挙げられていたことだ。パレスチナといえば占領による抑圧に苦しむ人々であり、この講師は、それが攻撃の理由だと認めたくないのでこのような分析を我々に見せているのではないかとも勘ぐった。だ

がこの「個人的な悩み」と過激化の関係性は、実はローンウルフの過激化プロセスを考えるうえで極めて重要な要素であることがその後の私の研究で徐々に明らかになる。

このほか、実行犯は主に次のタイプに分類されるという。①自殺願望モデル（全体の約9％）②社会的に感化されて起きる伝染モデル（同74％）③1と2の両方（同9％）④不明・そのほか（同8％）

①や③の自殺願望モデルの実行犯には以下のような特徴（危険因子）が見られたという。自己の資源（自信や自己評価など）や自己効力感（セルフ・エフィカシー＝自分は社会的に機能しているといった感覚）の崩壊・欠乏▽家族、コミュニティ、社会環境からの資源の崩壊・欠乏▽極めて大きな（心理的、社会・経済的）困窮▽個人や周囲の困窮が自らの死により緩和されるという思い込み▽内向性▽衝動性▽屈辱的な経験▽尊厳や誇りの喪失▽精神的な問題（うつ病や精神疾患など）

一方、②の社会的な伝染、インスピレーション・モデルの実行犯には次のような特徴が見られたという。攻撃をすでに「成功」させた先駆者からの「刺激」が次々と他者に波及▽自己の内心が乗っ取られたような空虚さ

イスラエル治安当局者は「抑止力が効かない、殺しても殺しても向かってくる」と言っていたが、その原因はどうやら彼らが自殺願望を抱いていることと無縁ではなさそうだ。

そしてこの「自死」を前提としている点は、全体の7割を占めるという「伝染モデル」にも、実は通じる。

まず「自死」についてだが、彼らの攻撃の目的は「治安当局者の殺傷」だけではなく、アッラーの神に殉教者として命を捧げることが大きい。イスラム教徒の殉教については次章で詳しく述べるが、ここでは、殉教することでイスラム教徒としての地位が上がり、永遠の栄誉を手にするという彼らの解釈があることだけをおさえておきたい。

次に伝染性についてだが、シモンズ博士によると、ローンウルフは先輩（必ずしも個人的な知人である必要はない）たちが実践した聖戦に憧れる→「先輩」とのつながりを感じる→自分も強くなった気分になり、人を殺したり、それに伴い自分が死んだりする不安や恐れが緩和される→犯行を遂げれば自分もパレスチナ社会で「英雄」と称賛される——といった心理的なプロセスを踏むという。つまり、伝染しているのは攻撃行為だが、それはとりもなおさず、先輩ローンウルフのように殉教して自分の「価値」を上げたいという願望の伝染でもある。先に私は「伝染モデル」は自死を前提としていると書いたが、彼らが先輩ローンウルフに感化されているのはその攻撃やスタイルだけでない。攻撃をして殉教するという死生観そのものなのだ。彼らはそれほど、殉教者としてパレスチナの「歴史」に刻まれることを望んでいる。

博士はこうしたデータや分析を明らかにしたうえで、授業の最後にこう付け加えた。「攻撃を完遂して（射殺などにより）死亡したすべてのローンウルフは、（新たなローンウルフを生み出す）伝染性を持つ」

ハラビ容疑者のようにソーシャルメディアで数千人のフォロワーを持ち、ユダヤ人を死傷させた「スーパーヒーロー」は、パレスチナ社会で新たなローンウルフの予備軍を作り出し、その伝染性が集団の過激化を拡大させるというのだ。

なお、パレスチナ側にも彼らをたきつけるような構造的要因が垣間見えることは、ここで指摘しておきたい。米国やイスラエルの情報ではあるが、サウジアラビアはユダヤ人を襲ってイスラエルに拘束されたり射殺されたりした者やその家族に見舞金ないし報奨金のような趣旨で寄付金を与える。その申請にはパレスチナ自治政府からの「証明書」が必要で、攻撃者や家族の中には、その資金をあてこんで犯行に及ぶ者もいるという（March et al., 2005; 大治, 2015a）。

結局、私が見たパレスチナのローンウルフたちは、刃物を手に迫ってくる者は容赦なく射殺するというイスラエルの過剰防衛システムと、暴力を許容するパレスチナ社会に呑み込まれた犠牲者でもあるのだ。

ローンウルフは模倣する

過激化の伝染性はパレスチナ特有の現象なのかというと、そうではない。先に触れた書籍『ローンウルフ・テロリズムの時代』によると、実はこの伝染性は、ローンウルフ一般に通じる特徴だという（Hamm & Spaaij, 2017）。著者らは9・11事件以前と以後にローンウルフが起こした事件をデータベース化する作業の中で、その模倣（コピー・キャット）性に気づいた。

例えば、古くは1974年のニクソン大統領暗殺未遂事件がある。実行犯はその前年に起きた警官殺しからインスピレーションを得て決意したことがその後の供述で分かっている。翌1975年のフォード大統領暗殺未遂事件も、3週間前に起きた別の容疑者によるフォード大統領暗殺未遂事件に触発されて起きた。

9・11事件以降は、米国在住のイスラム教徒に対する差別や偏見への「報復」が動機と見られる攻撃が続発した。例えば2009年11月に米テキサス州のフォートフッド米陸軍基地で銃を乱射し同僚の米兵ら13人を殺害したイスラム教徒の移民二世、ニダル・ハサン軍医は、5カ月前に別の米陸軍基地で起きたイスラム教徒の移民二世による銃乱射事件に触発された。逆にハサン軍医の犯行は２０１１年に起きた別の爆破未遂事件の容疑者らを感化させている。

また、１９９９年から２０１１年にかけて欧米で起きた学校施設における銃乱射事件28件を調べたある論文によると、大半の実行犯は、１９９９年に起きた米コロンバイン高校における銃乱射事件に感化され、この事件の犯人である生徒2人組（いずれも事件後に自殺）に畏敬（いけい）の念すら抱いていた。しかも彼らは単に憧れるだけではない。攻撃を成功させた先駆者の「政治的な視点」を取り込む傾向が見られたという（Malkki, 2014; United States Secret Service and United States Department of Education, 2002）。

これはつまり、個人の悩みをより大きな政治的、社会的な問題の一角にあると位置づけ、そうした「大義」のパッケージに入れて社会に送り出す技術を拝借するものだ。個人の悩みはそう簡単には解決しないし、傷つけられた心を癒やしたり自己評価を挽回（ばんかい）したりすることも容易ではない。だが、その悩みを、自分が帰属するコミュニティが苦悩する問題、つまり大義にまで引き上げ、自分はそのために戦う英雄的戦士なのだと位置づけることができれば、集団との一体感を味わうことができるし、自己評価の回復をも促す。

例えばあのハラビ容疑者は、イスラエルとの衝突で親友を失った。彼は、親友の死は占領によって引き起こされたものであり、イスラエルによるパレスチナ社会への凌辱の一環だと位置づけた。そしてパレスチナ社会全体をひとりの美しいパレスチナの少女に例え、自分たちパレスチナ人を、この防衛戦を戦う英雄として詩に描き、ソーシャルメディアの海に放った。友達を失った喪失感と怒りを、より大きな占領という社会・政治問題に昇華させ、親友の死とは直接関係がないユダヤ人を殺すという「正義」を正当化した。

こうしたストーリー性、いわゆるナラティブ（物語）作りは、誰もが簡単にできることではない。個人的な悩みを抱えて苦悩する潜在的なローンウルフたちはソーシャルメディアなどを通じてこうしたストーリーに出会うことで、「僕の苦悩を代弁している」と共鳴し、その組み立てを拝借して取り込んでいくのだ。

こうしたナラティブ力のあるローンウルフがひとたび登場すると、無数の潜在的ローンウルフが呼び覚まされる。イスラエルがハラビ容疑者のフェイスブックを閉鎖したとすれば、それはこの模倣ドミノを恐れたからに他ならない。

過激化は伝染する

過激化するのは何もパレスチナ社会ばかりではない。紛争は、相対する双方を過激化させる。ローンウルフ・インティファーダが続いた時期、イスラエルのソーシャルメディア

自衛のための銃を買い求めるイスラエル人ら＝テルアビブで2015年10月18日、筆者撮影

では、デマやパニックによる過激化が拡大した。例えば子供を学校に通わせるユダヤ人の親の連絡網で、「パレスチナ人の女たちが明日、服の下にナイフを隠して各地の幼稚園を襲う」といった虚偽情報が時々流れた。同じような怪情報が流れるたび、父母らはほとんどパニック状態に陥り、アラビア語が近所で聞こえるだけで警察に通報するといったケースが相次いだ。

パレスチナの波状攻撃が始まって間もない2015年10月中旬、イスラエル最大の商業都市テルアビブにある「ラハブ銃砲店」を訪ねた（大治，2015h）。店は護身用品や銃を買いあさる市民らでごった返していた。銃の所持には一定の資格が必要だが、その買い替えを検討中というシュキ・アルグラナティさん（70）は、第2次インティファーダが終わった2005年以降は銃を持ち歩かなくなったが、数日前から携行していると緊張した面持ちで話した。「ナイフの攻撃から自分たちを守る戦いだ」と興奮気味に話す。シャウル・デルビ店長（78）によると、催涙スプレーの在庫4000個はハラビ容疑者の攻撃があった数日後には完売し入荷待ち状態だという。以前は銃の売り上げは1日2丁以下だったが、最近は多い日で10丁程度売れると話していた。

ネット上の動画が、双方の対立を先鋭化させる状況も見られた。2015年10月12日午後、東エルサレムのピスガト・ゼエブ入植地で、近くに住むパレスチナ人の少年2人組がユダヤ人入植者の男性(21)ら2人を次々に刺した（大治，2015g）。被害者の命に別条はなかったが、15歳の少年は駆け付けた警官に撃たれて即死。残る13歳の少年は逃げる途中で車にはねられ、重傷を負った。一連の状況は、たまたま周囲にいたユダヤ人らの手で撮影されネットに投稿・共有された。

ある動画は、車にはねられて路上に倒れ、頭から血を流すその少年に、ユダヤ人の男性が近寄りその顔を見下ろすようにヘブライ語で叫ぶさまが映る。「死ね、クソ野郎、死ね」。足蹴にするようなしぐさも見える。この動画は300万回以上視聴された（大治，2015h）。

双方のソーシャルメディア・コミュニティでは、この動画に対するそれぞれの立場からの過激な発言や罵詈（ばり）雑言が飛び交った。映像を見て、ユダヤ人は少年への憎悪に震え、パレスチナ人は道路に横たわる少年に自分の身を重ね合わせたのだろう。互いの心に深く刻まれた不信感が、同じ映像を見て両極端の解釈を導き出し、双方の思考をより過激化させた。

社会心理学の観点からいうと、一般に、敵対する側が行った悪質な行為は、彼らへのさらなる加害行為を正当化する事由に使われる。そして互いに暴力を使うことへの道徳的なハードルが低くなり、むしろ「報復は正義」との受け止めが広がる。自分たちを「被害者」とし、対立する相手の被害者性は一切認めないといった感覚だ。こうなるともう、双方を和平追求へと向けるのは至難の業だ（バル・タル, 2012)。

２００７年の米アナポリスで行われた中東和平会議の前日に行われた調査では、イスラエル人がパレスチナ人に対して抱く憎悪感情の強さが、パレスチナ人への過激な軍事行動への支持と相関していることがデータで指摘されている（ハルパリン et al., 2012)。

中東ニュース専門の米非営利組織メディア「メディアライン」のロバート・スウィフト編集委員は当時、私の取材に「人は既にある自分の政治的な考えをより固めるために、こうした（動画などの）情報を消化することが多い」と話した。これは後段で詳述するが、確証バイアス（4章P１８０）と呼ばれる心理的な傾向だ。今回のケースでいえば、こうした映像をユーチューブなどで見続けるとさらに考え方が偏って、客観的に情報を消費するのを邪魔する「心理的なバリアーを形成してしまう」（スウィフト氏）という。

インターネットがない時代、主な情報源は口コミだったり、テレビや新聞だったりした。情報が、対立する双方の言い分をさまざまな角度から紹介・分析するような内容であれば、個人の思い込みは少なからず緩和された。だが現代はそうした多様な視点が添えられることもなく、文字通りナマ情報が24時間365日アクセス可能な状態でネット上に流れている。消費者はただ、自分の解釈のままにそのナマ情報を消費する。ソーシャルメディアが過激化を加速させ、より大きな影響力を持つようになったと言われる要因のひとつはここにある。

ブロガーを拘束せよ!

ところで授業で臨時講師を務めた先のモサドのシモンズ博士は、ローンウルフ対策やその目的として、①将来の「スーパーヒーロー」誕生阻止②「スーパーヒーロー」の価値低下を挙げた。順にその内容を見ていこう。

まず①は、ソーシャルメディアの人気者の影響力をできるだけそぐという趣旨だ。具体的には、彼らのソーシャルメディアのアカウントを強制的に閉鎖したり、データを勝手に削除したりする。あのハラビ容疑者のフェイスブックのアカウントは犯行の数カ月前にす

東エルサレムに住むカメラマン兼ブロガーのアブダラ・アエシュ。地元の若者の「スーパースター」だ＝東エルサレムで2015年10月16日、筆者撮影

でに一度、閉鎖されていた。おそらくイスラエル治安当局はその影響力の拡大を懸念し、事前に芽を摘もうとしたのだろう。ハラビ容疑者はその後アカウントを作り直したが、事件後再び何者かに閉鎖されている。

こうした手法が現実に行われていることは、テルアビブ大学併設のシンクタンク「国家安全保障研究所（ＩＮＳＳ）」のオリット・ペルロブ研究員が私の取材で認めている。「イスラエル当局は２０１４年ごろから、ソーシャルメディアを介してユダヤ人への攻撃を呼びかけるような扇動を警戒し、そうした発言が多いと判断したパレスチナ人６００〜９００人を尋問したり、彼らのフェイスブックアカウントやブログを閉鎖したりしてきた」

私はこの話を聞いてさっそく、東エルサレムに住むパレスチナ人の「超有名ブロガー」に取材した。カメラマンでブロガーのアブダラ・アエシュ（23）は、エルサレム旧市街のダマスカス門にほど近いエルサレムホテルのカフェでインタビューに応じてくれた（大治，2015i）。ここはパレスチナを支援する国際機関や非営利法人の関係者らがよく使う。庭にビニールの天井を張っただけの店だが趣があり、手作りのレモネードがおいしい。

アエシュはフェイスブックのフォロワーが5万7000人に達するカリスマブロガーだが、小さな声で慎重に語る様子が印象的だった。イスラエルを批判する投稿を続け、2014年夏に初めて治安当局に拘束された。2015年秋にローンウルフ・インティファーダが始まると、さらに計3回取り調べを受けた。彼はエルサレム在住のイスラエル市民のため軍法ではなくイスラエルの法律で取り調べを受ける。このため軍法に基づく逮捕状なしの無期限拘束などは行われず、「いつもその日のうちに釈放された」（アエシュ）。だが逮捕、釈放は繰り返され、「我々はお前を見ている。投稿をやりすぎれば、今度は逮捕する」という脅迫的メッセージとしてひしひしと伝わってきたという。

入植地とは、国際法上違法であるにもかかわらずユダヤ人が占有地を広げるために建てられた住居やその居住区だ。パレスチナ側の不満は極めて強く、入植者に対するネット上での批判は特に、パレスチナ人の間で人気が高い。捜査当局は、ネット上でのやり取りが過激化すれば入植地付近での衝突が激化すると懸念しブロガーらへの抑圧を強めていた。

いくら治安対策といえども容疑者でもない市民のアカウントを勝手に閉鎖したり、明確な容疑もないまま発言者を拘束したりする行為は、少なくとも欧米や日本では人権侵害の疑いが濃厚で許されるものではない。その点についてはシモンズ博士も、「事前の対策は法的にも極めて難しい」とかなり無理くりの法解釈だったとの認識をうかがわせた。

シモンズ博士がもうひとつの対策として挙げたのが、ローンウルフ自身やその攻撃の価値を下げるような情報を故意にネット上に流すという手法だ。政府の責任として公然とやるのか、それとも匿名のアカウントをフェイスブックやツイッターに作り、政府の意図に合う情報を流すという意味なのか彼は明らかにしなかったが、いかにもイスラエルが得意としそうなサイバー上のインテリジェンス（諜報）オペレーションである。

これは攻撃を「成功」させたローンウルフに関するネガティブな個人情報をあえて流すという手法で、例えば同性愛者であるとか薬物依存、学業不振、児童虐待などの「経歴情報」を積極的に流布させるという。

また、攻撃をして脚などを撃たれた場合、障害者として送る余生がいかに厳しいかを実例などを交えてネット上に流すこともある。残された家族がイスラエル側からどのような集団懲罰を受けるかを思い起こさせるような情報も公表する。

ただ、こうした措置も日本を含め多くの国では難しい。まず情報操作や集団懲罰は重大な人権侵害であるし、むしろ憎悪や不信を再生産し、新たな過激化の波を作りかねない。イスラエルが占領を続ける限りパレスチナ側からの攻撃が絶えることはない。そんな思いをペルロブ研究員への取材で語ったことがある。彼は「今回の（ローンウルフ）攻撃の波は組織化されていないので、いずれ自然に止まるかもしれない。だが、占領が続く限り再び新たな攻撃の波が、より大きく、より短い周期で襲って来るだろう」と話していた。

大衆を扇動する指導者たち

過激化のプロセスを考えるうえで、国家や組織のリーダーが個人に与える影響の大きさも無視できない。ブッシュ米大統領は在任中の9・11事件直後や翌2002年1月の一般教書演説で世界に向け、我々の敵か味方か、と問いかけるような演説をした（EMediaMillWorks, 2001, 2002）。この善悪二元論の勧善懲悪的スピーチは社会心理学的にいえば、アメリカやその同盟国、親米国などを「内集団」、テロリストやその支援者、ひいてはイスラム教徒そのものを「外集団」として敵対意識をあおるようなものだった。こうした彼の姿勢は、米国社会とイスラム社会の双方を過激化させたといっても過言ではない。

例えば米政府は９・11事件以降、容疑が必ずしも明確ではないイスラム教徒への過剰な監視や摘発を繰り返し、それを反映するかのように米社会においてもイスラム教徒への差別や偏見がエスカレートした。その結果、米国で暮らしてきたイスラム教徒の間に新たな憎しみが生まれ、結果的に双方による暴力の応酬へとつながった（Hamm & Spaaij, 2017）。

大学院で私は「リーダーシップ論」の授業を選択した。そこで学んだ印象深い視座のひとつに、ストレスと社会、そして指導者という3者による相関関係がある。社会は大きなストレスを受けると、カリスマ性のある強いリーダーを求める傾向が強まる。多くの指導者はそれを承知したうえで、人々へのコントロールを強めるためにストレスを悪用するという。

例えばナチス・ドイツを率いたヒトラーは第一次世界大戦後、国民に充満する社会経済的な危機感に乗じてユダヤ人を仮想敵のように見なし、憎悪をあおって国民を結束させ、人心を掌握しようとした。不安や危機感でいっぱいの社会に過激思考を浸透させ、その結果、ユダヤ人の住居や店が相次いで襲撃された。ストレスが高じると、人はまるで子供のように「力ある者」に服従しやすくなるのだ（Hobfoll et al., 2006）。

イスラエルとパレスチナによる紛争長期化も、双方の指導者による人心操作と無縁ではない。長引く紛争で、双方の市民は互いに家族や親戚、友人など大切な人を「敵側」に殺

毎日新聞の単独インタビューに答えたイスラエルのネタニヤフ首相＝東京都千代田区で2014年5月13日、丸山博撮影

されたり傷つけられたりしている。日常的に「脅威」にさらされているという危機意識が強く、その意味では指導者の紛争に関する言動には非常に敏感だ。

そして双方の衝突が激しくなるたびに、イスラエルのネタニヤフ首相もパレスチナ自治政府のアッバス議長も「脅威」を強調し、憎しみをあおってきた。そうしている限りは市民が「内集団」意識を強めることを知っているからだろう。危機や脅威、そしてそこから生じる過激化は、彼らにとっては支持率アップの好機にさえなるのだ（6章P254）。

一般に、指導者にとっては市民に和平の追求を呼びかけるより対立をけしかけるほうが簡単だ。多数の人命が奪われるような暴力的な紛争でも、これを支持するよう市民を仕向けるのは、

毎日新聞の単独インタビューに答えたパレスチナ暫定自治政府のアッバス議長＝ヨルダン川西岸ラマラの大統領府で2017年5月31日夜、自治政府提供

「数日もあれば可能」（バル・タル，2012, p.15）とされる。しかし紛争を停止させ、和平に向けて歩もうと人々を説き伏せるのは長い年月を要する。これまで敵対側への憎悪をたきつけてきた指導者であればなおさら、従来の敵対的な言葉との整合性を図るのは容易ではない。

ただ、パレスチナではこの脅威をたきつけ市民を過激化させる手法は最近、リーダーにとっても危険を伴う選択肢になっている。アッバス議長は２００５年の選挙で当選し議長に就任したが、その後選挙を行わないまま議長の座に居座り、市民からの反発が強まっている（外務省，2019）。波状攻撃が激化した２０１５年秋、アッバス議長は一方で波状攻撃を称賛して市民の反感を買わないようにし、他方でその支援まではしないという現状維持の策を取った。治安部隊を動かせばイスラエルが本気で怒り、イスラエルに政治生命を奪われかねないからだ。この対応を見てパレスチナの若者たちは、結局、アッバス議長はイスラエルと同様に「現状維持」を何より望んでいるのだと改めて確信し、その不満がさらに暴力のうねりを加速させた。

ネタニヤフ首相も現状維持を望み、いつも通り脅威をあおった。銃の携帯許可の資格条件を緩和するなど過激化を促すような対策を講じた（大治，2015i）。

いずれの指導者も、「敵」の脅威をあおることで自分の足元を固めて現状維持を図ることに終始し、和平を呼びかけるようなリスクは取らなかった。その結果、双方の市民は過激化の波に呑まれ、いつものように互いに傷つけ合い、新たな流血の歴史を刻んだ。

第2章

組織はいかに個人を過激化させるか

「『イスラム国』に入りたいか？」

イスラエルの大学院に入る前の4年余り、私はエルサレム特派員としてイスラエルやパレスチナ自治区のほか、トルコ、ヨルダンを持ち場に取材していた。特派員として最も記憶に残る取材のひとつが、イスラム教スンニ派の過激派組織「イスラム国」（ＩＳ）による日本人人質事件だった。

２０１５年1月20日午前、中東を歴訪中の安倍晋三首相は滞在中のエルサレム中心部のホテルで現地訪問の成果を記者発表する予定だった。ところが東京政治部の同行記者から午前10時過ぎ、首相のパレスチナ行きは中止になったとの連絡が入った。会見も遅れているという。何かあったのだろうかといぶかっていたそのとき、「イスラム国が日本人男性2人を人質に取り、身代金を要求している」との情報が入った。そして間もなく首相の会見が始まった。

イスラム国は72時間以内に身代金2億ドル（当時約２３６億円）を支払わなければ2人を殺害すると主張しているという。ネット上に拡散された映像を見た。確かに日本人らしき男性２人がオレンジ色のジャンプスーツを着せられ、ひざまずいている。その服装は、中米キューバにあるグアンタナモ米海軍基地に連行されたイスラム教徒が着せられていたものと同種だった。日本を、イスラム教を冒瀆（ぼうとく）した欧米の一角ととらえているのは間違いなかった。男性は２０１４年8月、シリア北部でイスラム国に身柄を拘束された千葉市の湯川遥菜（はるな）さん（42）と、２０１４年10月、シリアに入国したとされる仙台市出身のジャーナリスト、後藤健二さん（47）と分かった（秋山，2015）。

「これは長期戦になるな」。そう感じて、私はすぐに出張準備を始めた。私の持ち場のトルコとヨルダンはシリアに接している。交渉の末、２人が解放されるとすれば地形的にトルコとの国境沿いの可能性が一番高い。こういう時のために用意しておいた車輪付きでリュックにもなる旅行かばんの大型と中型を２つ床に広げて、一眼レフのカメラ、２本の望遠レンズ、ビデオカメラ2台、パソコン2台といった機材一式を入れた。さらにトルコとシリアの地図、そして最悪、ホテルがなくても車の中などで泊まり込めるように防寒着や寝袋、固形燃料で使える野外用コンロ、鍋、米、インスタントみそ汁、プラスチックの食器やビタミン剤などを詰め込んだ。トルコは地震が多いので、いつでも被災地に入れるように用意しておいた非常事態装備の一式だ。

日本政府はヨルダンの首都アンマンにある在ヨルダン日本大使館に中山泰秀（やすひで）外務副大臣を送り、現地本部を作るという情報も入った。本部がヨルダンとなると、まずはその首都アンマンに入る必要がある。アンマンなら隣接するパレスチナのアレンビー橋の検問所から陸路数時間で到着可能だ。今から出れば夕方までには着く。

アンマンまでは、エルサレムに駐在する他社の記者たちと一緒に大型バンを借り上げて向かった。あまりに急な展開だったので、ある記者は取材かばんのほかは下着を入れたという小さな紙袋しか持っていなかった。私のかばんは2つともパンパンで、他の記者たちは「大治さん、どこに移住するのですか」と面白がった。

夕刻、私たちはアンマンに入ったがその後到着した中山外務副大臣のぶら下がり取材から得られる情報はほとんどなく、２日後、私はトルコのシリア国境沿いへと向かった。

トルコに滞在して6日目の28日、後藤健二さん解放の可能性を巡る情報が流れ、私はシリアとの国境沿いにあるトルコ・アクチャカレ検問所に待機した。境界沿いに歩くと、時々イスラム国の黒い旗が肉眼で見える。午後6時をまわり気温は0度近い。暗闇に包まれ、検問所の門の明かりだけが周囲を照らす。すぐ先は、イスラム国が支配するシリア北部で、南に80キロ下れば、イスラム国が「首都」とするラッカだ。

「イスラム国に入りたいか」。闇に紛れて現れた見知らぬ小柄な男がささやいた。アラビア語を話していたのでシリア人だろう。「フェンスを越えて少し行く程度なら１００トルコリラ（約４９００円）で連れて行ってやるよ」。男はそう言って長い間、食い下がった。

私は洋服の下のおなかにまいた現金1万ドルに反射的に触れながら、とりあえず微笑した。

シリアとの国境沿いのこの街には、シリア入りを目指す記者ら外国人の密出入国を手助けしたり、イスラム国の外国人誘拐に手を貸したりするシリア人がいることは知っていた。アラビア語の通訳として私に同行していたシリア人が、買ってきたコーヒーを片手に心配そうな表情を浮かべて戻ってきた。「ありがとう、考えておく」と言って別れると、シリア人の助手が言った。「あのビルに入って、袋に入れられてシリアに拉致された外国人がいると聞いたことがあります。彼らとはもう話さないほうがいい」（秋山&大治，2015）

このシリア人の助手はマフムードという40代の男性で、ある国際機関で働く友人の紹介を経て現地で初めて会った。イスラム国が首都とするラッカで高校の英語教師をしていたが、イスラム国が街を制圧し、トルコとの国境の街キリスに逃れて難民生活を送っているという。彼は国連関係機関や米人権団体の通訳を務め、物静かで用心深く、仕事は慎重できめ細かかった。紛争地の取材で最も大事なことは、現地をよく知り、地元におけるネットワークが広く、慎重で信頼できる助手を確保することだ。

私はこのころから彼の知り合いを軸に取材を広げ、やがてイスラム国を脱したばかりのシリア人元戦闘員らにインタビューをする機会を得た。マフムードの教え子のイブラヒム（25）の紹介だった。彼は、マフムードがかつて教諭を務めたラッカにある高校の卒業生で、イスラム国などから脱出する後輩らを支援していた。着の身着のままで逃げだしてきた彼らを一時的に自宅に泊め、仕事を見つける世話などもしていた。そうした元戦闘員らが語った証言は、過激派組織がいかに個人を過激化させるのか、というプロセスを知るのにとても役立った。

喪失経験の末の決断

トルコに滞在した期間、イスラム国の戦闘員だった8人をインタビューした。イスラム国への当時の参加ルートは主に3つ。イスラム国が拠点を持つシリアやイラクの住民が知り合いなどに勧誘されて入るルートと、トルコなど中東の周辺国から入るルート、それに欧米など離れた外国から入るルートだ。ちなみに英国の「過激化・政治的暴力研究国際センター（ＩＣＳＲ）」によると、シリアに入った外国人戦闘員は２０１５年1月集計時において2万人余りで、このうち半数以上が中東出身者。旧ソ連圏からが3割で、西欧からの参加者は2割だった。「白い肌の戦闘員」が日本ではやたらと強調されていたかもしれないが、実際にはさほど多くはなかったようだ（ICSR, 2015)。

本章ではまず、シリアに住んでいた5人のうち2人と、周辺国トルコの住民2人がそれ

「イスラム国」から脱出したアブウサマ。「イスラム国」を警戒して窓に新聞で目張りをしていた＝トルコ南部シャンルウルファ郊外で2015年2月16日午後、筆者撮影

ぞれイスラム国に入った経緯を紹介し、彼らの過激化プロセスを検証する。

インタビューしたシリアの元住民はいずれも、イスラム国が「首都」とするラッカ出身だった。最初に取材したイブラヒムの後輩、アブウサマ（26）はトルコ南東部シャンルウルファ郊外にあるイブラヒムのアパートの一室で取材に応じてくれた。周囲をやたらと警戒し「イスラム国の手はトルコにも及んでいる」とアパートの窓に新聞で目張りをしていたのが印象的だった。小柄でやせていて、少し神経質そうな青年だった。非常に注意深くイスラム国の内部を観察していて、携帯電話に残されていた当時の写真をいくつか見せながら説明してくれた（大治・2015c）。

アブウサマが生まれ育った故郷、ラッカの街は2年前の2013年春からすでに荒廃を極めていた。アサド政権による支配が崩れ、イスラム国や国際テロ組織アルカイダ系「ヌスラ戦線」など異なるイスラム過激派が割拠（かっきょ）して激しい戦闘を繰り広げていた。彼の家族は全員無事だったが、故郷が荒れ果てていくさまを見るのがつらかったという。

ある日、アブウサマは自宅近くのモスク（イスラム礼拝所）のイマーム（宗教指導者）が「ヌスラ戦線に殺された」と知った。幼いころから慕っていた指導者だった。イスラム過激派の説法を批判していたためと見られるという。アブウサマはヌスラ戦線に強い怒りを覚えると同時に、「昔の街を取り返したい」という思いに駆られた。割拠する武装勢力の中で、街の安全を一番早く取り戻すことができる組織はどれかと考え、当時最も勢いがあり、「国家建設という明確な目標を掲げていたイスラム国に未来を感じて」参加したという。街にはイスラム国が張り出した戦闘員募集のポスターが随所に並び、教育や医療が無料だという宣伝文句にもひかれた。彼は2013年6月、戦闘員になろうと決意した。

もともと信仰心があつく、殺されたイマームの穏健な教えを受けてきたのでイスラム国の教義が極端なことには気づいていたし、違和感もあったという。だが「一刻も早く故郷を復興させたかった」とアブウサマは振り返る。

戦闘に「賃金」が払われたことも、自身を含め多くの地元の若者がイスラム国に入った理由だった。父も自分も、内戦でそれまでの仕事である農業が立ち行かなくなり家族を養う必要があった。イスラム国は当時、戦いに勝つたびに戦闘員に報酬を渡していた。２０１４年春、東部でヌスラ戦線を撃破した際にはひとり６００ドル（約７万２０００円）、シリア軍との別の戦いでは4日間で１５００ドル（約18万円）もらえたという。主要産業の農家の月収が２５０ドル（約3万円）というラッカでは、大きな収入だった。このためいわば「就職口」としてもイスラム国は地元住民の人気を集めた。

ところがこうした金は結果的に、アブウサマら若者を当初の「希望」から遠ざけていった。「お金がもらえるので、戦闘を望むようになってしまった」とアブウサマは語る。戦争のない平和な街を取り戻すという当初の夢から、いつの間にか遠ざかっていく自分に気づいたという。過激派組織は、彼のように当初は半信半疑で入ったメンバーをさまざまな手法で取り込み、当初目指していた目標とは別の方向へといざなっていくのだ。

イスラム国は構成員の帰属意識を強めるため、不信心者の処刑という「踏み絵」を踏ませていた。不信心者には異教徒の外国人だけでなく、「宗教心が足りない（イスラム国の教えに従わない）」シリア市民も含まれた。戦闘員から希望者を募り、「犯罪者を処刑したい」と記した紙にサインさせた。「志願しなければ忠誠心を疑われる。不信心者を殺せば天国に行けると何度も聞かされた」

彼も2014年初め、処刑を希望する文書にサインした。ある日突然、「お前の番だ」と言われ、親欧米の反体制派武装組織「自由シリア軍」の「スパイ」だという32歳の男性を射殺するよう命じられた。目隠しをされた男性に向けて、銃の引き金を引く。自分の中で「人間を殺している」という感覚は薄かったという。あのスタンフォード大学でジンバルドー名誉教授が行った監獄実験でも、相手とのアイコンタクトがないと人は残虐な行為への抵抗感が失われることが分かっている。組織への忠誠心は「証明」されたが、この経験はイスラム国を脱退後、彼の心身を大きく蝕(むしば)んでいく。

やがて組織からの離脱を考えるきっかけ(トリガー)となった出来事が起きた。同じ年の2014年夏、北部アレッポ近郊のマンビジュに遠征し、15歳の少年の処刑を偶然目にした。「70歳の女性から金品を奪い強姦(ごうかん)した」罪への罰だった。「こんな子供が70歳の女性を強姦するだろうか」とアブウサマは疑念を禁じえなかったという。少年は公園の一角の木にはりつけにされ、のど元を浅くナイフで切られ、3日間放置された。少しずつ出血し、やがて死亡した。腹部には「強奪と強姦」という「罪名」を書いた布が巻かれていた。「母親が毎日、彼の顔を水で洗い、唇をしめらせてやっていた。その姿がずっと頭から離れなくなってしまった」。アブウサマはそう言って、またつらそうな表情を浮かべた。「不信心者」の母の愛を目撃し、モノのようにしか見えなくなり始めていた外集団(不信心者)

が再び人間に見えてきた瞬間だった。

過激化プロセスに入った人が引き返すきっかけのひとつとなるのが、外集団の中に自分との共通点を見出すことだといわれる（モハダム＆マーセラ，2008）。アブウサマは、不信心者として処刑された少年を慈しむ母親の姿に、同じ人間としての姿を見出したのだろう。いったんは切れてしまった彼と外集団との関係性を再びつないだのは、人間性への共感だったのかもしれない。

アブウサマの中で、忘れかけていたイスラム国の教義への違和感が再び頭をもたげ始めた。それでもしばらくは組織に忠実なふりを装ったが、「いずれ態度に出て周囲に感づかれる。今度は自分がやってもいない疑いをかけられて処刑される」と危機感が募った。

彼はそれから間もなく、アレッポ北部の村から徒歩でトルコへ脱出しようと決意した。密輸業者を装い、汚れた衣服に大きな荷物を背負って国境を目指した。途中、イスラム国の検問所を通った。担当者は「見慣れない顔だ」といぶかったが、「最近商売を始めました。生きるためです。許してください」と言うと通行を許されたという。

取材の最後に「イスラム国家の建設」を掲げる別の組織が現れたら再び入るかと聞くと、こう答えた。「入らない。もう誰も殺したくない。毎日、悪夢を見て明け方まで眠れない。信仰は（過激派組織に参加することとは関係なく）僕と神の間の問題だ。それがよく分かっ

た」（大治，2015c）

彼には、人を殺した記憶がトラウマ（心的外傷）となって重くのしかかっていた。窓に新聞紙を張ったり、眠れないほど不安になったりしているのは、心的外傷後ストレス障害（ＰＴＳＤ）の典型的な症状と思われた。

成長期にある青年にとって、アイデンティティの形成は欠かせない。彼のように故郷を破壊され、祖国シリアの未来も描けない中で、確たる自我を確立できず悶々（もんもん）とする若者にイスラム国は国造りを約束し「希望」を与えた。アサド・シリア政府が国民を殺し、国が荒廃して帰属先を失っていた彼らにはそれは魅力的な選択肢だった。

アブウサマの証言には、組織が促す過激化プロセスに特徴的な要素がいくつもちりばめられている。故郷を失った「喪失感」、シリア国民としての「アイデンティティの欠落」、掲げられた虚構の未来や希望、戦闘や帰属意識がもたらす一時的な「興奮や満足感」、イスラム国メンバーを内集団、それ以外を外集団とする「善悪二元論的な発想」と、内的結束を促すための踏み絵、そして裏切り者への「制裁」――。

本章後段や次章以降で詳述するが、組織に入った者がたどる過激化プロセスには組織からの積極的な働きかけがあるという点でローンウルフとは異なるが、個人が心理的にたどる過程においては、ローンウルフとの類似性もある。

過激化プロセスを止めるトリガー

インタビューに応じてくれたもうひとりのシリア人は、ハーレト（17）だ。いったんはイスラム国に入り、自爆攻撃を求められながらも踏みとどまった。アブウサマと同様に、過激化のプロセスに足を踏み入れたが引き返すことに成功した青年だ（大治，2015e）。

イブラヒムの自宅で会った彼は小柄でやせていた。長いまつ毛と黒い瞳が印象的で、数時間に及ぶインタビューの間、「お祈りの時間です」と言って時々会話を中断した。

イスラム国との関係は２０１３年６月に遡る。当時彼が住んでいたラッカにある自宅に、見知らぬ30代のチュニジア人の男が訪ねてきた。イスラム国の戦闘員だと言い、対立するアルカイダ系武装組織「ヌスラ戦線」に関する情報を収集しているという。そのちょうど3カ月前、ハーレトは兄のように慕っていたいとこ（20）をアサド・シリア軍の砲撃で失い「ショックと怒りを抱えていた」。

チュニジア人の男は「イスラム国のメンバーにならないか？　いい組織だ」と誘った。「家族を守れ」とカラシニコフ銃を手渡した。ハーレトは、「もう守られるのではなく家族を守る年齢になっている」という自覚を促されたという。何度か自宅に訪ねてきて、そのたびに「元気そうだ」「顔色がすぐれないね」などと兄のように言葉をかけてくれた。「信頼」「愛」「尊敬」といった言葉をよく使うところが好きだった。同じ時期、幼なじみの3人がイスラム国に入り、「一緒にアサド軍を倒そう」と誘われた。

過激派組織に入る人々の主な動機のひとつに、親しい友人や信頼する人からの勧誘がある。ローンウルフが「先駆者」に憧れて後に続くのと心理的には近いだろう。

ハーレトもまたアブウサマと同様に、荒廃する故郷を守るためには安定した国家の建設が必要だと感じ、イスラム国に希望を見出してメンバーになった。

チュニジア人の男はハーレトを歓迎したが、次第に「自爆テロ」を促すようになった。「自爆テロに成功すれば、天国が待っている」と繰り返す。やがて、同時期にイスラム国に入った近所の少年グループのうち12、13歳の年少の少年たちの姿が見えなくなった。激戦地にそれぞれ向かったと知った。ひとりは自爆攻撃の直前、ハーレトの携帯電話にメッセージでこう伝えてきた。「僕、これから殉教者になるんだ。神さまが僕をちゃんと受け止めてくれるようお祈りしていて」。ハーレトは、「お祈りするよ、もちろんだよ」と返事を出し、それが最後のやり取りになった。同じ時期にイスラム国に入った幼なじみは他に14人いたが、うち9人が自爆攻撃の勧めを受け入れて死んだ。

ハーレトは「無言のプレッシャーを受けていた」という。あのソロモン・アッシュが提唱した、いわゆる同調圧力だ（1章P28）。過激派組織が構成メンバーをコントロールするのに使う心理的な抑圧だ。過酷なトレーニングも心身を追い詰め、圧力に屈しやすい精神的環境を築いたという。まだ暗いうちに起床して祈りを捧げ、日の出までイスラム聖典のコーランを読む。2時間ランニングをして1時間休憩。宗教指導者によるシャリア（イスラム法）の授業、その後は戦場で使われたカラシニコフやピストル、マシンガンの清掃や解体。深夜まで自爆の練習をさせられることも多かった。疲労と緊張で、ハーレトは「落ち着いて考える時間も体力もなくなった」と振り返った。

過激派組織は、「修行」や「訓練」などと称してメンバーの心身を疲弊させ、その判断力を疲弊させる。ハーレトは追い詰められ、司令官から直接、「自爆すれば早く確実に天国に行けるぞ」と言われるたびに、「よし、やろう」と決意したが、ひとりになるとまた迷いが生じたという。

先に紹介したあのサクラに対する電気ショックの実験では、白衣を着た「教師」に指示されるままに被験者は電気ショックのレバーを引き上げ続けた（1章P29）。人は「権威」に迫られると、自らの判断を棚上げしてすべてを委ねて盲従してしまいがちになる。特に心身が疲労すると判断力を失いやすい。過激派組織がメンバーの過激化を促す背景にはこうした同調圧力や、権威への盲従という人間の脆弱性を突いた心理的操作がある。

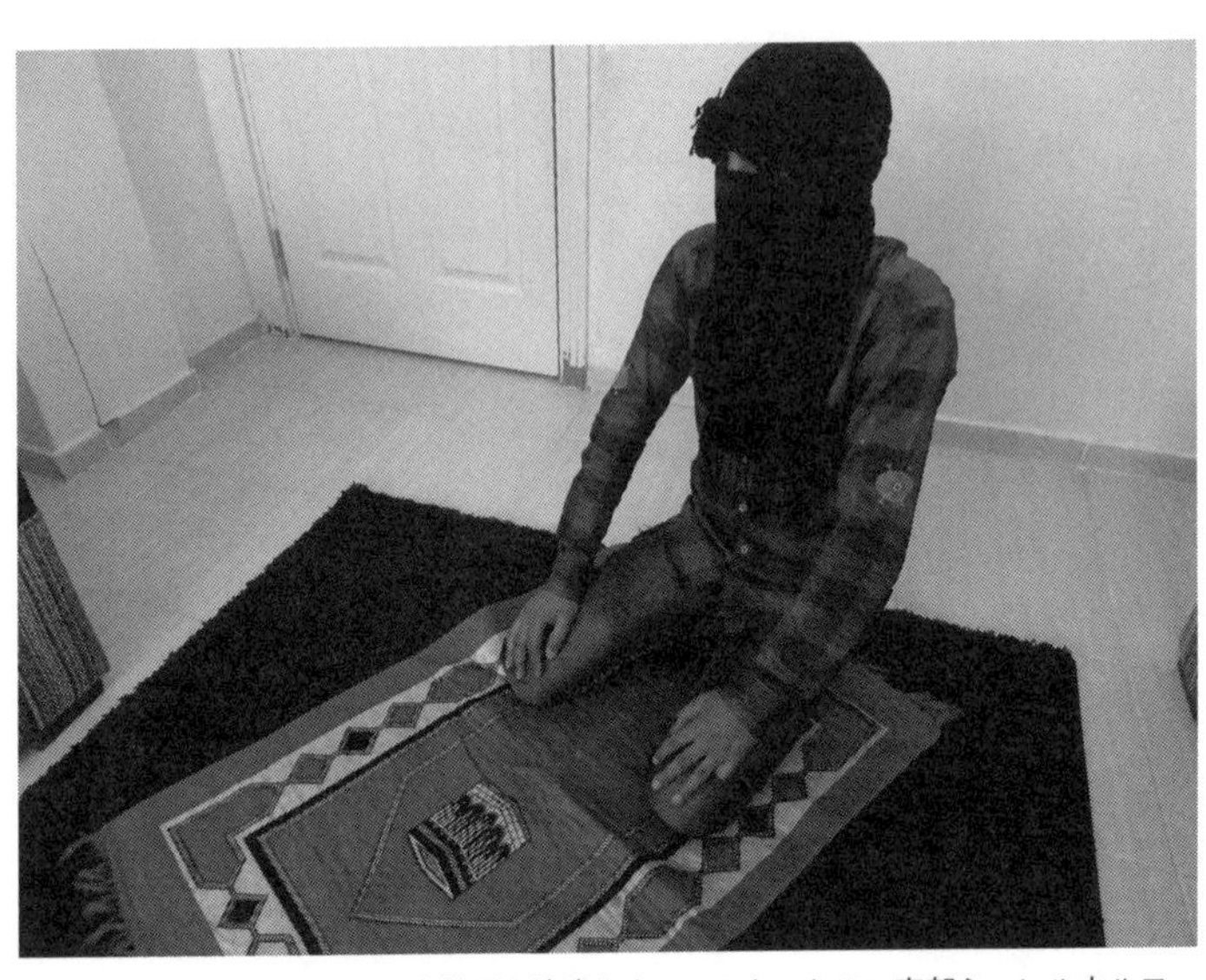

母親との会話で「イスラム国」離反を決意したハーレト＝トルコ南部シャンルウルファで2015年5月12日、筆者撮影

なお、人間は隔離状態に置かれ、同調圧力に迫られ、しかも修行などとして肉体的に大きな負荷をかけられると物事に多角的に目くばりする認知能力（脳の前頭前野などが担う機能）が疲弊し、いわば思考停止状態に陥って判断力をハイジャックされやすくなるという（Howard et al., 2019）。

ちなみに松本光弘・現警察庁長官はその著書『イスラム聖戦テロの脅威——日本はジハード主義と闘えるのか』（講談社＋α新書）で、イスラム系の過激派組織はカルト教団が使うのと同様のマインドコントロールを使っているようだと指摘する。虐待や拷問により行われる「洗脳」とは異なり肉体的な支配は行わないが、同調圧力など集団力学を使って組織の価値観を埋め込み、操作する。その要素には「①儀礼や仕居、衣服、食事などをコントロールする『行動コントロール』②教義と言語体系を身につけさせ、それ以外について思考停止させる『思想コントロール』③罪悪感と恐怖感を使って、感情の幅を狭くする『感情コントロール』④自分で判断させないために、触れられる情報をコントロールする『情報コントロール』」があるとしている（松本，2015，p.180）。

ハーレトは自爆という名の谷へと落ちる崖っぷちに立たされていた。苦しさと混乱の中でいたたまれず、ふと母の声を聞こうと電話した。詳しいことは何も言わなかったが、母はすぐに状況を察したように泣きながらこう繰り返したという。「ハーレト、死んではダメ。一緒にシリアを出ましょう、トルコに逃げるのよ」。自爆の谷に落ちかかった彼の腕をつかんで引っ張り上げたのは母親だった。

パレスチナの波状攻撃で見られたように子供の自爆テロを受け入れる親もいれば、ハーレトの母のようにそれを阻止しようとする親もいる。一方で、親が止めても自爆してしまうケースもある。ハーレトが追い詰められた時、とっさに胸に浮かんだのはチュニジア人の男でも司令官でもなく母親だった。母はイスラム国からの脱出を支援していると聞いていたイブラヒムに知人を介して連絡を取り、その支援を受けてハーレトとラッカの一角で合流した。２人は父親と残りの家族をシリアに残したまま２０１５年３月、トルコへと脱出した。一家でシリアを出るのはあまりにも目立つという父親の判断だった（大治，2015e）。

ハーレトは、イスラム国の過激思想をいったんは受け入れ過激化のプロセスに入ったが、自爆攻撃にまでたどり着くことはなかった。過激思考を暴力に発展させる者もいれば、そうならない者もいる。暴力に行きつくには何らかの外的要因としてのトリガーがありうることはすでに触れたが、この母親のように、暴力への移行を食い止める抑止的トリガーの存在もある。

ハーレトのそれは一見、外的な要因に見えるが、自ら手を伸ばしたという側面があることは重要だ。後述する（5章P217）が、人間には自分を支える資源（リソース）を確保しようとする動物としての生存本能のようなものがあるとされる。危機に瀕すると、自分を支えてくれそうな人やチャンスをつかもうとするのだ。そして手を伸ばしたその先に実際に支援や資源があること、その両方が抑止的トリガーのメカニズムを起動させるカギになる。

逆にいえば、過激化の潮流に流されながらも踏みとどまろうとした時、自分が閉じこもってきた「思考の殻」の外、つまり外集団に手を伸ばすかどうかが結果を左右する可能性がある。そこには、手を伸ばせば助けてもらえるはずだという漠然とした他者への信頼感が必要になる。それを持てるかどうかの違いを分けるのは何か。それは私が抱えてきた大きな問いであり、本書を書こうと決めた動機でもある。

過激派組織の側からするとひとたびメンバーになった者が外部の支援を得て離脱することがないよう、引き留めておく必要がある。それには外集団（一般社会）の価値観を徹底的に批判して破壊しつつ、家族や親しい人とのコンタクトを禁じて孤立させなければならない。これはイスラム過激派に限らず、古くは日本赤軍やカルト教団オウム真理教などにも見られたマインドコントロールメカニズムといえるだろう。

シリア人高校生も流された過激化の波

トルコの国境沿いでイスラム国に誘拐された後藤さんら日本人2人の解放の報を待っていたある日、助手のマフムードの携帯電話に1本の連絡が入った。ラッカの高校に勤務していた時の同僚、メレ・ユンソ教諭（44）からだった。シリアから逃げてトルコの避難所の高校に入っていたシリア人男子生徒の多くが「ジハード（聖戦）に行くと言ったまま姿を消している。シリアに舞い戻って戦闘員になり戦死しているようだ」という。高校生らは家族と共に戦火を逃れてトルコに入った難民だ。なぜ今さら戦場に戻る必要があるのか。

実態を調べるため、私たちはユンソ教諭が身を寄せているトルコ南部キリスの避難所へと向かった。当時、私たちが常駐していたシャンルウルファからは車で片道2～3時間かかる。移動中、マフムードはいつもイヤホンでコーランを聞き、お祈りをしている。私は車窓を眺めたり、取材メモを整理したりして過ごした。

大きな門構えのある避難所に着いた。シリア人1万人余りが暮らすという大規模な施設だ。マフムードはユンソ教諭を電話で呼び出し、避難所の近くのカフェで取材した。カフェといってもプラスチックの椅子とテーブルが数脚、それに小さな屋根があるだけの海の家のようなたたずまいだ。

ユンソ教諭によると、避難所の敷地内には小、中、高校の3校があり、児童・生徒の総数は約3500人。日本の高校1年にあたる10年生の男子生徒は2012年7月当時120人いたがその多くが行方不明となり、取材に訪れた2015年2月時点では20人しか残っていなかった。11年生は80人いたがゼロ、120人いた12年生は20人を残すのみだという（大治，2015b）。

ユンソ教諭は疲労のせいかとても表情が暗かった。ぼさぼさに伸びた前髪を時々上げながら、しゃがれた声でこう言った。「生徒たちはシリア側に戻り、武装組織に参加しているようだ。フェイスブックの更新が突然途絶えたり、同じように戦闘員になった級友からの情報があったりして死亡の可能性を知ることが多い」。ユンソ教諭は短くなったたばこをくゆらせた。

「男子生徒が戦闘員になっていく」と話すメレ・ユンソ教諭。後ろに見えるのはキリス避難所＝トルコ南部で2015年2月2日、筆者撮影

生徒たちは、シリアとの間の境界フェンスが壊れている場所や、トルコの警備が手薄な地区から違法にシリア側に侵入。イスラム国のほかアルカイダ系の「ヌスラ戦線」などアサド政権と敵対する武装組織に入っていると見られるという。彼らは日ごろから「なぜ欧米は多数の市民を殺すアサド政権を叩かず、アサド政権より市民に信頼のあるイスラム国を攻撃するのか」と怒りを口にしていたという。

パレスチナのローンウルフ・インティファーダを巻き起こしたような憎悪と過激化の波はここシリアでも、高校生たちを呑み込んでいた。失踪した高校生らとパレスチナの若者らが置かれた状況にはいくつもの符合点がある。日常的に家族や友人を傷つけられたり失ったりする喪失感や苦悩（イスラエルによる占領やアサド政府軍による市民攻撃といった不条理な日常）への怒りと憎悪、そしてネットにあふれる同胞らの困窮と死。彼らは報復のための「聖戦」を掲げ、死の淵へと突き進んでいくのだ。

教諭も相次いでシリアに舞い戻っているという。避難所の教諭は１３５人いるが、これまでに若手の教諭15人がシリアに戻り、戦闘で死亡した。ユンソ教諭がため息をついて言った。「教諭で集まると、いつも話題はシリアに残る家族や親戚らのことになる。誰もが、自分たちが避難所で安全に暮らしていることに後ろめたさを感じている」

イスラム国は、アサド政権に対する市民の不満を巧みに利用していた。アサド政権の残虐性を強調するような映像をネットで拡散させ、戦闘員の勧誘に使うのだ。政情不安を足掛かりにするのは彼ら過激派の常套手段だ。そしてここにもまた、集団心理のメカニズムがある。「死」を目の当たりにすると人間は内集団の結束を強め、外集団に敵対的になるなど独特の行動傾向を示すことが社会科学的実験で指摘されている（脇本，2012）（４章Ｐ２０５）。過激派組織はそれを知ってか、紛争下の人々の脆弱性を見事に突くように「死」にあふれたＰＲ動画などを使い憎悪をたきつける。

ここでは最後に、教諭らが口にしていたという生き残ったことへの恥と罪の意識について、若干補足説明をしておきたい。第二次世界大戦で起きたユダヤ人大量虐殺（ホロコースト）では、生き残ったユダヤ人サバイバーの多くが「恥と罪」（shame and guilt）の意識に今もさいなまれている。大半の生存者は家族や親族を皆殺しにされているが、「なぜ自分だけが生き残ってしまったのか」という罪悪感を抱き続けていることがさまざまな調査で明らかにされている。それが今も大きなトラウマ（心的外傷）となり日々、悪夢や不眠に悩まされている（Danieli, 1984; Nutkiewicz, 2003）。

戦場に戻った高校生らの内心にも、教師らが口にしていたのと同様の「逃げた者としての後ろめたさ」があったのだろう。自分たちは避難所でぬくぬくと生活し、温かいスープにありつけているのに、シリアに残された同胞たちは女性や子供までが殺戮のただ中に置かれている。自分たちの命は、むしろ彼らを救い出すためにあるのではないかという思いだ。

心理学には利他的（愛他的）行動という概念があり、人間は自らの利益にかなわなくても、他者への支援や正義のために行動することがある（Eisenberg, 1982; 中島，1999）。そうした利他的な思いで内集団（この場合、シリア人社会）を守りたいと考える人々を、過激派組織が悪用することも珍しくない（Bruneau, 2016; Victoroff, 2005）。過激派組織は、物理的あるいはネットのバーチャルな空間で同胞の困窮を伝える情報、動画といった「餌」をまき、網をはり、こうした人々の苦悩や良心をとらえ、過激化の入り口へといざなうのだ。

ジハード・クール(イケてる聖戦)

ここからはシリアに隣接するトルコからイスラム国に入った少年2人のケースを紹介しよう。

彼らは、アブウサマやハーレトとは明らかに異なる動機を口にしていた。トルコの首都アンカラ中心部にイスメットパシャ地区というスラム街がある。2015年5月、私はこのエリアから多くの若者が隣国シリアに密入国しイスラム国の戦闘員になっていると聞いて足を運んだ。スラムに住むある少年が、イスラム国に入ったが負傷して帰国したというトルコ紙の記事も持参した。

この時同行してくれたトルコ人男性の通訳は、「あそこに行くのですか」と最初から気乗りしない様子だった。いつもは過密な取材スケジュールにも笑顔で応じてくれるのに、この時ばかりは後ろ向きだった。一帯は、薬物中毒者の巣窟でトルコ随一の「犯罪地帯」ともいわれるエリアだからだ。結局、スラム街の入り口で車を止め、彼は車中で待つ。私がインタビューできそうな人を探し、車まで連れて行って別のエリアまで移動して取材をするという段取りになった。

シリアでイスラム国訓練兵として演習に参加していたころのハッターブ＝2014年6月、本人提供

こう書くとこの助手が情けない人物のように見えて申し訳ないが、実は助手のこうした慎重な姿勢は、紛争地取材ではとてもありがたい。記者の私たちはどうしても、聞きたい話、会いたい人への思いが強く前のめりになってしまいがちだが、こういう助手の態度は自分の「前のめり具合」に気づかせてくれるからだ。

しばらく私はひとりであちこちスラム街を歩きまわったが見つからなかった。やむなく車に戻っていったん帰ろうとしたとき、向こうから少年2人が自転車でやってくるので車を止めて駆け寄った。写真を見せれば手がかりが得られるかもしれないと咄嗟に思ったからだ。だが数メートルの距離に近づいて、写真の本人だと気づいた。彼の名前はハッターブ（16）、一緒にいたのはいとこのゼイト（17）だった。この年ごろの男友達は強がったり、互いに競い合ったりするところがあるので、私は別々にインタビューをした（大治，2015d, 2015e）。

近くの公園に行き、ひとりと話している間、もうひとりは離れた場所で待ってもらった。2人は幼なじみの近所の同級生ら6人と一緒に2014年5月、知り合いのイスラム国戦闘員の手助けを得てシリアに密入国した。ゼイトら7人は1カ月でトルコに戻ったが、ハッタープだけはシリアに残った。3カ月ほどしたある日、銃の清掃を任されて作業していた最中に隣で同じ作業をしていた11歳の少年が銃を暴発させ、その弾を下肢に受けた。幸い命は取り留めたが、トルコ側に搬送されたという。記事の内容と同じ話だった。

ハッタープがイスラム国に関心を抱いた主な理由は2つあった。ひとつは「かっこよさ」だ。ハッタープが「ハマった」というのはイスラム国が流すハリウッドばりのPR動画とそのBGMだった。ピックアップトラックにイスラム国の黒い旗を突き立て、銃を空に向けて掲げながら男たちが気勢を上げる。背後に流れるのは男性によるアラビア語の合唱スタイルの歌だ。トルコ人なのでトルコ語が母語でアラビア語はほとんど分からない。だがそのせいかアラビア語がかえって神秘的に感じられ、「とにかく感動的で、モチベーションがすごく上がって何でもできるような気分になるんだ。戦いたいという気持ちになる」。ハッタープは興奮気味にそう語った。イスラム国は戦闘が始まると、少年らを集めてそれぞれに役割を命じる。出陣式のようなもので、その時もこうした音楽をBGMにかける。

ハッタープはそれを聞くたびに、「怖い気持ちとか不安がなくなった」という。

テロリズムの米国人研究者、ローラ・ヒューイによると、イスラム国やアルカイダなどが制作するＰＲ動画のＢＧＭには米国の黒人層から生まれたラップ系のビートが含まれ、表現方法などに西欧のポップカルチャーをベースにしたと見られる要素が多数見られるという(Huey, 2015)。また、彼らが制作する動画やオンライン雑誌を多数分析した結果、「ジハード（聖戦）は、パワフルな敵（欧米）に不満をぶつけるクールな方法」という価値観が通底していることが分かった。オンラインのこうしたＰＲは特に欧米在住のイスラム教徒を意識し、英語をはじめ欧州各国の言語に訳されている。トルコ語にも訳されているが、特に欧米へのイスラム系移民二、三世を標的にするにはポップカルチャーの要素が必須だという。ハッタープもこうしたスタイルに魅了されたようだった。

ちなみにアルカイダのソマリア系武装勢力「アルシャバブ」で一時期活動した米アラバマ州出身のアブ・マンスール・アムリキ（アメリカ人の意味）ことオマル・ハマミは、ジハードを称えるラップを歌った映像で外国人を魅了し、そのリクルートに成功したことで知られる。例えば彼が作った「Blow by Blow（爆風ごとに）」はこんな調子だ。

Bomb by bomb, blast by blast, only going to bring back the glorious past

（爆弾ごとに、爆発ごとに、ひたすら〈正しいイスラム教が実践されていた〉栄光の過

去を取り戻すのだ）（Huey, 2015）

幼なじみのいとこでも異なる選択

ハッタークが魅了されたもうひとつの要素は、イスラム国のメンバーを自任するトルコ人イマーム（イスラム指導者）が自らのホームページに上げたコーランの解釈や説法だった。「小さいころは本を読む習慣がなかったけれど、インターネットで（イスラム国メンバーの）イマームが書いたジハード（聖戦）論を自分で勉強して、分かりやすくて勉強になった。ユーチューブで彼の説法を聞くのが習慣になって、シリアに行きたいという思いがどんどん強くなった」。ハッタークは、トルコのモスクにいる穏健なイマームはトルコ政府が売春業者らも含めた企業などから徴収した税金で雇われ汚れているが、イスラム国は純粋で清潔だとも繰り返した。

ここで若干、「ジハード（聖戦）」の意味について述べておきたい。東京大学（先端科学技術研究センター＝グローバルセキュリティ・宗教分野）の池内恵教授の著書『イスラーム国の衝撃』（文春新書）によると、「『アッラーの道のための（Fi Sabili Allah）』という目的にかなった戦闘をジハードととらえ、それへの参加がイスラーム教徒一般に課された義務であるとするのは、イスラーム法学上の揺るぎのない定説」(池内, 2015,p.143)だという。そのうえで、イスラム共同体（ウンマ）の中で誰かがその戦いをしていれば他の者は免除されるという解釈が一般的であり、ジハードを行わない大多数の個人も法を犯していることにはならない。ただ、「現に目の前に異教徒の軍勢が現れて戦線が開かれている場合」など特定の状況においては個々のイスラム教徒のすべてにジハードを実践する義務が生じるとされる場合もある(池内, 2015, pp.143-144)。

ではこうした緊急性、切迫性などを判断するのは誰か。本来、ジハードを率いるのはイスラム教の預言者ムハンマド、もしくはその正統な後継者（カリフ）だ。しかし現代においてカリフは存在しないので、イスラム諸国のリーダーたちは自分がその代わりにジハードの必要性などを判断するという立場を示している。

ところがアルカイダやイスラム国など過激派はそうは考えない。むしろこうしたイスラム諸国の統治者たちは、「異教徒が支配している」状況や「イスラム教が侵犯されている」状況を看過したり、歓迎したりして堕落している、と考える。だから彼らにジハードの了解をもらう必要はなく、尊いイスラムの土地を汚す「支配者」（占領者としてのイスラエルなど）や「侵犯者」（イスラム諸国を汚す欧米諸国など）はもちろん、堕落したイスラム諸国の指導者ですらジハードの対象となりうる、と。彼らはこうして欧米を「遠い敵（far enemy)」、イスラム諸国の現支配者らを「近い敵（near enemy）」として攻撃可能とみなす。ハッターブはおそらくこうした考え方をネット上で出会ったトルコ人のイスラム指導者から受けて、トルコの指導者や彼らにより選ばれたイスラム指導者らは「腐敗」した「近い敵」であり、シリアでイスラム国の戦闘員として戦うことは、欧米諸国という「遠い敵」とのジハードにもなると考えたのだろう。

後述するが、ジハード主義における「聖なるジハードを実践する者vs.腐敗した近い敵、遠い敵」といった善悪二元論に基づく「内集団」「外集団」意識は、過激化プロセスとの親和性が実に高く、過激化を加速させる大きな原動力となる（４章Ｐ１８９）。

さて、こうしたハッターブのイスラム国に対する印象は彼がシリアを去ってから1年余りを経た当時も極めて良かったのに対し、１カ月でトルコに戻ったゼイトの印象はネガティブな要素が多かった。ゼイトは若者中心の50人前後のグループで自爆の集中訓練を受けた。「司令官から車の運転の仕方や起爆の仕組みを教えられ、「爆薬を詰めた箱を車の座席に積めるだけ積み、突進しながら起爆する訓練をした」という。爆発物に模した重しを体に巻き、数メートルの高さから地面に体をたたきつける練習もした。「衝撃によって起爆させる訓練で、体重の８割を目安に、40キロの重しを付けられた」と振り返った。

ゼイトの父親は運転手で、母親は主婦。５人兄弟の長男だ。ゼイトの父の弟がハッターブの父親で、タクシーの運転手だが車を失い失業中。ハッタープの母親は５年ほど前にスラム街で起きたけんかに巻き込まれて彼が小学校に上がる前に亡くなっている。ハッタープは３人兄弟の末っ子だが、上２人は刑務所に収監され、無職の父親と２人暮らしだった。

２人の印象は、共通の知人に対してもかなり違っていた。彼らをイスラム国に誘ったのは、同じスラム街に住んでいたアゼルバイジャン人の20代の男だった。ハッタープらにシリア入りを決意させるトリガー（きっかけ）になったといっても過言ではない。

ハッタープはこの男について「思いやりがすごくある。おなかがすいていないかとか、疲れているか？とか。頭が痛いといったら、頭をマッサージしてくれた」と振り返った。信頼したり好意を抱いたりする人物に誘われ、興味本位で過激派組織に関わり、そのまま引き込まれてしまうというのはよくあるパターンだ（Horgan, 2002; Sageman, 2004）。

だが男は、ハッタープらがシリアに入ると、「自爆か戦闘かを選べ」と迫った。ハーレトをイスラム国へと誘ったあのチュニジア人と同じだ。ハッタープは「自爆か戦闘かを２日間、寝ずに考えたけれど自爆できる自信がなくて戦闘を選んだ。期待に応えられなかった」と申し訳なさそうに話した。

一方、ゼイトはこの男には最初から最後まで「怖い」というイメージしか持たなかった。シリアで日常的に見た遺体も恐ろしかったと振り返ったが、ハッタープは「遺体の顔がいつもほほ笑んでいるような感じで、異臭もしなかった。むしろ花のような匂いがして、自分もあんなふうにきれいに死にたいと思った」と話した。

親戚同士で同じ環境に生まれ育ち、同世代。いつも連れだっている仲良しの2人だが、インタビューをしていて決定的に違うと感じたのは家族を語る様子とイスラム国への印象だ。ゼイトは姉の結婚式のことや父母の話など、積極的に自分からよく話した。だがハッタープはほとんど家族の話をせず、その家族構成もゼイトから説明してもらうしかなかった。ハッタープは私の取材に「今もイスラム国に戻りたい」と真顔で何度も言った。ゼイトによると、最初にイスラム国に興味を抱いたのはハッタープで、「小さい時から来世とか天国とかに興味が強くて、宗教の話を聞きたがるので、僕も一緒に興味を持つようになった」という。ゼイトは、1歳年下のハッタープに付き添うような気持ちでイスラム国に入ったようだった。

8人全員が同じスラム街に住みながら、7人がイスラム国での生活に辟易（へきえき）してトルコに戻り、ハッタープだけが強い魅力を感じ続けた。貧困・社会的格差など社会経済的な環境要因が過激化の誘因になることはあっても必須条件ではないことは、ここでも感じられた。同じような環境下にあっても、過激派組織に呑み込まれる人とそうでない人がいる。その違いは何か。

本書の最大の狙いでもあるこの問いへの答えは第５章で詳述するが、ここで記憶にとどめておきたいのは、過激化には、その人が抱く世界観が大きく影響し、世界観の形成には幼少期の家族との関わりが深く関係するということだ。また、人間はさまざまな心理的負荷から自分を守る自己防衛のための対処メカニズムを持っている（７章Ｐ２９４）。ある人にとっては音楽を聴いたり運動をしたりすることだし、ある人にとっては友人とコミュニケーションすることだったりする。ゼイトのコミュニケーション能力の高さは彼が家族との絆や人との対話を支えにしていること、ハッタープはスピリチュアルな感覚や宗教への信仰を支える力にしていることをうかがわせる。こうした対処メカニズムの使い方もまた、過激化する人としない人の道筋を分けることがある。

移民は過激化しやすいのか？

欧米でローンウルフによるテロが起きると、容疑者は移民二世で、貧困街に住んでいたといった社会経済的な背景が原因であるかのように報じられることが少なくない。だが移民は過激化するとかテロリストになりやすいという主張はそもそも理論的に成立しない。大半の移民は過激化することもテロを起こすこともなく平和に暮らしているからだ。ただ社会科学や社会心理学の専門家が指摘してきた通り、移民であることが過激化の誘因のひとつになる可能性はある。

移民の専門家によると、一般に、移民と移住先の社会との関係性には4つのレベルがある。①同化 ②統合・溶け込み ③分離 ④孤立・辺境化 (Ward et al., 2001)

米国のイスラム系移民を例にとってみよう。1965年に移民法が改正されて受け入れ条件が緩和されたのを機に、米国には革命を経たばかりのイランなど中東から多数のイスラム教徒が移り住んだ。この移民第一世代の多くはすでに母国で中東の料理や商品の製作、販売などの技を身につけ、移住後に英語を学び、米国社会になるべく同化しようとした。米国社会が人種のるつぼ、メルティングポットといわれる所以(ゆえん)である。さらにこの第一世代はイスラム教徒やアラブ人としてのアイデンティティをすでに母国で確立させていることも多く、そうした文化や価値観を家庭やコミュニティで維持しながら米国文化に溶け込む (integration) ことに成功する人も少なくなかった。

その暮らしぶりを例えていうなら、①の「同化」型であれば、イスラム教徒としてのアイデンティティや文化をほとんど捨て去り、アメリカ人として生きようとするような試みだ。クリスマスの時期には自宅の窓際にクリスマスツリーを置いて「仲間感」を周囲にアピールしたりするかもしれない。一方、②の「溶け込み」タイプは、クリスマスの時期に

[図3] 移民が新しい文化に対してどのように溶け込むかを分類した図
出典：Ward, Bochner, & Furnham, 2001, P.102

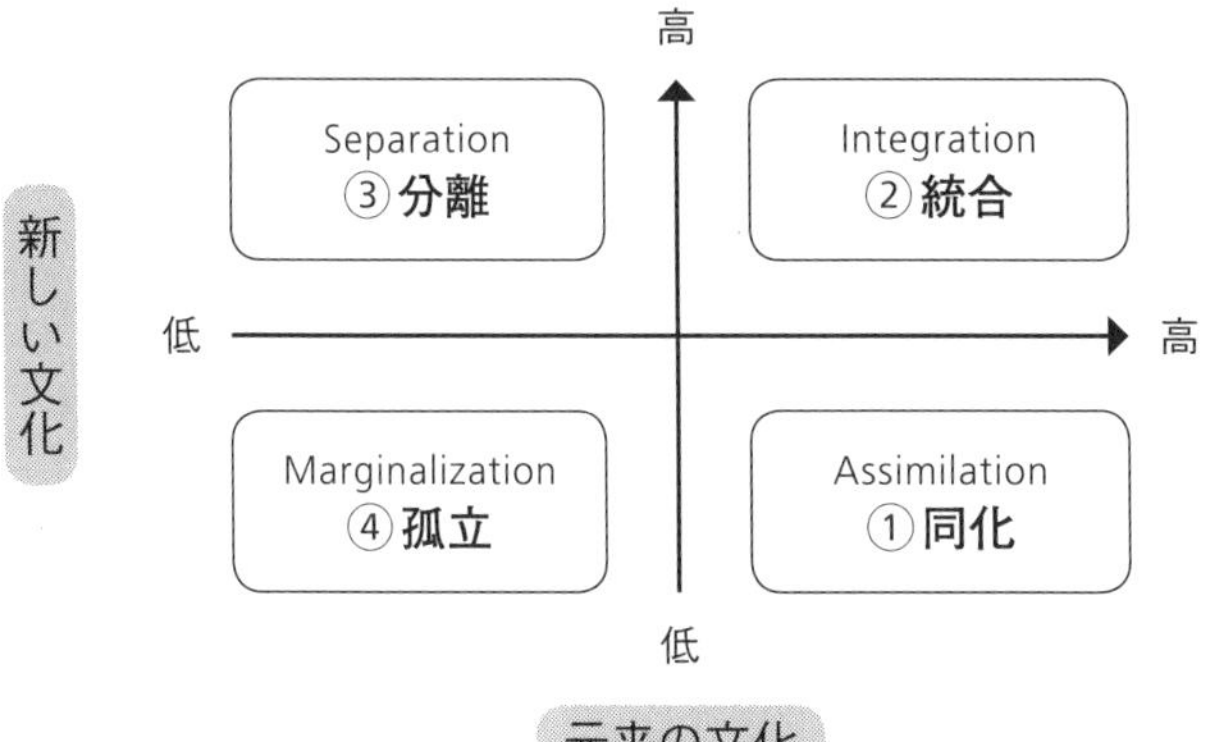

キリスト教徒に「メリークリスマス」とあいさつしたり、そのパーティーに参加したりはするが、自宅やコミュニティではイスラム教のお祭りであるラマダン（断食月）を家族や地元のイスラム教徒と共に祝うような暮らしぶりだ。

しかしこうした流れを根本的に変えたのが2001年の9・11事件だ。米国は事件後間もなくテロ対策を強化するためとして愛国者法を制定し、「敵の戦闘員」と見なした者なら誰でも令状なしで長期間拘束できるほどの強大な捜査権限を治安当局に与えた。これにより、米政府は中米キューバのグアンタナモ米海軍基地に世界中から「怪しい」イスラム教徒を強制連行した。学校や職場でもイスラム教徒へのいじめや差別、ヘイト（憎悪）犯罪も大幅に増えた（木村，2009）。

つまり米国社会は9・11事件を境に、大きな心理的負荷を受け、急速に内向き志向を強めた。「内集団」で結束し、イスラム教徒ないしアラブ人の社会という「外集団」への敵意を強めて排他的になった。その結果、イスラム教徒ないしアラブ人は前述のカテゴリー③の「分離」や④の「孤立・辺境化」へと押しやられた。

ある社会科学的調査によると、9・11事件以降、米国ではイスラム教徒同士での結婚が急激に増え、仕事を持つ妻の割合が減り、出産率が増加した（Hamm & Spaaij, 2017）。これは米国社会で急増したイスラム教徒へのいじめや差別を回避するため、イスラム教徒同士で結束する傾向、つまり内向き志向が強化された結果と分析されている。

特に9・11事件前後に生まれた世代は米国社会への溶け込みが難しくなったこともあり、一部は英語の習得にも支障をきたした。英語学習の意欲を失ったり、その機会を奪われたりしたからだ。もともと米国の労働市場が9・11事件を機に、イスラム教徒に対する姿勢を「受容」から「拒絶」へとシフトさせるなか、この英語能力の欠如は追い打ちをかけ、彼らはますます社会の辺境に追いやられた。このため彼ら自身もまた米国社会と同様に白人を「外集団」と見なし、憎悪を拡大させた。第一世代からたどると米国社会とイスラム系移民の関係性はおおむね「①同化→②統合→③分離→④孤立」といった流れになる。

こうした移民二世、三世は米国に生まれ育ちながら、その社会に拒絶されているというねじれ状態に置かれ、「自分は何者か」というアイデンティティクライシス（危機）に陥りやすくなった。特に、「アメリカ人になりきろう」と①のような同化努力をした人ほど、拒絶されたことへのダメージは大きくなりがちだという（Ward et al., 2001）。ここに過激派組織が付け入る移民二世、三世の脆弱性がある。

そしてこのねじれは家庭内にも入り込んでいる。第一世代の両親は米国の市民権を得ていても英語のコミュニケーション能力は低く、その意味では「アメリカ人」とは言い難い。多くの第一世代は、米国で生まれ育った自分たちの子供に英語の通訳や米国文化の解釈を依存しなければならない。家庭内における親の権威や力のバランスが崩れやすく、子供は親を「将来のモデル」と見なしにくい状況も生まれる。

アイデンティティの欠如と、家庭にも国家にも帰属意識を持ちづらい根なし草のようなこの「ポスト9・11世代」にとって、むしろ親のルーツであるイスラム文化に「回帰」することは新鮮な試みだ。

これは移住先の国で辺境に追いやられた人が、先祖の文化、民族性によりどころを求めて回帰しようとする現象で、「リアクティブ・エスニシティ」（回帰的民族性）と呼ばれる（Diehl & Schnell, 2006）。祖先の民族性を取り込み、脆弱なアイデンティティを強化して移住先の社会で抑圧された自己評価を高めようとする。

彼らはアラビア語を知らずコーランをまともに読んだこともなかったりするが、突然ひげを伸ばし、にわか勉強でイスラム教徒らしく振舞い始める。こうした現象が近年、急速に欧米で見られるようになり、治安当局者はその変化を「過激化の兆候」と追いかける。だがそのさらに奥にある、そもそも彼らを追い詰めた米国社会の偏見や差別の実態には必ずしも十分気づいていない。

イスラム教徒の排斥は欧州にも広がる。オランダで2011年、就職活動のためにオンラインで面接を申し込んだ人の名前がオランダ語の場合とアラビア語の場合で対応に違いが見られるかを調べたところ、名前を見ただけで一度も企業に検討されなかった申請は、アラビア語の名前がオランダ語の名前の2倍にのぼった。彼らはアラビア語の名前を持つというだけで排除され、経験や能力は一切考慮されていない（Blommaert et al., 2014）。

私が通っていた大学院のボアズ・ガノール学長はある日、授業で興味深い分析を示した。イスラエルによる占領を経てパレスチナに住む第一世代と第二世代、欧州のイスラム系移民第一、第二世代を比較したものだった。ガノール学長はまず、パレスチナの第一世代について、「イスラエルによる占領を1967年に受けた世代で、働き者のブルーカラー労働者。子供の教育に熱心」と指摘。欧州へのイスラム系移民第一世代についても「働き者のブルーカラー労働者で、子供の教育に資金を費やした」と類似性を語った。

またパレスチナの第二世代は「ヘブライ語を学び学歴もあるが、イスラエル社会に溶け込んでいるとの感覚がなく、アイデンティティが確立されていない。親世代に対しては、イスラエルへの民衆蜂起、いわゆるインティファーダを2度起こしたが占領状況を打開できず失望している」とした。欧州への移民二世は「受け入れ国の市民として生まれ、その言語を母語に育ったが社会に溶け込んでいるという感覚を持てずアイデンティティが確立できていない」と分析し、やはりパレスチナの二世と共通点が多いとした。

そのうえで、イスラム過激派がこうした第二世代の脆弱性をとらえ、彼らを拒絶した社会に代わって彼らを歓迎し、アイデンティティや従うべき法（イスラム法＝シャリア）を与え、最終的にはテロリズムのためのコマに使うと非難した。

確かにパレスチナの現地にいて感じたことは、第二世代や第三世代が発散しようのないフラストレーションや怒りのマグマを抱えていることだ。彼らはイスラエルがパレスチナ人を追い出して土地を奪った当時、まだ生まれていなかった。だから占領しようとするユダヤ人と戦うことも、抵抗することもできなかった。占領に押し切られてしまったのは親世代だが、そこには怒りを向けたくない。しかしその後も、親世代が進めたイスラエルとの和平交渉は進まず、状況は悪化するばかりだ。

彼らは「なぜ自分たちはこのような占領下で暮らさなければならないのか」という不条

理を生まれながらにして抱えている。欧州への移民第二世代も、白人の子供たちと同じ教育を受け、同じ言語を使い、同じ社会に暮らし、できるだけ溶け込もうとしているのに名前や民族性だけで差別されるという不条理に苦しんでいる。

こうしてみると、彼らの怒りがどれほど正当で、想像を絶するほどの不公平感の中で日常を送っているのかが分かる。9・11事件だけを見れば米国は「被害者」だが、その後の対応やその延長線上に始めたイラク戦争などは米国にとっての「正義」ではあっても、9・11事件と何ら関係を持たない一般のイスラム教徒にしてみれば不正義以外の何ものでもない。そして米国が一般のイスラム教徒に向けた「歪んだ正義」に怒り、憎しみを覚えたイスラム教徒が過激派組織に取り込まれ、今度は欧米の一般市民に「報復」として、負のエネルギーを還元させていく。こうして生じるのは互いへの憎悪が生み出す「歪んだ正義」の応酬であり、世代をまたぐその循環システムだ（Bronfenbrenner, 1977）。

ローンウルフ製造機

移民二世に市場を見出した過激派組織のひとつがアルカイダだが、彼らは当初から個人に焦点を置いていたわけではない。

1988年に創設されたアルカイダは9・11事件を起こすまで、ウサマ・ビンラディンら主要幹部がテロのオペレーションや資金の管理などをかなり細かいところまでコントロールするピラミッド型の指揮命令系統を持つ組織だった。ところが9・11事件以降、米国をはじめ世界の捜査当局がその幹部や資金源を追いかけ、アフガニスタンやパキスタンに公然と設置していた軍事訓練所や戦闘員養成所を閉鎖せざるをえない状況に追い込まれた。アルカイダ幹部は地下に潜り、組織の変容を迫られた。

その後、アルカイダを「ローンウルフ製造機」へと変容させた幹部のひとりが「グローバル・ジハードの設計者」（ノルウェーのテロリズム研究家）「世界で最も危険な男」（米CNN）と呼ばれるアブー・ムスアブ・アッ＝スーリーだ（Cruickshank & Ali, 2007; 公安調査庁, 2019; 池内, 2015）。

彼は9・11事件以降、世界各地でテロリズム対策が強化され、イスラム教徒への差別が急増したことに注目した。2004年にインターネット上で発表した1600ページにのぼる大著『グローバルなイスラム抵抗への呼びかけ』で、アルカイダのイデオロギーに共鳴する組織や個人と連携する分散型の組織に移行させる考えを示した。これに伴い、共鳴する個人が行うテロを「個人テロ（Individual Terrorism）」と呼び始めた。

ちなみにこうした流れでアルカイダとの連携を表明したイラクの武装組織「イラクのア

ルカイダ」が、その後のイスラム国だ。ほかにも「アラビア半島のアルカイダ（ＡＱＡＰ）」「イスラム・マグレブのアルカイダ（ＡＱＩＭ）」など、アルカイダへの「支持や忠誠を誓う集団・組織が自生的に現れてきて、分権的で非集権的なネットワークが形成されていった」（池内, 2015, p.50）。

ちなみに松本長官は自著『イスラム聖戦テロの脅威――日本はジハード主義と闘えるのか』（講談社＋α新書）でこうしたアルカイダの非集権的ネットワークに散在する「ジハード主義者諸グループ」を「本家アルカイダ」とは区別して「アルカイダ星雲」と呼び、さらにその星雲の外側にありこれらの組織と直接の関係はないがその「思想ウィルスに感染した者たち」を「勝手にアルカイダ」と名付けている（松本, 2015, p.92）。これに従えば、アッ＝スーリーの呼びかけに共鳴したローンウルフは「勝手にアルカイダ」に属することになる。

例えば「アラビア半島のアルカイダ（ＡＱＡＰ）」はデジタル雑誌「インスパイヤ」（英語）を作り、誰でも自由にダウンロードできるようにした。２０１０年夏号から２０１２年冬号までと、特別号の計９号（英語版）の記事５２５ページを詳しく分析した米リンフィールド・カレッジのスーザン・クリエ・シベック博士によると、「インスパイヤ」は９・11事件以降、欧米諸国で急増したイスラム教徒への差別や偏見に焦点を置いた特集記事を頻繁に掲載した（Sivek, 2013）。人称は「あなた」を多用し、イスラム教の教えを歪曲しながら欧米への怒りをたきつけて「自己過激化（self-radicalization）」を促すスタイルを貫く。それは移民の脆弱性、若者の文化、反米感情を熟知したうえで設計された緻密な勧誘活動だという。

だが、こうした「呼びかけ」だけで人を過激化させたりテロリズムへと促したりすることができるものなのか。米陸軍のジョン・マット・ベンハウス大佐が２０１０年5月に発表した研究論文「なぜ若者はアルカイダに入るのか」は、「若者は勧誘されているのではなく、積極的に（情報を探して）アルカイダやそれに関連する活動にたどりついている」と分析する。大佐は外国人兵士としてアルカイダなど過激派に参加した経験のある２０３２人から聞き取り調査を行い、「アルカイダは単なる組織ではない。それは、英雄的なナラティブ（物語）を仕立て上げてイスラム聖戦へと仕向けるイデオロギー（考え方）そのものであり、グローバルなブランドなのだ」と結論づけている（Venhaus, 2010, p.1）。

ベンハウス大佐によると、こうしたアルカイダの雑誌は欧米で暮らす移民二世を標的に、白人らと同じ地域に住む環境を生かしてローンウルフ攻撃を仕掛けろと呼びかけるが、その際に三つのアイテムを授けているという。まず①アルカイダ会員としての精神的メンバーシップ②ナラティブ（物語）、そして③ノウハウだ。①はアルカイダとの精神的な絆をもたらすのでアイデンティティや帰属意識、仲間意識が得られ、目的意識や自己評価を高めることにつながる。②は個人の悩みを一般化し、社会全体の問題のように位置づけてテロ攻撃を正当化するための「大義」へと昇華させるストーリーだ。これはあのパレスチナのハラビ容疑者が後続のローンウルフたちに残したものと同じ表現であり認知法だ。③は、①と②で満たされ戦闘意欲を宿した者に、爆弾の作り方などノウハウを授けるものだ。

この三つのアイテムは、現代のあらゆる過激派組織、カルト教団などにも使えるものだろう。

アイドルが迎えるセラピールーム

さて、この②のナラティブ作りをアルカイダで中心的に担ったのは、「インスパイヤ」の編集を監修した「アラビア半島のアルカイダ（ＡＱＡＰ）」幹部のアンワル・アル・アウラキだ。米ニューメキシコ州生まれのイスラム教指導者で、流ちょうな英語とアラビア語を話すアルカイダの「スーパーアイドル」（シベック博士）(Sivek, 2013) だ。米フォードハム大学の調査によると、２００７年以降に起きた米国人を標的としたイスラム系の過激派によるテロは２８７件で、このうち23％の65件がアウラキの説教を読んだり動画を見たりして影響を受けている（Shane, 2016）。

7歳で米国からイエメンに移り、19歳で米コロラド州の大学に入学。学生時代に地元で始めた説教で頭角を現し、その後は首都ワシントンにある名門ジョージ・ワシントン大学で博士課程に進んだ。

FBIが9・11事件への関与で何度も事情聴取したが証拠を得られず（Meleagrou-Hitchens, 2011）、アウラキはイエメンに戻って2007年にAQAPに入った。2011年に米国のドローンで殺害（Targeted Killing）されるまでの約4年間、文字通りアルカイダの「顔」としてオンライン上での勧誘活動を率いた（矢野，2012）。

今も欧米のイスラム系移民二世、三世を中心に魅了するアラビア半島のアルカイダ（AQAP）幹部、アンワル・アル・アウラキ＝2010年11月1日、Shutterstock / アフロ

私がワシントン特派員としてワシントンDCで働いていた2009年11月、米軍基地における銃乱射事件が起きた。現場は米テキサス州にあ

るフォートフッド陸軍基地。イスラム教徒で移民二世のニダル・ハサン陸軍少佐（39歳、軍医）が基地で銃を乱射し、同僚兵士ら13人を殺害した事件だった（大治，2009）。米国生まれの移民が米国人を標的としたテロを単独で起こしたという意味で、この事件は「ローンウルフによるホームグロウン・テロリズム」の幕開けともいわれる。

その後の報道で、ハサン軍医にはアウラキとの接点があり、その影響を強く受けていたと伝えられた。アウラキの影響力をひもとく前に、ハサンの事件を簡単に振り返っておきたい。

ジョージ・ワシントン大学のジェロルド・ポスト教授（政治心理学）らの論文「変貌する21世紀のテロリズムの顔――コミュニケーション革命と憎しみのバーチャル・コミュニティ」によると、ハサンはパレスチナ系の両親のもとバージニア州に移民二世として生まれ、「ハサン」というアラビア語の名前で呼ばれるより、英語名の「マイケル」と呼ばれるのが好きな少年だった。先に挙げた移民の「同化」タイプといえそうだ。イスラム教への関心は薄く、大学を優秀な成績で卒業した彼は親の反対を押し切り、「米国に仕えたい」と陸軍に入隊して軍医になった。１９９８年に父が死亡し、同時多発テロが起きた２００１年、母も病死した。９・11事件後、同僚らから嫌がらせやいじめなどのハラスメントを日常的に受けるようになった。ハサン軍医はこのころから職場でコーランを読んだり、近くのモスク（イスラム礼拝所）に通ったりするようになったとの同僚らの証言がある。結婚願望を強めてモスクで出会う知人らに女性を紹介してほしいと依頼したが、出会いはなかったという（Post et al., 2014）。

両親の喪失から９・11事件以降のいじめへと、彼は連続的に多くの資源（リソース）を喪失したうえにいじめという新たな負荷を受けた。それにより「自分はアメリカで生まれ育ったがアメリカ人ではないのか」というアイデンティティ・クライシスに陥った可能性がある。自己評価の維持に格闘するなか、突如としてイスラム教への信仰を強めたり（「リアクティブ・エスニシティ」〈回帰的民族性〉＝本章Ｐ99）、家族を作って自分を支えようとしたりして彼なりに努力をしたがうまくいかなかったようだ。

やがて異動で職場が南部テキサス州に変わり、自身もイラクやアフガニスタンへの派遣の見通しが高まってさらに負荷が高まった。同じイスラム教徒として、殺し合いなどしたくないという感情からだ。いじめもひどくなり、彼は「ラクダ乗り」（中東の砂漠をイメージした蔑称と見られる）などと侮蔑され、職場の駐車場に止めていた自家用車をずたずたに壊されたことなどが裁判で分かっている（McKinley & Dao, 2009）。そしてＦＢＩによると、ハサン軍医は２００８年12月から２００９年６月までの間、アウラキのブログ（閉鎖）を通じて計18回、アウラキと直接メールのやり取りをした（Shaughnessy, 2012）。

例えば最初のメールは、ハサン軍医が「(米兵を殺して)イスラム教徒やイスラムを助けるという目的で聖戦を行う者が死んだ場合、あなたはそれを殉教と見なしますか」と尋ねた。アウラキは当初、返事を出さなかったが最終的に「それはイスラム教徒として義務だ」と答えた。最後のメールでは、自分が米軍基地で自爆したとすればそれは「(同じ基地の)米兵が私の仲間(イラクやアフガニスタンのイスラム教徒)の人々を殺すのを防ぐためだ」と犯行を予告するようににおわせた。アウラキはこれには返事を出していないが、ハサンはその後、決意し犯行に及んでいる。

アウラキは後日、ハサンが起こした事件について雑誌「インスパイヤ」であらゆる美辞麗句を駆使してほめたたえ、「何もしないイスラム教徒」を指弾してけしかけた。

> 「ニダル・ハサンはヒーローだ。彼はイスラム教徒として生きながら、米軍で自分と同じイスラム教徒の人々と戦うという矛盾に耐えられなかった良心の人だ。(米国とイスラム教徒の戦いが起きているのに)それに目を向けず、そんなことは存在しないかのように振舞う多数の(在米)イスラム教徒とは対照的だ。(中略)米国はテロリズムとの戦いだというが、現実にはイスラムとの戦いだ。米軍と戦うことは今日のイスラムの義務であることは争いの余地がない」(Stalinsky, 2012)

米軍と戦わないイスラム教徒をののしり「ハサンの後に続け」と呼びかける。ハサン軍医の事件は、アルカイダの正式な戦闘員ではなくともその信条に沿うテロを完遂すればアウラキから直接、称賛の言葉を得られ、存在を称えられて「栄誉」ある殉教者として人生を閉じることができるという前例になった。

米国ではこの事件以降、アルカイダに共鳴したローンウルフによるテロが急増した。アウラキが２０１１年９月に米オバマ政権のドローン攻撃により殺害されて彼自身が「殉教者」となると、その人気は永遠のものとなりさらに高まった（Shane, 2016）。

過激派組織でテロリズムを実践する者への精神的支柱となるのがアウラキのような「知の権威者（epistemic authorities）」だ（Kruglanski et al., 2005; クルグランスキ et al., 2012, p.220）。イスラム系過激派組織ではアウラキのような宣伝担当らがその職務を担うことが少なくない。なお、この「知の権威者」はすでに亡くなった人や実在しない人物であっても構わない。存在するかどうかより、そのナラティブがいかに魅力的で説得力があるかが重要になる。

ではこのアウラキの魅力とはいったい何なのか。彼の魅力は、完璧な英語とその柔らかな声色、ゆったりとしたリズムやトーン（調子）だろう。米国のモスクで説教をするイスラム指導者の大半は移民一世で、その英語はネイティブスピーカーの二世が長時間聞くのはかなりつらい。かといって移民一世の流ちょうなアラビア語は、二世には分からない。

アウラキの動画には、小川のせせらぎのような効果音が使われたり、夕日や山、砂漠の画像が頻繁に使われたりしていた。そこに彼の姿やささやくような言葉が重ねられ、じっと見ていると、アウラキは傷ついたイスラム教徒をネット上に開設した「セラピールーム」で受け入れ、傷を癒やし、彼らが求めていたものを授けていたのではないかと感じる。なお、ユーチューブはアウラキの説教ビデオの多くを削除しているので、現在、完全な形で見られる動画は少ない。

「大義」に昇華させるレトリック

ではアウラキのスピーチの内容はどうか。実は彼の影響力の大きさに注目し、さまざまな研究者が彼の説教の「魅力」を探った研究論文を発表している。その中のひとつで、ある認知行動学の専門家は彼の説教は主に3つの柱で成り立っていると指摘している。これは後述する過激化プロセスと密接に絡む要素があるので見ておきたい（4章P174）。

まず、強調されているのが①犠牲者意識である。イスラム教徒が抱える差別や貧困など社会経済的な困難は「彼ら」（欧米人）のせいだ、という主張だ。そして②加害者の存在。米英やイスラエルはイスラム教徒を辱め、打ち負かそうとしている敵であると訴える。最後の③は、我々の戦いは防衛戦（defensive jihad）だという位置づけだ。これは攻撃にさらされているイスラムを守るためのやむなきジハード（聖戦）だと結論づける。

　後段で詳しく書くが、この犠牲者意識→相手の加害者性→やむをえない防衛戦、という流れはイスラム過激派に限らず、キリスト教右派や米国で多発する学校銃撃事件（school shooting）にも共通する過激化プロセスにある人に特有の思考だ（Hamm & Spaaij, 2017）。そしてこの思考の果てに行き着くのが、歪んだ正義としてのテロリズムだ。

　テロや紛争の研究で知られる英ロンドン大学キングスカレッジや米ペンシルベニア大学や私が通ったイスラエル・ヘルツェリア学際研究所などで構成する「過激化・政治的暴力研究国際センター（ＩＣＳＲ）」が公表した論文「アップルパイとしてのアメリカ人――アンワル・アル・アウラキはいかに西欧のジハードの顔になったか」は、アウラキの演説が個人の悩み→イスラム教徒の悩み→イスラム教徒全員の戦い、というシンプルな論法で個人の日常の悩みをより「高尚」な大義へと格上げしている、と指摘。その単純明快さこそが彼のフォロワー（支持者）を激増させたと分析している（Meleagrou-Hitchens, 2011）。

　また、デジタル時代の若者の思考を巧みにとらえている点について、論文はこう述べている。「複雑な問題に簡単な答えを求める世代にとって、彼（アウラキ）のフレーム（物事の切り取り方）はアルカイダのイデオロギーを理解できない者にもアピールする完璧な手法だった。（中略）アウラキのいう〝本当のイスラム〟は単純化されたものだが、それを求める者には説得力を持つ。（中略）イスラムを学んだこともその多様な解釈を習ったこともない者にとって、アウラキの知識は権威あるものと位置づけられ、価値を持った。だからこそ彼は多くのフォロワーを持つのだ」（Meleagrou-Hitchens, 2011, p.79）

欧米社会で差別され傷ついたイスラム教徒の多くはアラビア語の読み書きはできず、イスラム教の知識といっても「リアクティブ・エスニシティ」（回帰的民族性）により最近身につけた、にわか仕込みの域を出ない。アウラキが提供する、かみ砕いて極めて単純化した説教であるから理解できるし、だからこそ魅力を感じる。

だがビンラディンやその後継者となった学者肌のアイマン・ザワヒリはアウラキの説教をいささか不快に思っていたようだ。先の論文によると、ビンラディンらは「彼の議論には深みがなく」、せっかくビンラディンらが構築した深い教養を、「フェイスブック世代にアピールするために単純化してしまった」と反発さえ強めていたという（Meleagrou-Hitchens, 2011, p.11）。それでもアウラキを広告塔に使っていたのは、移民二世のアウラキだからこそ移民系ローンウルフに通じる言葉を持っていたからだ。

第3章
ローンウルフ2・0

変容するローンウルフ像

本書のテーマである『普通の人』がなぜ過激化するのか」という疑問を考えるうえでキーワードとなるのがローンウルフ、いわゆる一匹オオカミだ。過激な暴力的行動にいたるまでの心理プロセスを見ていくと、第2章で取り上げたような過激派組織に入って過激化が進む場合と、組織に入らず自己過激化（self-radicalization）に終始するパターンがある。欧米を含め、最近、日本でも拡大傾向にあるのがこの後者の一匹オオカミだ。

ところでローンウルフという言葉はそもそも誰が使い始めたのか。調べてみると、米カリフォルニア州サンディエゴのＦＢＩが１９９８年、自称白人至上主義者、アレックス・カーティスを摘発するための捜査本部を立ち上げ、その作戦名として「オペレーション・ローンウルフ」と名付けたのが始まりのようだ（FBI, 1998）。カーティスは他の白人至上主義者らに「ローンウルフとして私に続け」と呼びかけ、ＦＢＩはこのフレーズをそのまま作戦名に使ったという。

ただ、このローンウルフという表現も、テロリズムに定義がないのと同様に世界規模で共有される定義はない。一部の専門家はローンウルフを１～３人の単独ないし小グループと位置づける。他方、オーストラリア・ビクトリア大学のラモン・スパイジ教授（社会学）はローンウルフを「ひとり」に限定し、「いかなる組織やネットワークにも属さず、行動はいかなる指導者や組織にも直接的な影響を受けず、その戦術や方策が個人によるもので、直接的な外部の指示や指令を受けていないもの」とかなり狭く限定している（Hamm & Spaaij, 2017, p.16）。本書でもこのより限定的な定義を前提とすることにした。

ハム教授らは米国で１９４０〜２０１６年にかけて起きたテロ事件のうちローンウルフによるもの１２３件を抽出し、９・11事件以前と以後に分類してそれぞれ特徴的な傾向を分析した。この中で私が特に注目したのは９・11事件をはさんで顕著に見られるという「ローンウルフ像」の変化だ。それは明らかに変容していて、９・11事件の前のローンウルフを原形とするならば、９・11事件以後のそれはいわば新しいバージョンのローンウルフ２・０といえる。

その第一の特徴は、過激派組織に所属した経験があるローンウルフの割合の低下だ。９・11事件以前のローンウルフのうち、過去に過激派団体に所属していたことがあった実行犯は63％だったが、９・11事件後は48％で15ポイントも減少した。

テロリズムの研究で知られる元ＣＩＡ勤務の精神科医マーク・セイジマン博士はイスラム系の過激派組織に入った人々の心理分析を多数行ったことで知られるが、彼らの多くが家族や友人から離れて孤独で、過激派組織というコミュニティに帰属することで「仲間」や「大義」を見出していると指摘した（Sageman, 2008）。ハム教授らの調査によると、9・11事件以前のローンウルフは、過去に過激派組織に入っていたが離反を余儀なくされたケースが少なくない。であれば、9・11事件前のローンウルフは仲間は欲しかったが関係を維持できなかった可能性がある。となるとこうした「仲間欲しさ」は9・11事件以降に減少したのだろうか。9・11事件以降のローンウルフの半数以上は組織への所属歴がそもそもなく「はじめからひとり」のスタイルを貫いているのだ。

私はここで、ある仮説を立ててみた。人間はひとりでは生きられない。必ず他者との関わりを求める。とすると過激派組織に代わる何かが誕生したのではないだろうか。それにより、こうした「仲間欲しさ」も「大義」も満たされるようになったのではないか。つまり仲間や大義が必要なくなったのではなく、過激派組織に代わる何かが9・11事件後にそれらを提供しているのではないかと。

余談だが、私は疑問を抱くとそれが自分の中で落ちるまで、執拗にあれこれ考えたり調べたりするクセがある。その結果、私は記者生活の中盤あたりから、これまで世の中に出ていない事象や問題を詳しく調べて伝える調査報道を担当する機会が増えた。

ハム教授らの指摘で私が興味深いと思ったローンウルフ2・0に見られるその他の特徴

的傾向を先に挙げておくと、それは「イネイブラー＝enabler（支えるもの、影響を及ぼすもの）」の増加だ。イネイブラーとは、もともとはアルコール依存症などに苦しむ人々を支える家族や知人の総称として使われた医学的な用語で、依存症の人にお金を与えて酒を買うことも可能にしてしまうようなネガティブな関係性を表現する時に使われる。ハム教授らはこの表現を、過激化を促す外的要因を表す言葉として使った。

イネイブラーから何らかの支援を受けたローンウルフは９・11事件前は57％だったが、９・11事件以降は70％に増加した。その代表例としてハム教授らが挙げたのがアルカイダのネット戦術だ。９・11事件で捜査が厳しくなり、地下に潜らざるをえなくなったアルカイダはネットを駆使して情報やナラティブ（物語）、戦術といったアイテムを提供し、「個人テロ」を支援した。これにより、アルカイダという過激派組織のメンバーにならなくても「共鳴者」として単独で攻撃行動を起こすことが可能になった。

ただ、こうしたローンウルフへのイネイブラー、つまり支援者の役割を務めうるものは何も実在の過激派組織やその幹部に限らない。別のローンウルフや過去に起きた事件、架空の人物やコミュニティであっても誰かの過激化を促すことはある。パレスチナのハラビ容疑者は、後続のローンウルフにとってのスーパースターとなり、精神的支柱としての典型的なイネイブラーとなった。こうした個人への崇拝や憧れの意識が過激派組織に代わり、

9・11事件後のローンウルフに「仲間意識」や「大義」を与えている新たなタイプのイネイブラーではないだろうか。

例えば米国の悪夢として歴史に刻まれている2件の爆弾事件は、共通の「ある過去の事件」に感化されて起きている(Hamm & Spaaij, 2017)。その歴史的爆弾事件のひとつは、オクラホマシティ連邦政府ビル爆破事件だ。子供19人を含む168人を殺害したキリスト教右派の反政府主義者で、元陸軍兵士のティモシー・マクベイは1995年4月19日、この事件を起こした。

それはちょうど、FBIが1993年4月に行ったある強制突入から2年後にあたる日だった。FBIはテキサス州のウェーコにあるキリスト教プロテスタント系のセクト「ブランチ・ダビディアン」を危険なカルト教団と見なし、強制捜査に着手した。これに対し教団が現地に立てこもり、51日後にFBIが強行突入して銃撃戦になった。その結果、教団の女性や子供81人が死亡した。

オクラホマシティ連邦政府ビル爆破事件の犯人マクベイは、この連邦政府ビルに入居するFBI事務所から当時の強制捜査や突入指示が出されたと見なし、ターゲットに選んだ。マクベイは反政府思想の持ち主で、FBIが権力で「市民の命をないがしろにした」ことに怒りを覚え、この事件からちょうど2年後にFBIに復讐(ふくしゅう)することに決めたのだ。

さらにこのマクベイに共感し、触発されたエリック・ルドルフという男が、今度はマクベイが起こしたオクラホマシティの事件から1年余り後の1996年7月、米テキサス州アトランタの五輪の関係会場などを連続爆破した。彼もまた政府が進める人工妊娠中絶政策に反対を唱えるキリスト教右派の反政府主義者で、メディアに送り付けた犯行声明に差出人名として「神の軍（Army of God）」と記し、「4-1-9-9-3」という数字を添えた。この数字はあのFBIによる強行突入の日付（1993年4月19日）だった。ルドルフは同じ爆弾魔のマクベイに心酔し、FBIが「ウェーコ・コード（Waco Code）」と呼ぶこの日付を犯行声明に記すことで、マクベイへの敬愛と反政府思想を示した。ルドルフの自宅からはマクベイの生い立ちを記した書籍が見つかっている。

これらは9・11事件以前に起きたテロで実行犯はマスメディアや書籍からこうした「先駆者」についての知識を得ていたが、9・11事件以後はインターネットの普及で、魅力的と感じるイネイブラーとしての先輩をその中で選んでまねしたり、そのナラティブを拝借したりすることがより簡単にできるようになった。

なお、テロリズムに走る者がこうした「精神的支柱」を持つ傾向については、イスラエル・テルアビブ大学のアリエル・メラリ教授もその著作『死にいざなわれて――自爆テロの心理的、社会的側面』で言及している。彼の自爆テロ未遂犯への聞き取り調査によると、彼らの大半は「尊敬するヒーローを（心の中に）持っていて、そうなりたいと願っていた。（ヒーローは）映画や物語の人物だったり、敬愛する親戚だったり、歴史上の人物だったり、実在の公的な人物だったりした」という（Merari, 2010, p.96）。

私が関心を抱いた3つ目のローンウルフ2・0の特徴は、自殺的な要素の強まりだ。ハム教授らの調査によると、9・11事件以前は、ローンウルフによる事件で容疑者が現場で拘束されたのは全体の27％で、その場で治安当局者に殺されるか現場で自殺したのは23％だった。つまり、全体の半数は少なくとも当面は逃げおおせていた。数カ月から数十年間と長期にわたりつかまらなかった例も全体の約4割にのぼる。これは9・11事件以前のローンウルフに極めて特徴的で、「治安当局に気づかれず逃げおおせる能力にたけていた」（Hamm & Spaaij, 2017, p.161）という。

これに対し、9・11事件以降のローンウルフは約4分の1が数週間もしくは数カ月、捜査の手を逃れたが、残る4分の3は付近で数時間以内に拘束されるか、現場で治安当局者に殺害されるか自殺している。

この違いは何を意味するのか。

ハム教授らは、9・11事件以前のローンウルフは「逃亡者」として生きながらえることを重視していたのに対し、9・11事件後はより破滅的な道を選んでいると分析。彼らは暴力をひとつのパフォーマンスとしてとらえているようだと指摘している。こうしたローンウルフを著名な米社会哲学者のエリック・フォッファーも、熱狂的な信念の人で、「聖なる大義」のために命をも犠牲にする覚悟がある存在、と述べている（Hoffer, 2002, xii）。

9・11事件以降のローンウルフには治安当局者を狙う傾向が高まっていることはすでに述べた通りだ（1章P37）。治安当局者を狙えば、装備の格差から、よほどの技術がない限り生き延びたり逃げきることは難しい。つまり命を犠牲にする覚悟が必要だ。モサドからの講師が指摘したように、イスラエル治安当局者にナイフを持って近づければ高い確率でその場で射殺されることを知りながら向かって行った。だからモサドは「自殺願望」が特徴的だと分析した。ハム教授らのデータもこの「自殺的」要素の高まりを指摘していて、モサドの分析と見事に重なる。

となるとなぜ、彼らは破滅的で自死も覚悟の攻撃を仕掛けるのか。何が彼らをそうさせるのか。イスラム教徒だけの傾向であれば、殉教するためという説明が成り立つし、現に彼らはそれを達成することで「自己実現」を図ろうとしているように見える。だが、近年のこうした傾向はイスラム教徒に限らないのだ。

自殺的テロと自爆テロ

攻撃の自殺的要素についてはここでもう1点、重要な指摘をしておきたい。過激派組織による自爆攻撃と、ローンウルフによるこうした自殺的テロの共通・相違点だ。

現代のローンウルフ像を語るうえでこの自殺的要素は極めて重要だ。日本では特に「むしゃくしゃして」「自暴自棄になって」といったあいまいな「動機」で不特定多数の人々を巻き込む自殺的な攻撃が近年増えている。心理学の世界ではそれを「拡大自殺」とも呼ぶ（片田，2017）。自殺は日本の文化や歴史に深い関連性を持つものでもある。

ローンウルフの自殺的テロについて私が関心を強めたのは、2017年11月、シャダク博士の特別講師として招かれたイスラエル軍のヨタム・ダガン元中佐が行った授業がきっかけだった。彼は現役の中佐だった2002年当時、自爆テロを今まさにやらんとしているパレスチナ人との「交渉役」を務めた人物だった。爆弾を身に着け、自爆するぞと周囲を見据えるパレスチナ人に言葉をかけ、思いとどまらせるのが仕事だった。2002年といえば第2次インティファーダの真っ最中で、パレスチナの武装勢力ファタハやハマスが指揮する自爆テロが各地で頻発していた（なお、第2次インティファーダでは女性や子供

イスラエル軍が駐留する監視塔に向けて投石するパレスチナの若者たち＝パレスチナ自治区ヨルダン川西岸ベツレヘムで2015年10月16日、筆者撮影

も含めた不特定多数のユダヤ人市民を狙ったため、彼らの犯行は「自爆テロ」と表記する）（1章Ｐ38）。

「私は自爆テロ犯とネゴシエート（交渉）するのが仕事でした」

ダガン元中佐の自己紹介で彼がそう話し始めると、ざわざわとしていた教室が静まり返った。「また、とんでもないスピーカーが出てきたな」と私はダガン元中佐に視線を向けた。生々しい状況の裏話をこれから聞くことになるのかと思わず息を呑んだが、それについての話はなかった。おそらくセキュリティ上の懸念から公開できない情報なのだろう。

ただダガン元中佐は2つの興味深いデータと分析を授業の資料に使った。２００2年、イスラエルはインティファーダ対策として、軍、警察、インテリジェンスの専門家で構成する自爆テロ対策専門会議を作った。そこでダガン元中佐を含め専門家は一堂に会し、実行犯の特徴について研究した。

ダガン元中佐はその後軍を退いたが、２０１５年秋から始まったローンウルフ・インティファーダ現象には当時の自爆テロとの関連性があると感じ、再び旧知の専門家らと共に攻撃を企図しながら未遂に終わった服役中の若者らへのインタビューを始め、自爆テロとの比較研究をしているという。

ダガン元中佐はまず、２００2年の第2次インティファーダ当時、彼らの研究結果から浮かび上がったパレスチナ武装組織に所属する自爆テロ犯の特徴として以下の情報を示した。

- 17〜23歳／独身
- 平均的学歴、平均的経済状況
- 戦闘経験がない
- 熱狂的なイスラム教徒ではない
- 薬物使用経験がなく、モラル上の問題行動もない
- 貧困ではなく、金銭が目的でもない

ダガン元中佐はまた、彼ら自爆テロ犯の典型的な心理的傾向について、こう述べた。

・精神障害はないが、感情的に不安定
・３人に１人は自殺願望を持つ
・アイデンティティの欠如、低い自己評価
・人間関係において安定性に欠けるか内向的（衝動的で外交的なタイプか、依存・回避的タイプ）
・社会的に辺境に置かれている
・他者を喜ばせたいという強い欲望がある
・強い母と、存在感がなく弱い父親を持つ

この結果は、元ＣＩＡ勤務のセイジマン博士が９・11事件前にイスラム・サラフィスト（イスラムの初期の時代＝サラフ＝を理想とし、その原則や精神への回帰を呼びかける思想潮流に属すイスラム教徒）（大塚 et al., 2002）を対象に行った大規模なインタビューの結果と類似する。セイジマン博士は自爆テロの特徴について、①宗教に基づくものとは限らない②貧困とは必ずしも関係がない③既婚・独身、年齢層、職業における特定の傾向がない、などと指摘していた（Sageman, 2004）。

また、私は彼の説明を聞きながら、モサドからの講師、シモンズ博士が別の授業で明らかにしたローンウルフ・インティファーダのデータを取り出して改めて比べてみたが、確かにこれとも符合する点が少なくなかった。例えば自殺願望があり、自己評価が低く、感情的に不安定といった特徴に共通性が見られる。

また、こうした世代の特性については大渕憲一・東北大学名誉教授（社会心理学、現・放送大学宮城学習センター所長）が「テロリストの年齢は15歳〜24歳の男性が大半を占めるが、この年代の男性たちは一般に家庭や学校、それに大人社会に不満と反感を持ち、自分に自信がない反面、高い自尊心を持て余し、仲間集団への所属願望が強いなど、過激集団の誘いを受け入れやすい心理的素地を持っている」と述べている（大渕，2018, p.91）。

すでに述べた通り、アルカイダやイスラム国などの過激派組織は同調圧力を使ったさまざまなシステムや踏み絵を用意し積極的に構成員に圧力をかけてメンバーを過激化させる。これに対しローンウルフは自ら積極的に情報収集したり思考を重ねたりして、自己過激化のプロセスをたどるのが特徴的だ。ただそうした過激化を促すエネルギーの起点やベクトル（方向性）の違いはあるものの、組織のメンバーもローンウルフも、最終的に攻撃行動を起こすという点では一致する。

また、パレスチナ武装組織の自爆テロ犯と2015年のローンウルフ・インティファーダの若者たちとの共通性としては「熱狂的なイスラム教徒」ではない点も挙げられる。こうした攻撃は、狂信的なイスラム教徒が信仰に任せてやっているのではないかと見られがちだが、少なくともパレスチナではそうではない。ただ、自分の死と引き換えに得られる「報酬」には両者とも強い関心を抱いている。この報酬とは、ひとことで言えば死後に得られるとされる名誉などだ。

イスラム法では自殺はハラーム（禁止行為）とされる。自殺者は来世で火あぶりにされるなど永遠に責めを受ける。人間の生死を決するのはアッラーの神のみであり、自分で死を決めるのは神への挑戦、冒瀆であると考える。しかしその死が殉教であるとなると話は逆転する。殉教は信仰を証明する行為で、コーランによると殉教者はアッラーの祝福を受け、来世での至福も約束される（大塚 et al., 2002）。

死後の「報酬」とは、具体的には天国に行ける、王冠を与えられる、72人の処女が仕える、などが含まれる。こうした解釈から、当然ながら武装組織の自爆テロ犯もローンウルフも自分の行動が「自殺」とは思ってはいない。あくまでも殉教であり、だからこそ価値があると思っている。そうでなければ来世でご褒美は得られないからだ。その意味では、非イスラム教徒から見ると自殺的に見えても彼らにはそうした自覚が一切ないという点はおさえておきたい。

また、こうした自爆テロへの肯定感がイスラム諸国一般に通じるものではないことも、改めて触れておきたい。米世論調査会社ピュー・リサーチセンターによると、自爆テロは正当化される、と答えたのはパレスチナのイスラム教徒では68％だったが、自爆テロを1980年代から始めたヒズボラの地元であるレバノンのイスラム教徒では35％、世俗派政権が目立つエジプトのイスラム教徒は28％、ヨルダンは13％、トルコは7％だった（Pew Research Center, 2011）。

自爆テロは、持たざる者の究極の兵器ともいわれる（ガノール，2018）。世界大戦で日本軍が決死の攻撃を仕掛けたように、「持てる者」との軍事・武力格差が大きい非対称の戦争・紛争において使われやすい戦術である。パレスチナでその支持率がとび抜けて高いのは、紛争の長期化で彼らがいまだにそれを必要と感じている証左でもあるだろう。ただ、68％の人が支持したからといって、彼らが実際に自爆テロを行う意思があるという意味ではもちろんない。意見と行動の過激化に相関性がないことはすでに述べた通りだ（1章P22）。

個人的な不満を社会問題に帰結させる

モサドのシモンズ博士は、ローンウルフ・インティファーダに見られる主な動機のひとつは「個人的な悩み」だと言っていた。ある生徒が、「例えばどのような個人的な悩みですか」と質問すると、「よくあるのが恋愛です。初めはパレスチナの占領問題とかいろいろと話すのですが、どうも聞いていくと発端は失恋であることも少なくない」と話していた。また、ローンウルフが肉親や親しい友達の死など喪失感を語る傾向も強いと話していた。

こうした点は、過激派組織の一員として自爆する者にも共通する傾向なのか。授業中、私がダガン元中佐に質問すると、彼はこう答えた。「過激派組織のメンバーの主な動機は個人的なものではない。両親や兄弟、友達を失ったとかいう個人的な喪失感やそれに伴うかたき討ちのような要素も見られない。そうした要素の欠如が、ある意味、特徴でもある」

私はこの点に興味を抱いた。もし過激派組織の一員として自爆する者が個人的な動機を抱えていないことが特徴だとすると、裏を返せば、個人的な悩みが過激化の起点になりやすいことこそ、ローンウルフの過激化を特徴づけるポイントになるかもしれない。

そう考えて調べてみると、例えば９・11事件以前に世俗派やキリスト教原理主義なども含めたさまざまな過激派組織による自爆テロの実態調査を行ったテルアビブ大学のアリエル・メラリ教授によると、過激派組織の自爆犯の8割以上は家族や友人を失うなどの喪失経験がなく、むしろ所属する組織への強い忠誠心が主な動機だったという（Merari, 2010）。

一方、米国で拘束されたローンウルフの服役囚らに長年インタビューを重ねたジェシカ・スターン米ボストン大学教授はその著書で「ローンウルフはしばしば自分自身のイデオロギー（考え方）を思いつく。それは個人的な不満・恨みと、宗教的あるいは政治的な問題をまぜこぜにしたものだ」と述べている（Stern, 2003, p.172）。

ハム教授らも前出の共著『ローンウルフ・テロリズムの時代』でこのスターン教授の指摘を引きながら「個人の不満と政治的な不満を結合させる、という点こそがローンウルフの特徴であり過激派組織のメンバーとの最大の違いだ」（Hamm & Spaaij, 2017, p.65）と記している。

こうした傾向をまとめると、組織の自爆犯は大きなメカニズムの部品となり切ることができるような団体思考を持ち、そのグループとの心理的なつながりを何より重視する。これに対し、ローンウルフは自我が大きく、すべての物事を自己から見る「自分主義」を貫くタイプ、といえそうだ（モハダム＆マーセラ，2008）。

ただ、多くのローンウルフは個人の不満を政治的な問題に帰結させることにおいて必ずしも見栄えのする論を自力で作ることができない。だからこそ、過激派組織には属さないがそうした組織がインターネット上に掲げたナラティブ（物語）や過去の「テロ成功者」の論を借りる。つまり、ローンウルフは物理的な攻撃行動においては単独だが、精神的にはさまざまなイネイブラーの影響を受けその論や術を取り込んでいるのだ。

キリングジャーニー

ダガン元中佐は授業の後半でひとつの図表を示した。「ローンウルフの心理的プロセスキリングジャーニー」と題したフローチャートで、ユダヤ人を殺害しようとして拘束されたローンウルフへの事情聴取をもとに、彼らがどのような心理的プロセスをたどるのかを分析したものだった。

それによると、彼らは主に①発生（inception）②潜伏期間（incubation）③実行（implementation）という3つのステップをたどる。

①は例えば、殉教という概念にモスクでの説教やインターネットなどで触れ、その考えを受け入れも拒否もせず、心の中に留め置いている状態。ちなみに松本長官は先の自著で「思想ウィルスの感染経路」には「過激な人物や出版物などとの直接接触でうつる『接触

感染』②周囲の友人親戚などの雰囲気から過激化に向かう『空気感染』③電脳空間や電波メディアを通じた『電気感染』に大別できる」としている（松本, 2015, p.155）。

そしてその後繰り返し殉教という概念を思い起こし、次第に受け入れるようになるのが②の段階。さらに②から③への過程で、とらわれたように殉教について繰り返し考えるようになる。そして③の最終段階で、実行に踏み切る。

最終段階の③に行き着くまでには、外的な要因も大きく影響するという。例えば似たような攻撃が起きたり、メディアが関連の報道をしたり。ソーシャルメディアやイスラム過激派が伝える扇動的なメッセージに心揺さぶられて決断を覆したり、逆に決意を固め、実行を早めたりもする。そして決断した段階で内心を覆うのは「憎しみの感情や復讐、スピリチュアルに美化された死への渇望」だという。

プロセスはパレスチナ人ローンウルフの殉教への行程をたどったものだが、実はより一般的な過激化プロセスにもあてはまることが私のその後の調査で分かる（4章）。例えば車を暴走させて不特定多数を殺傷した事件があったとすれば、①は、車を暴走させて通行人を殺すという考えに初めて触れる段階。②は、その考えを心の中に置いている状態。そして次第にその考えに傾き、とらわれるようになり決意する③の最終段階。

ダガン元中佐はこの一連の流れを「キリングジャーニー」と呼び、「ひとたび攻撃が成功してパレスチナ人の間で称賛を浴びると、ステップ①や②の状態にある他の無数のローンウルフ予備軍が刺激を受けたり感化されたりして、ドミノ倒しのように次々と炎が燃え広がって大火災になる」と話した。

ふとモサドのシモンズ博士の話を思い出した。彼は、ローンウルフ・インティファーダの実行犯は「過激化のスピードが速い」と話していた。だとすると、ダガン元中佐が指摘するように、ローンウルフ・インティファーダにおいてはすでに多くの潜在的なローンウルフが①や②の準備段階に入っていたのではないだろうか。そこへユダヤ人の殺害に「成功」したケースがメディアやフェイスブックで伝えられたり、その「先駆者」が直前に残していたメッセージが共有されたりして、予備軍への刺激、つまりトリガー（きっかけ）となり、③の最終段階へと一斉に入ったのではないか。

ローンウルフ・インティファーダでは「多数が一気に過激化した」ように見えたが、実際には、①②の段階にあった無数の「予備軍」がすでにいて、それが一斉に③に向かった。その最終段階だけを私たちは目撃して短期間で過激化しているように見えただけではないか。となると①②のような状態にある潜在的ローンウルフを多く抱えるイスラエルやアメリカのような社会では、何かのきっかけで発火すると大火災になりやすい。いわば怒りのエネルギーが累積され、火薬庫を抱えているような状態だ。そうした社会は大きな脆弱性を抱えているといえる。9・11事件後、イスラム教徒によるローンウルフ攻撃が米国で続発したのも、潜在的な予備軍が無数にいたためだろう。あのハサン軍医の事件の後、同様の攻撃が多発した現象もそう考えると納得できる。

なお、すでに述べた通りトリガーには行動化を促す促進系と、それを阻む抑止系がある。イスラエル治安当局者には③のステップに入った者を抑止する手立てがあるのだろうか。私は興味を抱いたのでダガン元中佐に授業後、聞いてみた。ダガン元中佐は「イエスでありノーだ」と答えて、こう説明した。「すべてのキリングジャーニーを止められるような万能薬はない。ただ、彼らは犯行の直前、自分の考えに取りつかれたような状態になっているので、ごく単純な方法でその状態から覚醒させる方法が効果をもたらす時もある」

ダガン元中佐によると、イスラエル治安当局には軍、警察、インテリジェンスが共有する携帯電話のアプリケーションがあり、フェイスブックなどソーシャルメディアで「犯行予告」とも取れそうな書き込みがあると、その人物を特定して携帯電話の番号を割り出す。イスラエル政府はパレスチナ人の電話番号を携帯電話会社から公式・非公式に入手することができるからだ。そしてその信号からGPSを通じて居場所を確認し、近くにいる治安当局者がその人物を特定するために現場に急行することもあるという。

あるケースでは、ナイフを持ってある施設のフェンスを乗り越えようとしていた若者の姿を、急派されたドローンが上空から確認。パトカーなど地上の警察に連絡し、大きなサイレンを流して現場に向かうと若者はその音に驚いて夢から覚めるように行動を止め、警察に素直に拘束されたという。「単純に思うだろうが、こういう思い込みの中に入ってしまっている者には、大きな音とか物理的な刺激が現実感を呼び覚ます手立てになることがある」。ダガン元中佐の返答に私は言葉を失った。ハイテクを駆使した末の、なんとアナログな手法なのかと。ハイテクに富むイスラエルが、それを駆使したうえでもなおかつこれほど単純な対策を取らざるをえないほどローンウルフ対策は難しいのだ。

犯行を予告したい心理

ローンウルフ対策として、イスラエルをはじめ各国の治安当局は近年、人工知能（ＡＩ）を駆使したプログラムでソーシャルメディアなどにおける市民の書き込みをチェックしている。過去に起きたテロリズムの「犯行予告」に使われた言葉などを自動的に検出するシステムだが、こうした対応を取る背景には犯行について予告したがるローンウルフ特有の心理がある。

先述のハム教授らの調査によると、ローンウルフが犯行について事前に示唆したケースは９・11事件前では全体の84％、９・11事件以後は70％だった。いずれも高い確率で、ハム教授らはこうした「予告グセ」がローンウルフの「トレードマーク」だとまで断言している（Hamm & Spaaij, 2017, p.155）。

実際にどのような例があるのか。９・11事件前でいうと、例えば１９９５年にイツハク・ラビン・イスラエル首相を暗殺した極右宗教過激派、イガル・アミルは事前に家族や友人、さらにはユダヤ教に関する一般集会などで、パレスチナ側と和平を結んだ「ラビンは死ぬべきだ」と話していた。米国でも１９９６年から１９９８年にかけて計４回の連続爆弾事件を起こしたエリック・ルドルフが犯行予告をしている（Hamm & Spaaij, 2017）。

９・11事件後では、２０１６年６月12日未明、市民ら49人が死亡するなどローンウルフの事件としては米国史上過去最悪レベルの被害をもたらした米フロリダ州オーランドにおけるナイトクラブ銃乱射事件がある。実行犯のオマール・マティーンはまず犯行の直前、フェイスブックにイスラム国への忠誠を誓うと投稿。シリアで戦うイスラム国に対する米国の爆撃を非難し、「イスラム国による報復だ」などと書き込んだ。その後クラブに押し入り、再びフェイスブックに、「アッラーの神よ、私を天国に受け入れてください」と投稿した（Hamm & Spaaij, 2017）。イスラム国との直接の関係性はなく一方的に共鳴したローンウルフだが、フェイスブックをしきりに気にしながら犯行に及んでいるあたり、自らを

「ヒーロー」に見立てて陶酔している劇場型の印象はぬぐえない。

ローンウルフの予告グセはイスラム過激派ばかりに見られるものではない。米教育省と米シークレットサービスが2002年に発表した、1974年から2000年にかけて米国の学校で起きた41件の銃乱射事件の調査によると、8割の実行犯が事前に他者に学校攻撃を考えていることなどを語り半数以上が少なくとも2人にその意思を伝えていた。このためいずれのケースも大半の生徒は事件を予感していたが、大人には言わなかったという(United States Secret Service and United States Department of Education, 2002)。

2007年にフィンランドの18歳の高校生が通っていた高校をひとりで襲撃し8人を殺害して自殺した事件では、犯行直前に自分の写真や自身の動機を説明する自撮りビデオ、動機や「哲学」をしたためた文書をまとめて「メディアキット(報道資料)」としてインターネットにアップロードしていた(Oksanen et al., 2013)。

こうした傾向は過激派組織による攻撃には見られない。組織は自爆する実行犯の「決意表明」を事前に動画などに収めたりはするが、ネット上に投稿したりメディアにリークしたりするのは事件の後だ。

理由はシンプルで、彼らは一般の犯罪者と同様に、いかに秘密裏にテロという目標を完遂するかに最大の価値を置いている。プロパガンダは無事オペレーションが終えてからで十分で、下手にやると治安当局に抑止されてしまうと考える。私が通った大学院のガノール学長はいつも「テロ組織は正気を失った者の集まりでも、狂信的な者の集合体でもない。彼らは冷徹にコスト&ベネフィット（利益）を考えている」と繰り返していたがその通りで、組織には冷徹な計算がある。

これに対してローンウルフは作戦の遂行よりも自分が他者にどう見られるかに注意が向いている。彼らにとって、自分という人間をこれからやる無差別攻撃の舞台でどうアピールするかが最も重要だ。そこにあるのは大きな自我とその欲求に従う自分中心主義であり、自分が主役のドラマを演出するような劇場型思考だ。

もちろん「犯行予告」をするからといって、その時点で彼らが本当に殺意を固めているかどうかは分からない。第1章でも触れたように、意見の過激化と行動の過激化は必ずしも連動しない（1章P22）。治安当局にとってはその選別は悩ましく、「ローンウルフが頭の中で考えていることを盗聴する術（すべ）はない」（ガノール学長）が、ともかく何でもいいから事件の予兆をつかもうと躍起だ。

ではなぜ、彼らローンウルフは舞台の主役になりたいのか。モサドのシモンズ博士やダガン元中佐の調査が示すように、ローンウルフのイスラム教徒は自己評価が低い。そしてその傾向は米国で見られる極右テロリストなども同様だとハム教授の調査やその他の関連論文が指摘している（Hamm & Spaaij, 2017）。

この自己評価の低さとソーシャルメディアへの投稿には関係性があるのか。さまざまな論文によると、頻繁にツイッターやインスタグラムなどのソーシャルメディアに投稿する人ほど承認欲求が高いとされる（加納，2019; 正木，2018）。人は他方からの評価で自分のアイデンティティを形成し、それが自尊心にも影響を及ぼす。自己評価が低い人は常に他者の評価でそれを押し上げてもらいたい欲求に駆られていて、いわば「いいね」を渇望しているのだ。

また、生物科学的にも、ソーシャルメディアで「いいね」をもらうと脳の報酬系回路が刺激され快感がもたらされると指摘されている（レイノルズ，2016; ドレイフィス，2017）。ソーシャルメディア中毒というのはこの刺激中毒でもあり、もらえばもらうほどもっと欲しくなる。他者の承認は、良くも悪くも私たちの心理に大きな影響を与えるのだ。

バーチャルコミュニティが与えるもの

ただその承認をする評価者は誰でも良いわけではないだろう。例えばイスラム系の過激派組織メンバーとして自爆する場合、殉教をほめ称え祝福してくれるのは自分が所属する組織であり敬愛するリーダーだ。

一方、近年のローンウルフは身近な関係者を除いては、フェイスブックなどソーシャルメディアのバーチャルコミュニティに所属意識を抱いていることが少なくない。似たような世界観、価値観を持つ者同士が集まるネット上のコミュニティで彼らはアイデンティティを共有し、コミュニケーションをしたり投稿を読み続けたりする。こうしたコミュニティ内での密接な交流はそのコミュニティが共有する価値観を個々の中に内在化させ、個人の思考をより先鋭化させる可能性を含んでいる（Coolsaet, 2005）。

例えばパレスチナ社会の若者にとってのバーチャルコミュニティは、互いの連帯感を確かめ合えるほぼ唯一の空間だ。パレスチナ国家の誕生が見えず、それどころかパレスチナの土地を深くえぐるようにイスラエルが分離壁を作り、生活圏を分断され、さらにそれを越えてすぐ近くまでユダヤ人が入植者を違法に拡大させている。故郷を追われ、イスラエル領内や東エルサレム、ヨルダン川西岸、ガザと各地域に分断されたパレスチナ人が志をひとつにできるのは、もはやこうした仮想コミュニティという空間しかない。

ここで本章の冒頭、私がある「仮説」を立てたことを思い出していただきたい。米国のローンウルフ・テロリストの動向を調べた教授らが、9・11事件後は事件前に比べ過激派組織のメンバーになった経験がある者の割合が大きく減ったと分析した。私は過激派組織に代わる何かが9・11事件後に誕生したのではないかと推測した。その過激派組織の代わりとは、バーチャルコミュニティだ。

9・11事件後、欧米で差別され辺境に追いやられたイスラム教徒の移民二世、三世は、バーチャルコミュニティで白人への憎悪や怒りを共有し合っている。米国で相次ぐ学校襲撃事件の実行犯の少年らの多くはリアルな学校社会でいじめを受け、ネットの社会にその居場所を見出すしかなかった。彼らにとってバーチャルコミュニティは疑似家族に近い存在で、帰属意識を抱いたり過激思考を共有したりする場になっている。

そうした人々の一部がいよいよ暴力の実践を決意する時、つまりダガン元中佐が示したキリングジャーニーの最終段階③（テロ実行）にさしかかった時というのは、まさに彼らにとっては一世一代の重大決意であり、日ごろから親しみを抱くバーチャルコミュニティに真っ先にその気持ちを報告し犯行を予告したくなる気持ちは分からないでもない。

こうしたバーチャルコミュニティでは、アイコンやマーク、絵文字などといったデジタル小道具も連帯感を強める。パレスチナのローンウルフ・インティファーダでは、ナイフの形をしたアイコンが「いいね」と同趣旨で使われ、共有されていた。

バーチャルコミュニティのもうひとつの魅力は、リアルな社会に特有のわずらわしい人間関係が希薄なことだ。モサドのシモンズ博士が示したローンウルフ像によれば、彼らは自己評価が低く、また人間関係の構築が必ずしも得意ではない。他方で承認欲求は強い。積極的に関わることには自信がないが承認は欲しいのだ。このジレンマを解決してくれるのがバーチャルコミュニティだ。人間関係において物理的には距離を置きつつ、承認を得られるし連帯感や帰属意識を持つこともできる。

元CIA勤務のセイジマン博士は、インターネットはテロリストの交流の質を変え、脅威の構造とダイナミズムを劇的に作り替えたと指摘する(Sageman, 2008)。米国でローンウルフ対策のために設けられた米連邦保安官のタスクフォースは、ローンウルフはその「豊かな表現能力」を使い、彼らの最終解決(結論=テロ)に向けてバーチャルコミュニティを舞台に自身のイデオロギー(考え方)やこじつけを強化して自己過激化へと向かうと分析している。

こうしたバーチャル社会に特有の関係性は過激化と親和性が高い。というのも、彼らがオンラインの世界の仲間との関与を深めれば深めるほど、リアルな世界から離れて一般社会の外側で生きることになるからだ。オンライン限定の自分のアイデンティティを創造したりして、それがまた現実社会からの乖離を促す。オンラインの世界を帰属社会にして生きるということは、過激化への道につながりやすいといえる(Hamm & Spaaij, 2017)。

人工知能が過激化を促す？

ところでインターネットの影響というと、そもそも個人が主体的に使っているもので、自分で情報を検索して過激なサイトに行くのだから過激化してもある意味自業自得で社会が対策を講じるものではないと思う人もいるかもしれない。確かに少なくとも成人であれば自分の判断の責任は自分で負うしかない。だが私は留学時代にある1本の記事に出くわし、それは少し単純すぎる見方かもしれないと思うようになった。

留学1年目の2018年2月、大学院での1学期が終わり試験勉強をしていた時のことだった。一息入れてニュース記事をネットで見ていたら、米経済紙ウォール・ストリート・ジャーナル（WSJ）の報道が目についた。タイトルは「いかにユーチューブは人々をインターネットの暗闇へといざなうのか」。ユーチューブに特有の「推薦機能」について専門家を動員して詳しく調べた記事だった（Nicas, 2018）。

それによると、フェイスブックやツイッターは自分でコンテンツを選択するがユーチューブは「あなたにおすすめの動画」という推薦機能を通じて視聴者にアプローチしてくる。通信販売のアマゾンを使っていると「あなたにおすすめの商品」が出てくるのと同じ仕組みで、基本的にはＡＩを使い、消費者のこれまでの購買や視聴の傾向などをもとに「この視聴者はこういう動画が好きなのではないか」と予測を立てて推薦してくる。

こうした機能の設定に携わったというユーチューブの元社員らの証言によると、同社は視聴者が少しでも長くユーチューブにとどまるよう推薦動画をできるだけ「粘着性」の高いものにするようにしていたという。粘着性とは、「センセーショナル」だったり「超過激」な内容のもので、そうした動画を見ると人はさらに刺激を求め、結果的により長時間、過激な推薦動画を見続ける傾向が確認されたという。視聴者が長い間、動画を見るほどユーチューブには広告収入が入る。このため開発者らはできるだけ過激な動画を推薦するように設定しているという告発だった。

取材を受けたユーチューブ側はこうした事実関係を認めたうえで「我々の問題だと認識している」と語りすでに一部見直しを２０１７年秋から始めたと述べている。

ユーチューブ側が事態の深刻さを自覚したのは２０１７年10月１日に起きた米ネバダ州ラスベガスにおける銃乱射事件がきっかけだった。実行犯の白人の男は現地で開催されていたフェスティバルの会場に向け数千発を発砲。58人が死亡、５００人以上が負傷するというローンウルフによる事件としては米国史上最悪の被害になった。当時、ＷＳＪ紙の記者がこの事件をユーチューブで検索すると、推薦動画としてあがってきたリストの5番目に米政府が引き起こした事件だったという謀略説を含むものがあった。動画をクリックするとさらに過激な陰謀論を唱える動画が推薦されたという。

このほかにもＷＳＪ紙取材班は、例えばローマ法王というキーワードで検索するとやはり謀略論や法王暗殺などに関する動画が上位にリストアップされることに気づいた。同紙は「視聴者の判断だけであれば見ることもない（過激な）動画を見せようと積極的に働きかけている」と批判した。

ユーチューブ側はこの記事が出た２０１８年２月当時、世界80の言語で毎日計２億種もの動画を載せていたが、こうした推薦の基準などについて視聴者にあらかじめ説明していなかった。また、ユーチューブ側は同紙の報道後、推薦基準に修正を加えたとしたが、その後もより過激な内容の動画を薦める傾向は続き、完全には変更されていないという。

ユーチューブが先か、視聴者が先か

ユーチューブと過激化に焦点を置いた学術論文は、本書を書いている２０２０年６月時点では主に２本ある。１本目は２０１９年８月に発表されたスイス人とブラジル人らの研究グループ５人による初の大規模調査についてで、ＷＳＪ紙の記事に触発されたものだった（Ribeiro et al., 2020）。ユーチューブの349チャンネルに掲示されていた33万本余りの動画を「どれぐらい右派傾向か」で4つのレベルに分類。具体的には①一般メディアレベル②トランプ大統領を支持する層に近い「オルタナ右派（Alternative Right）」レベル③アンチ・リベラルを掲げる学者らのネットワーク「インテレクチュアル・ダーク・ウェブ」レベル④「極右」レベルに分け、視聴者がこの4つのレベルの動画をどのように見ていくのかを調べた。

その結果、視聴者は内容的により穏健なレベルの①や②から見始め、過激なレベルへと流されていくことが分かった。逆に言うと、最も過激な極右レベルの動画を最初から見ている人はいなかった。また、この極右レベルの動画は最初の検索では現れず、ユーチューブの推薦を通してのみ現れることも分かったという。

もう1本の論文は2019年10月に米ペンシルベニア州立大学の研究者（政治科学）2人が発表したもので、同様に大量のユーチューブ動画を分析している（Munger & Phillips, 2019）。その結果、極右系の動画が視聴者を過激化させている可能性は十分あるが、穏健なものからより過激なレベルの動画を見るようになっているとしても、それは視聴者の中にすでにある「考え」に合ったものを選んだ結果で、推薦されたから見ているわけではないのではないか、と先の論文に疑問を投げかけた。

また、ユーチューブに過激な内容の動画が多いのは、他の一般メディアなどでは得られない情報を求める声に応えた需要と供給の結果ではないかとも指摘した。

個人的には、両論文とも重要なポイントを突いていると思う。視聴者が自分の問題意識に合致する情報を求めて探していくのはその通りだろう。人間には認知バイアスという認知の偏りがあり、そのバイアスに合致した情報ばかりを集めようとする、いわゆる確証バイアス（4章P180）と呼ばれるクセもある。また、自分の認知バイアスに合わない情報を取り入れると不快感を抱くので、それに合わない方の情報を軽視したり無視したりしてその不快さを解消しようとする（認知的不協和理論）クセもある（4章P182）。

こうした要素も加味して考えると、ユーチューブにおいても人は「見たい情報」を探し、それに合いそうなものが推薦されていれば見る、と解釈するのが妥当だろう。

そうなるとユーチューブは過激化を促している側面もあるだろうが、根本的には私たち自身が自分の考えに合った情報を自分で探して消費している部分が大きいと考えられる。であれば、ユーチューブやソーシャルメディアを規制したり使えない状態にしたりするだけでは私たちの認知の方向性を変えたり特定の情報消費を欲望する心を止めたりするのには十分ではないということになる。

第4章

「過激化プロセス」のモデル

トラウマとの関係性

2018年春、シャダク博士の最後の授業の日がやってきた。

「あなたは、自分がテロリストになることもありうると思いますか」

授業の初日、シャダク博士が私たちに問いかけた質問に私はまだ心のどこかで「それでも自分だけは」という気持ちをうっすらと抱いていた。「自分は子供を殺すことはない」という揺るぎない自信だけはあったからだ。この最後の授業を聞くまでは。

博士の授業はこの一言から始まった。「今日は過激化のプロセスを順に追っていく。過激化のプロセスを見ていくということは、個人の心理から集団心理へとその視座を広げていくことでもある」

とっさに意味を測りかねた私は、クラスメートの様子を見た。みな、どういう意味だろうという顔をしている。博士はまず、心理学者フロイトの概念についておさらいした。人間の心には①無意識で本能的な「イド」②無意識と理性的な意識の間を取り持つ「自我」

③良心や道徳などをつかさどる理性的な「超自我」がある（中島，1999）。有名な精神分析の理論だが、博士は過激化とは③を誰かに乗っ取られるような状況だと説明した。

例えば過激派グループは③をコントロールし、個人はひたすら組織に従う。構成メンバー同士が「超自我」を共有するような状態で、博士はこれを『『個』のない人間がひとつの心を共有している状態」と説明した。

その時、私の心の中に浮かんだのは1995年に地下鉄サリン事件を起こしたカルト教団、オウム真理教だ。松本智津夫（麻原彰晃）という指導者「グル」がメンバーの理性をハイジャックし、メンバーはただ操り人形のようになってしまった。

こうした個人の理性が乗っ取られるという状態は、実はローンウルフにも起きる。すでに述べた通り、彼らは大抵心の中に実在、あるいはバーチャルコミュニティなどで見つけた「神」や「英雄」などを持っていて、③、つまり良心や道徳観をつかさどる理性を預けてしまうことがある。そうした存在と勝手に「対話」し、「神の声」のようなものを見出して自らそれに従うといったことをする。

イスラエルのラビン首相を暗殺したあのローンウルフは、和平交渉でパレスチナ人にイスラエルの土地を渡すような者は殺さねばならないと考えていた。彼の頭の中には、架空の「イスラエル国民の声」が存在していたようで、取り調べに対しこう語っている。「物理的には、私一人で実行した。しかし、銃の引き金を引いたのは私の指だけではなく、2000年の間この土地を切望し、夢見た全ての国民の指であった」（バンデューラ，2008, p.147）

博士の話はその後、予想外の方向へと転じた。それは過激化と密接な関係があるという心理的な負荷「トラウマ（心的外傷）」についてだった。トラウマという言葉は、もとはギリシャ語で「傷」という意味で、回復に時間がかかる深刻な身体的負傷を指したが、その後心理学者らが心の傷を表現するのに使うようになった。

トラウマとは「個人の対処能力を超えた外的な出来事を体験した時に被るストレス」を意味する（亀岡，2012, p.74）。米国精神医学会が策定した『精神疾患の診断・統計マニュアル』第5版（DSM－5）によると一般的なストレスよりも非常に深刻なもので、生死にかかわるような出来事を体験したり目撃したりすることで生じる心の傷だ。これは消防士や看護師など日常的に生死を扱うような専門家らにも生じる（American Psychiatric Association, 2014）。

例えば9・11事件の現場となったニューヨーク・マンハッタンから半径約3キロ以内に住んでいた妊婦から生まれた子供の体重が平均より軽かったり、事件当時、妊娠初期だった妊婦から生まれた子供の頭囲が平均より大幅に短かったりしたという報告があり、テレビなどを通じた間接的な「目撃」や「経験」でもトラウマは生じるとされた（Lederman et al., 2004）。このため9・11事件後、旅客機が米ニューヨークのツインタワーに突っ込むあの映像はユーチューブなどから削除された。

「トラウマは過激化と大いに関係がある。何らかの原因で心に傷を負った人が過激化の入り口に立つことは少なくない。そもそもトラウマというと個人が負うものと思うかもしれないが、実際にはグループや社会全体が受けることもある」。博士はそう言って、個人の場合であれば紛争や戦争ばかりでなく交通事故の当事者やそれを目撃した人、レイプの被害者なども含まれると説明した。また、社会が受けるトラウマは戦時下にある人々や戦争捕虜、連続殺人事件などが起きて市民がおびえるような状況や、イスラエルの占領下にあるパレスチナ社会も該当するという。

そしてこうした経験や目撃により生じた「痛み」がそれぞれの中で一定レベルに達するとその個人や社会は防衛機制（defense mechanism）に入ることが少なくないという。防衛機制とは不安や抑うつ、罪悪感や羞恥心などの不快な感情に対し、原始的な反応をすることで弱めたり回避したりしようとする心の作用で基本的に無意識下で起きる（フロイト，1985）。

そのひとつには退行（regression）という作用があり、いわば未熟な言動に逆行するような現象だ。個人レベルでいえば、弟や妹ができた子供が赤ちゃん返りするとか、大人なら仕事のストレスが重なり伴侶と口げんかになった時に大人げない言動をしたりする行為も含まれるだろう。社会レベルでは、あのローンウルフ・インティファーダでユダヤ人を刺したとして警察官に撃たれて路上に倒れた少年に、通りかかったユダヤ人が「死ね、クソ野郎、死ね」と叫ぶなど集団ヒステリーのような状況があった。銃砲店に行って銃を買いあさっていた人々もそうだろう。これらは基本的に、極度の不安に対する極めて原始的な反応だ。背景には、自分もいつ刺されるか分からないという恐怖の感情がある（1章P50）。

「では、そうした防衛機制や退行は、具体的にどのように過激化につながるのですか」

質問したのはクラスで一、二を争うほど賢いと一目置かれていたソヌだ。インド系イスラエル人の彼女はイスラエル国防省に勤務しその国費で来ていた。彼女のせっかちな質問を受けて、博士は「まあ、まあ」という感じで腕を上下に動かしこう続けた。

「防衛機制によって起きるもうひとつの現象として、分裂というメカニズムもある。これは個人にも起きるしグループや社会にも起きる。周囲をいわば敵か味方かと二分するような思考だ」

分裂（splitting）とは全か無か思考（all-or-nothing thinking）ともいわれ、過激化のプロセスで言えば、往々にして善か悪かの二元論的な発想に陥る状況だ（フロイト，1985）。ブッシュ米大統領は9・11事件直後のスピーチや２００２年発表の「国家安全保障戦略」で示したブッシュ・ドクトリンで世界に「米国の敵か味方か」と問いかけた。また、そんな大統領を米国市民が絶大なる称賛をもって支持したのが良い例だ（中山, 2011）。当時のブッシュ大統領と米国市民はまさに、テロという大きなトラウマを受けて防衛機制による退行と分裂を起こしていたといえるだろう。

しかも残念なことに、こうした善悪二元論の発想は過激派が説く勧善懲悪ストーリーと極めて相性が良い（モハダム＆マーセラ, 2008）。例えばイスラム系過激派のイスラム国がメンバーに忠誠の印として「不信心なイスラム教徒」や外国人の処刑を行うよう求めた（2章P71）が、まさにこの防衛機制が引き起こす分裂思考は、自分が所属する「内集団」を完璧な善、周囲の「外集団」を完全な悪と位置づけて攻撃対象としていくのに好都合な心理的作用なのだ。

「非人間化」が無差別殺人を可能にする

「過激化のプロセスではこうした原始的反応の次に、外集団を人間と見なさない思考が表れる」。博士はそう言って、イスラム系の過激派や米国のキリスト教右派などが、対立する外集団をソーシャルメディアなどで「豚」「ねずみ」などと侮辱していることを例に挙げた。彼らの中に「人を人と思わない」感覚が生じている証拠だという。「心理学ではこれを非人間化（dehumanization）と呼ぶ」（バンデューラ，2008; 中島，1999）。いったんその対象を人間ではないと認識すると、心を持たない愚鈍な人間以下のモノと見なすようになる。そうした対象に影響力を及ぼすには対話などの通常の手段ではもはや足りず、野蛮な手法、つまり虐待したり粗暴に扱ったりすることが必要だと考えるようになる。相手をモノと見なせば、それを破壊する行為を正当化することもできる。

ただ、こうした非人間化は何もテロリストのみに表れる特有の認知ではない。人が人に攻撃的になる背景には、大なり小なり同様の感覚が潜んでいるとされる（Bar-Tal, 2007）。深刻な紛争から学校や職場でのいじめまで、その背景には相手を自分と同じ人間とは見なさない心理が息づいているのだ。

この言葉を聞いて、私はまったく認識していなかった盲点を突かれた思いがした。自ら「テロリストになりうるか」と自問した時、私は通常の思考で、子供を無差別に殺すことなどありえない、だから自分がテロリストになるなどありえない、とずっと思ってきた。だがそもそも過激化に入るということは、思考が通常とは異なる状態にある。博士によれば、過激化プロセスに入った人は防衛機制（退行・分裂など）→善悪二元論的思考→外集団の非人間化、といった認知の変容プロセスをたどる。そして過激化の最終ステージになると、もはやその対象を殺すことは殺人ではなく「モノ」を壊すのと同様の感覚になっているという。だから幼い子供を手にかけることにも抵抗感がなくなるというのだ。

人は紛争、虐待、いじめなどさまざまな場面でトラウマを背負う。一般的には、天変地異など自然発生的な問題より、人為的な紛争や犯罪などの方がより人間に深刻なトラウマをもたらすとされる（Bromet, 2014）。その場合、大抵は一方が他方を侮辱し（humiliation）、屈辱を味わわせ（shame）、非人間的な扱い（dehumanization）をすることから始まる。やられた側は自尊心を傷つけられ、自己評価をおとしめられる。生活を変えてそうした状況から離脱する（紛争地からの避難、職場や学校の変更など）ことができる人もいるが、状況的に容易には抜け出せなかったり自信や気力を失ってそれができなかったりする人もいる。しかしそのままではつらいので、防衛機制に入って自分の心の安定を守ろうとする。

退行や分裂により善悪二元論的な世界観が生まれると、意識の中で外集団を侮辱し、辱め、人間として扱わないことで復讐しようとする。内心で起きる心理的な報復で、そうすることで壊れそうな自尊心を支え、相対的に自己評価を高めようとするのだろう。

しかしそれでも大半の人は、頭の中で相手を非人間化したりしながら本当に殺すようなことはない。だがそのうちの限られたごく一部は対象をさらに非人間化し、もはや殺人も許されると思うようになる。相手はすでに人間という枠から外れているとの認識が、その相手や相手が所属する集団に対するあらゆる攻撃、例えば排斥や強奪、拷問、強姦、虐殺、民族浄化などを正当化し、当然の報いでありむしろ必要だとさえ見なすようになる（Day et al., 2009; Kelman, 1973; Pape, 2006; バンデューラ, 2008）。

博士はこれを、意識の中で生じる「殺害許可（license to kill）」と呼んだ。相手は人ではなくモノなのだから、殺してもモノを壊しているにすぎないという認知だ。こうなるともう一般的なモラルは通用しない。それどころか、むしろ自分を侮蔑し「最初に攻撃してきた」外集団を罰するために制裁が必要だという思考になる。自分の中には悪者に天罰を与える英雄、ヒーローとしてのアイデンティティが形成され、相手が子供であろうが女性であろうが外集団の殺害は正当な「正義」以外の何ものでもなくなる。

博士によると、イスラム系の過激派の場合は特に殉教という概念に基づき外集団である「敵」を殺すことで天国に行けるなどと説くので、信奉者らはこうした善悪二元論に流されやすくなるという。

9・11事件という大きなトラウマを背負った米国では、イスラム教徒とそれ以外の米国人の間に互いを非人間化する認知が広がった。その延長線上に起きたのがイラク戦争時における米兵のイスラム教徒に対する虐待や拷問、そして中米キューバのグアンタナモ米海軍基地で起きた「敵の戦闘員」に対する事実上の拉致だ。これに対しハサン軍医をはじめとする移民のイスラム教徒たちは各地でローンウルフ・テロを起こして報復した。

近年のイスラエル・パレスチナ紛争でいえば、占領という長く重い負荷を受けたパレスチナの武装勢力がユダヤ人一般市民を狙って自爆テロを起こし、このトラウマに傷ついたユダヤ人はさらにパレスチナ人を非人間的に扱った。例えばイスラエルのユダヤ人に対する最近の調査によると、非人間化の意識はイスラエル政府による令状なしでのパレスチナ人の拘束や「集団懲罰」としての家屋破壊、拷問などへの「支持」に顕著に表れているという（Maoz & McCauley, 2008）。互いに互いを人間ではないと位置づけるからこそ、残虐極まりない攻撃行為を延々と繰り返すことができるのだ。

そしてこの非人間化だけを過激化プロセスから切り取って見れば、何も深く憎しみ合った関係だけに起きるものではない。状況次第では誰もが一線を越える可能性がある。あのジンバルドー名誉教授が「監獄実験」で証明した通り、白人中流家庭の大学生たちはいとも簡単に囚人役の学生たちを虐待した。

私は博士が指摘した、トラウマからの過激化というアプローチに強い関心を抱いた。博士は、占領行為を受けることそのものがトラウマを形成すると語ったが、私が見たローンウルフ・インティファーダの若者たちもシリアの青年たちも、家族や友人を傷つけられ、家やコミュニティを占領・破壊され、その傷とそれに伴う喪失感に苦しんでいた。彼らの過激化はそうしたトラウマ経験をもとに始まっているのかもしれない。米国の学校銃乱射事件の容疑者も大半がいじめられた経験があった。米国で起きた連続爆弾事件の実行犯や米陸軍基地で銃を乱射したハサン軍医もひどいいじめを受けていた。すべてはこうした彼らの実体験を伴うストレスやトラウマの経験から始まっている。

しかし、である。占領下にある人も、いじめられたことがある人も、その実数ははるかに多いにもかかわらず意見を過激化させる人はその一部で、行動を過激化させる人はさらにそのごく一部に過ぎない。しかもクラーク・マカウリー名誉教授らがその著書『摩擦――いかに紛争は我々や彼らを過激化させるか』で指摘したように、少なくとも意見の過激化と行動の過激化の連動性は証明されていない（1章P22）。だとすると、最終的に攻撃行動に移す人とそうならない人の間にはどのような違いがあるのか。

そんなことを考えていたら授業はあっという間に終わってしまった。最後の授業だからその半分ぐらいは質疑にあてるのかと思ったが、どうやら博士は時間配分に失敗したらしい。ソヌをはじめ私も友達もみな、一斉に授業が終わると博士のもとに集まった。予想通り、最初に口を開いたのはソヌだった。「イスラム過激派以外の世俗派も、過激化の入り口はトラウマなのでしょうか。イスラム過激派は善と悪に世界を切り分ける思考をもともと持っているから、この防衛機制の分裂思考と親和性が高いのは分かるけれど」

博士は「私たち研究者は、この善悪二元論的な発想にイスラム過激派の思考が重なると過激化がハイウェイに乗る、と表現する。それぐらいイスラム教と過激思考の相性がいいのは確かだ。だが世俗派でも最近ではソーシャルメディアで形成されるバーチャル社会があり、それへの帰属意識が内集団を形成し外集団との対立を深める思考が顕著になっている。世俗派も例外ではない」と答えた。

アルカイダやイスラム国が提唱する過激思想の根底には、イスラム初期の世代（サラフ）における原則や精神への回帰を目指す思想潮流「サラフィー主義」がある。サラフィー主義の思想の核心にあるのは、コーラン（イスラム経典）やスンナ（預言者ムハンマドの慣行）への回帰、タウヒード（絶対神信仰）、そしてアル・ワラ・ワル・バラ（信徒間の連帯、不信心者拒否）の原則だ（大塚 et al., 2002）。博士によれば、こうした思想は過激化プロセスに見られる善悪二元論的な発想と極めて親和性が高いという。

帰り道、私は想像してみた。例えば私の愛する家族を誰かがモノのように扱い、傷つけたとする。私自身もそれによりトラウマを受け、退行や分裂を起こすかもしれない。その時、私の家族を傷つけた相手を「絶対悪」と見なさないと言い切れるだろうか。相手を「攻撃しない」「報復しない」と断言できるだろうか。そして最初の授業で聞かれた質問を、改めて自分に問いかけてみた。

「あなたは、自分がテロリストになることもありうると思いますか」

トラウマがきっかけになりうる以上、そして過激化の過程で周囲がモノに見えるような状況が私にも起きうる以上、もう「絶対にない」とは言えなくなっていた。

トラウマがもたらす被害者意識

帰宅して改めてノートを見返しながらふと思った。「過激化をテーマに論文を書いてみようか」。過激化が誰にでも起きうるならば、そのメカニズムを解明することは社会的にも意義がある。日本では「テロリズム」という言葉は基本的に過激派組織による犯行にしか使わないが、現実には、単独犯が不特定多数の群衆を襲ったり職場や学校を襲撃したりするテロリズム（1章P21の定義による）が相次いでいる。

私はまず、トラウマと過激化の関係性に関する論文を探してみることにした。

米メリーランド大学併設のシンクタンク、テロリズム研究機関（The National Consortium for the Study of Terrorism and Responses to Terrorism＝START）は米国務省が作成するテロリズム年次報告書に生データを提供していることで知られる。米国に限らず、世界で起きたテロリズムのデータベースを作り研究・分析しているシンクタンクだ（University of Maryland, 2020）。ここで調査を長年担当してきたメリーランド大学のアリエ・クルグランスキ教授（社会心理学）はテロリズムのメカニズム分析で有名だが、彼らが書いた論文「テロリズムとテロリズム対策の心理的要因、個人とグループと組織レベルの分析」を読んでいて、ある一文が目に留まった（Kruglanski & Fishman, 2009）。「テロリストの根本的な動機を調べた論文があり、どのケースにもトラウマが見られたようだ」。教授らによると、ロシア・チェチェン共和国やパレスチナの自爆テロ犯（未遂）などを対象に行われた膨大なインタビューを分析した論文があるという。それによると大半の自爆犯は個人的なトラウマを抱え、その答えとしてのイデオロギー（考え方）を探すうちに過激化していくと分析しているという。

私はさっそくこの引用論文を図書館のデータベースから引き出して読んでみた。著者は米ジョージタウン大学医療センターのアン・スペカード非常勤准教授（精神医学・博士）とチェチェン大学のカプタ・アクメドバ教授（心理学）で、100人以上の自爆テロ犯やその家族を対象に調査を行い2005年に発表したという。さまざまな論文に引用されていることからもその信用性がうかがえた（Speckhard & Akhmedova, 2005）。

確かにスペカード准教授らは「インタビューの過程で、（当事者に）トラウマを受けたという感覚が非常に強いことに気づいた」と書いていた。ほとんどすべての自爆犯が「自分自身やその家族の死、拷問、投獄などを通じて個人的なトラウマを抱えていた。非常に印象深い結果だ」としている（Speckhard & Akhmedova, 2005, p.4）。

また、インタビューした自爆犯らには復讐の意識が強いことも共通していたという。その根底にあるのは被害者意識で、人間はひとたび被害者意識を持つとものの見方が変わり始めると分析している。テロリズムという無差別殺人に対するモラル上の抵抗感を取り払うのが被害者意識なのだ。シャダク博士の指摘と見事に重なる分析だ。

強い被害者意識が無差別殺人をも「正当化」してしまう例として論文に挙げられているのが第二次世界大戦中のナチス・ドイツに迫害されたユダヤ人の行動だ。あまり日本では知られていないかもしれないが、彼らの一部は反ナチスのドイツ人ゲリラと共闘し、ドイツの一般市民が乗る電車を爆破したり、身重の妻と共にベッドで休むナチスの司令官を妻もろとも爆弾で殺害したりしていた。こうした攻撃について多くのユダヤ人は今でも「他に手段がなかった。当時はやむをえなかった」とその正当性を主張する。

また、この論文の著者のひとり、アクメドバ教授が戦争トラウマによるＰＴＳＤを抱えるチェチェン人の患者６５３人を対象に行った調査によると、回答者の約４割は、トラウマを与えた側への報復攻撃はその実行者（この場合はロシア軍兵士）だけでなく市民も含まれるべきで、しかもそれは必要な「義務」だと答えたという。「やられたらやり返せ」という報復の観念は法治国家にはなじみがうすいと思うかもしれないが、実はごく普通の、紛争とは無関係の環境でも広く共有されている。

ベルギーの大学生を対象とした興味深い実験がある。彼らはまず、爆弾のようなものを体に巻き付けてパレスチナ人自爆テロ犯を演じるように求められる。その後、占領下にあるパレスチナ人の日常生活について簡単な説明を受け、テレビでイスラエル兵士がパレスチナ人の少年2人を殺害したニュースを報じていると想像してもらった。そして、あなたも自爆テロ犯として標的を選べと言われると、一部はイスラエル兵ら「市民以外」を選択したが大半はイスラエルの一般市民を標的に選び、その一部は「少年を殺されたのだから、やり返す相手も少年であるべきだ」と答えた (Speckhard & Akhmedova, 2005, p.14)。憎しみの対象を、少年を殺した兵士だけでなく一般市民全体へと拡大させたのだ。

こうしてみると、被害者意識を持つこともそれに対する報復としての無差別攻撃を正当化する「歪んだ正義」も、限られた人の極めて異常な行為ではないことが分かる。誰もが状況次第ではやりかねないのだ。「目には目を」という復讐の観念は、私たちが心のどこかで「やむをえない」と受け止めてしまうほど身近な存在だ。シャダク博士が言った、誰でも状況次第ではテロリストになりうるという指摘がますます現実味を帯びてきた。

ところでこうした被害者意識は過激化を促すだけでなく、長期的には集団間の紛争を固定化する要因にもなることもここでは最後に簡単に触れておきたい。それは被害者意識が2つのアイデンティティを形成するからだといわれる。

まずひとつ目だが、自分が所属する内集団が受けた屈辱や暴力を刻んだ歴史が集合的な記憶を形成し、個人のアイデンティティの一部になる。そうした記憶はたとえ現在の外集団が危害を加えてこなくても、外集団に対する認識の中に潜在化して敵対的な意識を持続させる（Volkan, 2006）。日本と韓国の対立にも通じる状況だ。

2つ目は、現在進行形の紛争の中で形成される被害者意識だが、これもその紛争そのものが個人のアイデンティティの一部に取り込まれる（Rouhana & Bar-Tal, 1998）。

逆に言えば、和平を実現するには、互いに被害者意識を減じ、相手の被害者性を認め、さらには自分たちの加害者性も受け入れる必要がある。だがこれは双方の個人の中にすでに形成されている被害者意識を含むアイデンティティそのものを変容させる必要がある。ところが長期的に対立する集団の場合、互いに相手を否定した上に成り立つアイデンティティが形成されていて、そこにはいわば「負の相互依存関係」がありそこからの離脱は容易ではない（ブルーアー, 2012, p.143）。

またイスラエルとパレスチナの紛争でいえば、双方が聖地エルサレムを首都とする国家の一員としてのアイデンティティを追求しているが、これはまさにどちらかがエルサレムを首都とすれば他方はそれを実現しえないという意味でゼロサムのアイデンティティ紛争であり、この点からも和平が極めて困難なことが分かる（Kelman, 1999）。

過激化プロセスの分析

過激化を心理学的なアプローチから分析した書籍をさらに詳しく調べてみた。その一冊が米国で拘束されたローンウルフの服役囚らにインタビューを重ねたジェシカ・スターン・米ボストン大学教授の著書『神の名のもとのテロリズム（Terror in the name of God）』だ（Stern, 2003）。スターン教授といえば、テロリズムとトラウマの関係性に関する研究においては世界的な第一人者だ。テロリズムの心理分析で有名な元CIA勤務の精神科医、マーク・セイジマン博士の著書『リーダーなきジハード（聖戦）――21世紀のテロ・ネットワーク（Leaderless Jihad: Terror Networks in the Twenty-First Century）』も読んだ（Sageman, 2008）。

いずれも得られた教示は多かったが出版から10年以上が経ち、ソーシャルメディアやイスラム国の拡大などに関する分析は盛り込まれておらずその点においては不十分だった。

他の書籍も読んだが、結局、米国で多発するあらゆるローンウルフ攻撃について具体的なデータを収集し、イスラム系の過激派に限らずさまざまな一匹オオカミがテロリズムにいたる（未遂も含む）までの過程を分析してひとつのモデルに集約したという意味で、先述の米インディアナ州立大学のマーク・ハム教授（犯罪学）と、オーストラリア・ビクトリア大学のラモン・スパイジ教授（社会学）が２０１７年に出した共著『ローンウルフ・テロリズムの時代』が最も参考になった。

ハム教授ら自身もこうした大掛かりな調査、分析は世界で唯一だと同書で自任しているが、本書を書いている２０２０年6月現在でも、他に例を見ない。イスラム系の過激派だけを研究したものと異なり、過激化はあらゆる人々に起きうると結論づけている点でも、私のこれまでの取材や研究と一致する見方だ。

本項では最後に、彼らの研究結果をここでざっと紹介し、次項からの、私自身が作った過激化モデルの説明へとつなげたい。

前述の通り、ハム教授らは米国で１９４０〜２０１６年にかけて起きたテロ事件のうちローンウルフによるもの１２３件を抽出し、アクセス可能な公的資料やメディアの報道をもとにその内容を調べて項目別に整理した。具体的には攻撃方法や被害状況、凶器や実行犯の人種、犯罪歴、個人的な悩みの有無やその内容、職業、精神障害の有無、過激派組織への帰属の有無、犯行に関する事前の「告白」の有無、犯行を決意するトリガーとなった

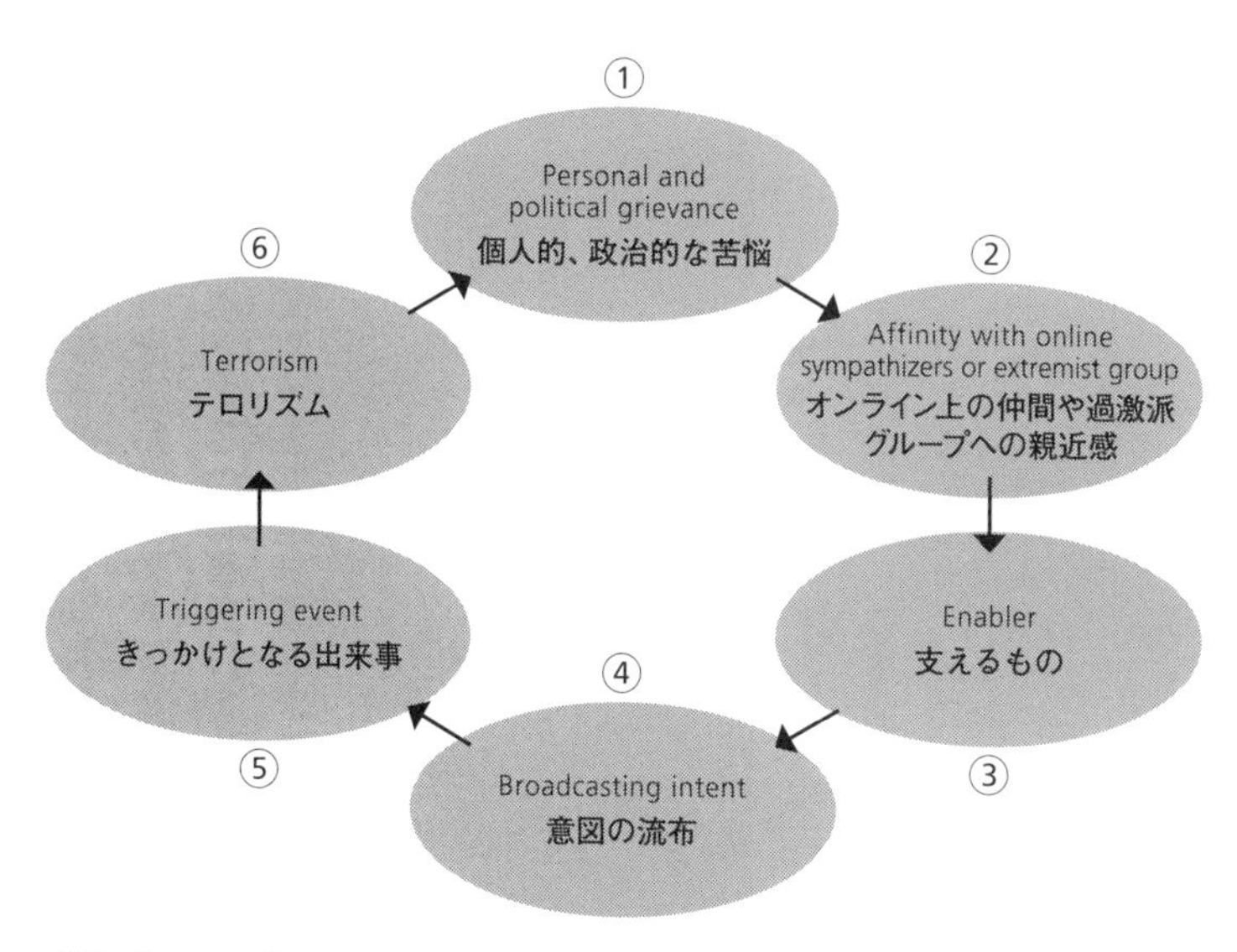

[図4]ローンウルフがテロリズムを起こすまでの過激化プロセス 出典:マーク・ハムとラモン・スパイジの著作『ローンウルフ・テロリズムの時代』(2017), P.120(和訳は筆者が付記)

出来事など21項目。その結果、図4のようなモデルが浮かび上がったという。

まず、過激化の起点となるのは個人的な悩みや政治的な不満だとしている。過激派組織に入る個人は往々にして政治的苦悶を掲げる。イスラム教徒であれば西欧諸国との対立、キリスト教系極右であれば、人工妊娠中絶を容認する米政府との対立などだ。一方で、ローンウルフは「極めて個人的な恨みをさまざまなイデオロギー(考え方)と混ぜ合わせるのが大きな特徴だ」(Hamm & Spaaij, 2017, p.65)という。

次に②のステップで、ローンウルフはオンライン上のバーチャルコミュニティの仲間や過激派グループとの心理的な結びつきを一方的に強化する。仮想空間の仲間とは、ローンウルフ・インティファーダで見られたような、同じような価値観を共有するネット上の仲間たちだ。実在する過激派組織とも、その正式なメンバーではないが共鳴者として心でつながる。ハサン軍医とアルカイダのように、メンバーではないが精神的な支柱となっている、いわばプラトニックな恋愛のような関係で、これによっても帰属意識が芽生え思いが強化されていくという。

③のステップは「イネイブラー（支えるもの）」から支援を受けるレベルだ。物理的なものと精神的な支援があり、また与えられるだけでなく、自分から入手する場合も少なくない。２０１１年7月にノルウェーの首都オスロと近郊ウトヤ島で77人を殺害した反イスラムを掲げる連続テロ事件のローンウルフ、アンネシュ・ブレイビクは、ウェブサイト「ジハードウォッチ」を作った米国人ロバート・スペンサーらを一方的に精神的支柱にしていた。反イスラムを掲げながら、テロ攻撃の具体的な方法（戦術）についてはアルカイダなどが作成した資料を参考にしていた。

④のステップは事前の犯行予告など、いわゆる「ブロードキャスティング・インテント（意図の流布）」だ。ブレイビクは「２０８３――欧州独立宣言」と題した１５００ページ余りの声明をまとめ、欧州からあらゆるイスラム教文化やその信者などを根絶すべきだという主張を展開した。極右として知られる世界中の過激派８０００人分のメールアドレスを集め、この声明文を添付して犯行の90分前に一斉送信している。

ただ、過激化が進み暴力の決行を「予告」したローンウルフであっても、実際に行動に移すとは限らない。最終的な土壇場で状況を決するのが、⑤の「きっかけ（トリガー）」となる出来事」だ。犯行を決意させた何らかの出来事が起きていたのは、9・11事件以前は全体の84％、9・11事件以降も73％だったという。

ブレイビクは先の長い声明文を犯行前年の2010年にノルウェーの一部右派系政治家らに送付し、返信を待っていた。しかし誰からも返信を得られず、彼はその後、爆弾の材料などを購入している。ハム教授らはこの「拒絶」が実際の行動に向かわせた最後の引き金、トリガーになったと分析している。

また、ハム教授らは「過激化はひとつの要因で起きるものではなく、プッシュ要因（Push factor＝押し出す要因）とプル要因（Pull factor＝呼び込む要因）が相互に関連して起きるものだ」（Hamm & Spaaij, 2017, p.160）としたうえで、この図4のような順番で起きるとは限らないとしている。個人によりその経過や順序は多様で、大事なことは、いずれかのステップにひとつでもあてはまる状況が見られたら過激化のサインだととらえて対応することだと述べている。

過激化の第1ステップ――「なぜ」

ここからは私がこれまでの経験や知識をもとに作った過激化プロセスのモデルを紹介したい。図5は私が描いたローンウルフ特有の過激化メカニズムだ。

まずその第一歩は「私的な悩み」や「政治・社会的な不正義」への疑問から始まる。この場合の「不正義」は、当事者がそう信じているもので客観的に不正義かどうかではもちろんない。このプロセスの起点を考えるうえでヒントをくれたのはある研究者の言葉だった。私は留学を延長した後の２０１８年11月から、大学院に併設のシンクタンク「国際テロ対策研究所（ＩＣＴ）」でインターンを始めた。そこで研究者として勤めていたある人物にさまざまなアドバイスをもらった。彼について詳しく書くことはできないが、シンクタンクが必要とするインテリジェンスを収集するのが彼の仕事だった。

「過激化の入り口には何があると思う？」

ある日、大学のカフェで一緒にコーヒーを飲みながら彼に聞いたことがある。イスラエルでは雨が年に数回しか降らないこともあり、大学ではどのカフェも大半の席は屋外で木々の木漏れ日が優しくすがすがしい。彼は静かに答えた。「疑問と答えだよ」。彼による

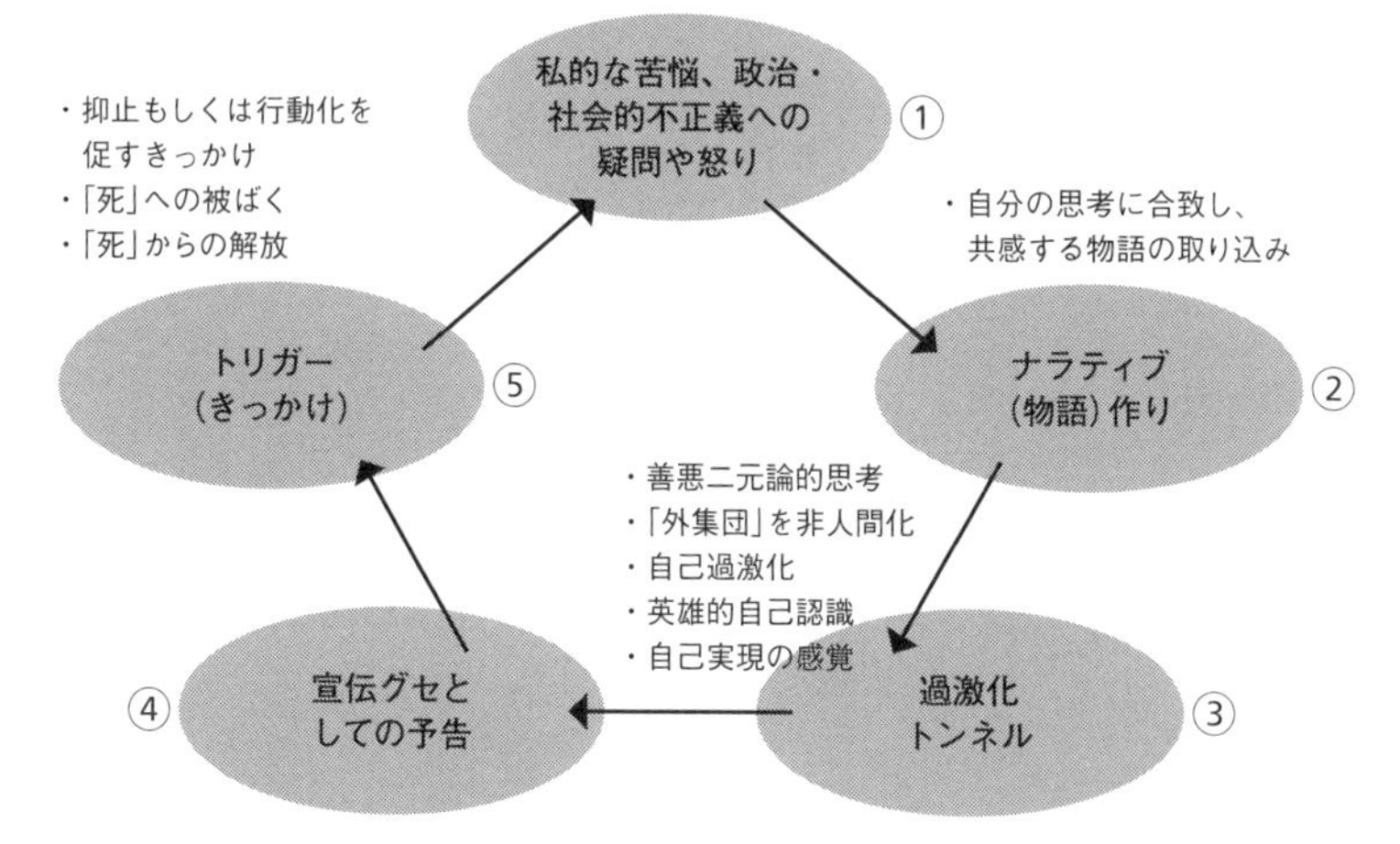

［図5］ローンウルフの過激化プロセス（筆者作成）

と、個人が日常生活で抱いた悩みや不満は社会の問題に昇華されていくことが多く、その過程で被害者意識が生まれ、彼らの頭の中で社会への報復としての暴力が正当化されていくという。シャダク博士やさまざまな論文が指摘しているのと同じ分析だった。

過激化プロセスについての論文をこれから書こうと思っていること、トラウマと過激化に関心があることなども話した。彼は「非常に良い視点だ。今まで自分が取材した人々の言葉をよく思い出して吟味してみるといい。たくさんのヒントがそこに隠されているはずだ」とアドバイスをしてくれた。アラビア語とヘブライ語を自在に使い分け、中東情勢やそのインテリジェンスを知り尽くした彼の存在はシンクタンクを支える存在だ。私は、自分の論文の方向性が間違っていないと確信した。

ちなみに過激化の入り口に「なぜ」という疑問があることについて、カナダ・マギル大学のドナルド・M・テイラー教授（心理学）らは論文「テロリズムとアイデンティティの追求」で次のように説明している。少し長いが非常に重要な教示があり、また私がこのモデルを作るうえでの前提にもなった言葉なので引用しておきたい。

まず第一に、テロリスト自身も自分たちが直面しているストレスに満ちた不遇な状況の原因を理解したいという動機を持っていることを強調しておきたい。つまり、自分たちがなぜ苦しまなければならないのかという問いの答えがそこには必要なのである。世の中には不正義が存在するという確信を持つことや、不正義を広めている邪悪な敵を特定すること、そしてその敵に自分たちの苦境の原因を帰属する（筆者注：帰結させる）ことで、社会的な不公正感の理解というやっかいな問題に単純な答えを出すことができる。優位な立場にある外集団メンバーは〈公正な世界〉仮説を持っており、不遇な立場に置かれている人々（筆者注：ローンウルフら）がそのような状況にあるのは自業自得であると考えがちなのに対して、不遇な立場の集団メンバーは〈不公正な世界〉仮説を（中略）使用して、自分たちの苦境を理解する傾向がある。（中略）

たとえ、実際は間違った説明（例えば社会的な不公平が邪悪で暴虐な外集団のせいであるという説明など）であっても、心理的な意味はありうる。このような説明は不確実性を減少させ、自分たちの過酷な状況の原因が外部にあると考えることを可能にしてくれる。また、そのように考えておくことで自尊心は保たれるのである。

（テイラー＆ルイス，2008, p.226）

ここで書かれているのは、人は「なぜ」への分かりやすい答えを探すということだ。アルカイダのアウラキが分かりやすい答えを求めるフェイスブック世代のためにシンプルな論を用意したように、たとえそれが「外集団がすべて悪い」といった極端な内容でも、読むものの中ですとんと落ちるものであれば意味があると書いている。テロリズムの実行犯にとって外集団が絶対的悪であるとすることはむしろ必須で、そうすることで自分の自尊心を保っているのだという。

私はまさにここに過激化への入り口があると考える。

これまで見てきたように、過激化の過程では個人の悩みは大抵、政治・社会的な大義に昇華されたりすり替えられたりする。ただ、中には個人的な悩みはほとんどなく、もっぱら政治・社会的な「不正義」への疑問や怒りから始まる過激化もある。

サウジアラビアで建設業を営む富豪の父を持つビンラディンはそのよい例だろう。彼は故郷であるサウジアラビアが１９９０年の湾岸危機当時、イラクのフセイン大統領からの攻撃を恐れるあまり米軍の駐留を受け入れたことなどをきっかけに、サウジの王家、そして米国に強い義憤を抱いた。米軍をイスラムの聖地に置き、その防衛を任せるなどという事態は屈辱であり凌辱だと考えた彼は、「堕落した」サウジなどを「近い敵」（near enemy）、米国を「遠い敵」（far enemy）と位置づけ、それぞれへの「聖戦」を決意した。

さまざまな調査から、人間はその所属する組織や集合体、つまり内集団への帰属意識が強ければ強いほど、それに対して向けられた脅威や攻撃を自分自身へのそれとみなす傾向がある（ブルーアー，2012）。ビンラディンはサウジアラビアという故郷を深く自分のアイデンティティに位置づけていて、その故郷が米国に示した「卑屈な態度」や、その弱みに付け込むように米軍を置いた米国の行為をまさに自分自身への凌辱と受け止めたのだろう。

人々は、自分が愛着を抱いているもののある側面が攻撃を受けると、それが何であれ、宗教であれ、言語であれ、社会階層であれ、自分のアイデンティティ全体が侵害を受けたと感じるのである。

(Maalouf, 2001, p.26)

また、この点をより日常的な問題で見ていくには、政治・社会的な不公正への怒りが暴力につながる可能性を調べた『権利と愛情の絆――親密な関係の正義（Entitlement and the affectional bond: Justice in close relationships）』が参考になる（Mikura & Lerner, 1994）。同書によると、人が攻撃的になる原因で最も多かったのは他者の不公正な行為やルール・マナー違反などだった。不公正とは主に「●分配的不公正――利益や負担の不公平な配分、偏った裁判結果、業績や努力の評価におけるひいき、など●手続き的不公正――規則が合理的でない、根拠のない権威、試験の内容や評価の仕方が不適切、など●関係的不公正――人の感情に対する配慮がない、人を軽視したり批判する、自己中心的、敵意・悪意を向けられる、など」（大渕，2011, p.195）だ。個人の権利が直接侵害されていなくても、こうした「不公正」を目撃したり聞いたりすると義憤に駆られ、是正したいと思うような社会性の高い人は少なくない。彼らの中でこうした目標が設定されると、攻撃への動機付けとなっていく可能性があるのだ。

このように、私が描いた過激化モデルの最初のステップは個人的な問題と政治・社会的な「不正義」への「なぜ」や「怒り」を取っかかりとすることを明確にしたうえで、あえてそれぞれの比重には触れないでおく。関心の焦点が個人の悩みから社会の問題へと向けられていく場合もあれば、個人の問題や社会の問題それぞれに定点的にとどまる場合もある。過激化のプロセスは、ともかく何らかの「疑問」「怒り」を抱き、その「答え」や「解決策」を探すことから始まる。

人は「見たい情報」を集める

この第1ステップに絡んで重要なポイントがある。私たちが持つ思い込み、いわゆる認知バイアスの問題だ。

現代人が悩みを抱えた時、頼るのは誰か。往々にしてそれはグーグルなど検索サイトだろう。インターネットで自分の悩みを表すキーワードをいくつか入れて、出てきた情報を収集する。この時、私たちは情報の海の中で自由に泳いでいるような感覚を持つが、実際には自分が関心を抱く情報のみを収集している。つまり一定方向に向かって泳いでいることが少なくない。これを心理学の世界では「確証バイアス」と呼ぶ。このバイアスの恐ろしさを知ったのは大学院で受けた授業がきっかけだった。

講師を務めたイスラエル軍のインテリジェンス元高官やFBIの幹部らが口をそろえて推薦したある一冊の本がある。『ファスト&スロー——あなたの意思はどのように決まるか？』（村井章子訳　早川書房　原題「Thinking, Fast and Slow」）だ。ダニエル・カーネマンというノーベル経済学賞受賞のプリンストン大学名誉教授（認知心理学者）が書いた世界的なベストセラーだ。人間がいかに思い込みに支配されているかをさまざまな事例や実験をもとに紹介している。私がこれまで読んだ本の中でも最も感銘を受け、個人的にも影響を受けた本だ。

その中でカーネマン名誉教授は、人間の脳は意思決定において２つのシステムを持っていると説明する。ひとつはシステム１という「働きもの」で即断即決の直感系だが、大して根拠もなく思い込みで物事をどんどんさばいていくメカニズム。もうひとつはシステム２という、怠け者でなかなか起動しないが、いったん思考し始めるとじっくり時間をかけて慎重に熟考するメカニズム。端的に言えば、パン屋でパンを選ぶ時はシステム１、マイホームを買う時の判断はシステム２、といったところか。この「早い（ファスト）＆遅い（スロー）」の２つをうまく使いこなさないと、私たちは大事なことをシステム１で決めてしまったりどうでもいいことにシステム２を使って消耗したりしてしまう。

カーネマン名誉教授は「確証バイアス」について「信じたことを裏付けようとするバイアス」（カーネマン＆村井，2014, P.189）と定義する。人間はそもそも、自分が思っていることを肯定する証拠を無意識のうちに探す習性があるという。システム１は単純な信じたがり屋で、ありそうもない異常な出来事が起きる可能性を示唆されたり誇張的に示されたりすると、無批判に受け入れやすいという。政治家の扇動やちょっと考えればうそと分かるフェイクニュースにだまされてしまうのもシステム1の仕業だ。しかしシステム2も基本的には「確証バイアス」を使って物事を検証しようとする傾向があり、カーネマン名誉教授によれば、科学者ですら「仮説は反証により検証せよ」と言われているのに自分の思い込みと一致しそうなデータばかりを探してしまうという。

こう書くと「いや、私はネットで検索中もきちんと自分の考えと矛盾する情報を見ている」と反論する人がいるかもしれない。確かに私たちはそうした情報をいったんは確認するのだが、自分の思い込みと矛盾する情報を抱えていると「不快」になるというやっかいなクセを持っている。

米国の社会心理学者で、20世紀で最も論文に引用された心理学者ベスト5のひとりにも入るというレオン・フェスティンガーが提唱した有名な「認知的不協和理論」だ（Festinger, 1957）。彼は、人間は認識した複数の要素が互いに矛盾すると不快になり、無理やり「不協和」を解消しようとして片方を無視したり軽視したりしてしまうというクセを持つと指摘した。私たちは結局、自分の認知バイアスにあらゆる情報処理を任せてしまいがちなのだ（フィッシャー&ケルマン, 2012）。

また、人間はどっちつかずとか不確実なものを嫌い、「問題に対して確固たる答えを求め、曖昧さを嫌う欲求」（Kruglanski & Webster, 1996; 鈴木&桜井, 2001, p.153）も強く持っている。これは「認知的完結欲求」（need for closure=NFC）と呼ばれ、ようは物事をさまざまな角度から吟味するより単純な答えを見つけて早くすっきりしたいのだ。この欲求の強さは人によって異なるが、脅威を感じている時は特にシステム２に余裕がなくなることもあり高まると指摘されている。

つまり「なぜ」から答えを探し始めると、私たちはその時点ですでに心の中にある「こうなんじゃないか」という漠然とした自分の考えや期待をもとに、ネットの情報でそれを「確証」し、固めて「強化」している可能性が高い。さらにすでに述べた通り、ユーチューブなどは「おすすめの動画」などを通じてできるだけ過激なものになるよう設定しており、視聴者の思い込みが強化されやすいデジタル環境もある（３章Ｐ１４５）。インターネットがない時代は悩みがあれば友達や家族に話を聞いてもらい、「思い込みだよ」とか「もっと違う角度で見なよ」と言ってもらえる機会もあったが、それも少なくなり、バイアスはより強化されやすくなっている。

つまり認知バイアスと現代のテクノロジーは、相乗作用を起こす形で過激化を促す大きな牽引力になっているのだ。

第2ステップ――ナラティブ(物語)作り

情報検索で疑問を追いかけた私たちはどこに行き着くのか。それはナラティブと呼ばれる、いわゆる物語の創作だ。過激化の過程にある人の多くは自分の敬愛する先駆者や英雄、あるいはバーチャルか実在かは問わず、その所属したり共鳴したりする集団が持つストーリーを取り込もうとする。のしかかるストレスやトラウマを少しでも軽減し、我が身を解放する物語を作るためだ。それは人間が持って生まれた基本的な欲求でもある。私たちは物語を通じて自分の人生、そしてすべての事柄を見る生き物なのだ。

次の一文は、日本でも人気のイスラエル・ヘブライ大学のユヴァル・ノア・ハラリ教授による著作『21 Lessons 21世紀の人類のための21の思考』(柴田裕之訳 河出書房新社 Kindle版)からの一文だ。

人生の意味について問うときはほぼ例外なく、人は物語を語ってもらうことを期待している。ホモ・サピエンスは物を語る動物であり、数やグラフではなく物語で考えるし、この世界そのものも、ヒーローと悪漢、争いと和解、クライマックスとハッピーエンドが揃った物語のように展開すると信じている。私たちは人生の意味を探し求めるときには、現実とはいったいどういうものかや、宇宙のドラマの中で自分がどんな役割を果たすのかを説明してくれる物語を欲しがる。その役割のおかげで、私は何か自分よりも大きいものの一部となり、自分の経験や選択のいっさいに意味が与えられる。

（ハラリ，2019）

だがこのパワフルなナラティブ作りは悪意の者にも利用される。第一次世界大戦における敗北で経済が悪化し大きなトラウマを抱えたドイツ国民に対し、ヒトラーはさまざまな社会問題をユダヤ人に帰結させる物語を作った。そして演説で不安や怒りの感情をあおり、大衆をユダヤ人大量虐殺（ホロコースト）へといざなった。

心理学の研究では、怒りや不満などの情緒に訴えかける言葉を使えば使うほど、人と人、思考と思考は結びつきやすくなり、内集団意識を強化し、思考の伝染が起きやすいことが分かっている。米ペンシルベニア大学のエミレ・ブルノー博士は、情緒に訴えるナラティブは良くも悪くも人と人を結びつけるという意味で「社会の糊（のり）だ」と述べている（Bruneau, 2016, P.8）。

心の中にあらかじめあるもの

ところで過激化のプロセスにある人は、こうしたナラティブにどのように出会うのか。米ネバダ大学のティファニー・ハワード准教授（政治科学）らによると、ナラティブがもたらす過激化のルートは大別して2つある（Howard et al., 2019）。ひとつはアルカイダのスーパーアイドル、アウラキがやったように、過激派組織がネットなどにさまざまな情報や動画を仕掛け、そのナラティブに感染させるというパターン。もうひとつは、悩みを抱える人が共感・共鳴する「ヒーロー」などをネット上に見出し、積極的に自分から彼らのナラティブを取り込み、自分もそのカリスマの後に続こうとするルートだ。後者はパレスチナのローンウルフ・インティファーダや米国で多発する学校銃乱射事件などに見られ、「核」となる先駆者のナラティブの魅力（威力）次第では爆発的な感染が起きる。

ただ、いずれにせよ過激化の初期段階では過激思考を含んだナラティブに出くわしてもすべての人がいそいそとそれを取り入れるわけではなく、むしろ違和感を抱いたり、引き気味になったりする。にもかかわらず一部の人はそれを受け入れてしまうのはなぜか。ハワード准教授らはまさにその点を調べ、こう結論づけている。

あらかじめ個人が持っているbelief system（思考システム）の違いによるものだ。

（Howard et al., 2019, p.126）

思考システムとは、個人にすでにある考え方だ。過激な思考を取り込んでしまうのはあらかじめそれに近い考えをその人が持っているからだ、という分析だ。これは先に紹介したユーチューブの推薦動画に関する調査で、２０１９年10月に米ペンシルベニア州立大学の研究者２人が発表した論文が指摘した点にも通じる（Munger & Phillips, 2019）。この論文はユーチューブの推薦動画を見るのは推薦されたからというより、すでにその人の中にある思考と合致するものを推薦されたからだと指摘していた（３章Ｐ１４８）。

また、ハワード准教授らは、過激思考を含んだナラティブの取り込みが起きるもうひとつの必須要件として、きっかけをつくる「情緒的な共感」が必要だとしている。

例えばネット上で、自分が関心を持つテーマについて２つの種類のナラティブに出会ったとする。ひとつは理論的にその主張がいかに意義深いものかを理路整然と説明している。もう一方は、感情を揺さぶり、共感を促すような表現が多い。ハワード准教授らによると、ナラティブの取り込みが起きるのはこの後者のパターンだ。

私たちの脳は、いくらいいかげんなシステム１が四六時中起動しているとはいえ、そしていくら自分の「見たい情報」を探す傾向があるとはいえ、あまりに距離感を抱く情報には抵抗を感じる。しかし自分の思考（belief system）に近いものだと半分ぐらいは好奇心で扉を開けるかもしれない。けれどもそう簡単には全開にしたりはしない。

ところがそこにもうひとつの条件「情緒的な共感」が入ると「これは私の話ではないか」という共鳴が起きやすくなり、システム1が扉を全開にするといった考え方だ。逆に言えば、過激思考を注入するには合理的な説明や理論（システム2の担当）に訴えかけるのではなく感情を揺さぶるのがカギで、この手法を使うと抵抗感が解消され、システム1がそそくさと心の扉を開け放ってしまうことになる。

例を挙げよう。誰かがいじめられた体験をネット上に書き、これは学歴至上主義といった社会のひずみが表出した現象でそれを是正するにはもはや暴力しかない、と書いたとする。いじめられた経験があり、その「思考システム」に「いじめは学歴志向の問題だ」といった考えがもともとある人には目を引く主張だ。だが、暴力による報復という考え方には距離感を覚える。心の扉は全開にはならない。ところがそこに、いじめを受けた時の生々しい様子や悔しかった思い、相手への怒りなどが細かく具体的に書き込まれていたりすると、自分の体験を想起して一気に感情が揺さぶられる。

ハワード准教授らは、まさにここから強い共鳴作用が始まると分析する。過激思考を実際に取り込む背景には自分の中にその感情を揺さぶられる何らかの「種」のようなものがあり、それとの共鳴を促す情緒満載の感情的な表現を含んだナラティブに出会って初めて、取り込みたいという感情が芽生えるのだと訴えている。

これは説得力のある分析だ。多くの人がネットを使い、その中に過激思考はまん延しているのに、なぜごく一部の人だけが反応し過激化するのか。なぜイスラム国に魅せられたあのトルコ人のいとこ2人は、同じような環境に育ち同じように勧誘を受けたのに異なる末路を迎えたのか。なぜあのローンウルフ・インティファーダでは、ハラビ容疑者をソーシャルメディアでフォローしていた数万人の少年たちのうちごく一部だけが彼の後を追ったのか。こうした問いへの答えのひとつとして、この分析は大きな説得力を持つ。

第3ステップ——過激化トンネル

第3のステップは過激思考が強化されていく過程だ。世の中を善と悪、加害者と被害者など単純明快に「カテゴリー化」するプロセスといってもいい。私はこの段階を、視野が非常に狭くなっていくという意味で過激化トンネルと名付けた。ここで起きるのは被害者意識の形成と、「外集団」は基本的に人間ではないという非人間化の認知の形成だ。被害者意識を持つことで相手が「悪」で自分は「善」となり、さらに外集団を人間以下とすることで、抑圧されてきた自分の存在価値は相対的に浮上する。また、この非人間化の意識は最終的に無差別攻撃を行うに際し必須の要件となる。

この過激化トンネルで思い込みの強化を促すメカニズムは主に2つある。私たち自身の認知バイアスと現代社会ならではのテクノロジーの力だ。

すでに述べた通り、私たちには確証バイアスという強い思考のクセがある。これにより過激な思考を持ち始めるとそれに合致する情報ばかりを自分で集めるようになり、自己過激化（Self-radicalization）のプロセスが始まる。アルカイダなど過激派組織の思考にひっかかった場合も同じで、とにかく思い込みに合致する情報ばかりを集めるようになる。そうした情報と矛盾する情報に遭遇すると、自分でその対立する情報を無視したり軽視したりする（認知的不協和理論に基づく反応）。

ただ、自分が所属する内集団を守り外集団を敵視するといったカテゴリー化の習性もまた、人間が持つ無意識の本能だ。カテゴリー化の本能的な能力があるからこそ、人間は日常で遭遇する膨大な情報を効率的に処理することができる（モハダム＆マーセラ, 2008）。

例えばある実験で、米国の白人に、白人や黒人の写真を見せ、脳の恐怖感をつかさどる部位、扁桃体（へんとうたい）の変化を調べたところ、黒人の写真を見た時に活性化することが分かった。次に白人に、自分が所属する白人と黒人の両方がいるグループと、別のグループでやはり両人種がいるグループの写真を見せると、今度は人種にかかわらず、自分が所属していない方のグループに扁桃体が強く反応した（Bruneau, 2016）。脳が自動的に人種やグループをカテゴリー化して、自分の所属グループと異なるグループに所属する生物には警戒せよ、と命じているように見える。

さらにこれとは別の実験だが、実験参加者をグループに分け、どのグループが最も知的で能力が高いかという質問をすると、はっきりとした根拠もないまま自分の所属する集団が最も有能だと答える傾向が見られた。これは「素朴なリアリズム」（naïve realism）と呼ばれる認知の偏りだ（Ross & Ward, 1995）。

また、ある集団をグループに分けて、信頼に基づく投資ゲームをさせたところ、自分の所属する集団に投資する際に活性化したのは脳の「喜び」をつかさどる部分だったが、所属しないグループに投資する時に活性化したのは感情規制（認知上の努力）を行う部位だった。つまり内集団を信頼することはたやすいが、外集団を信頼するには相当の努力が必要なのだ（Bruneau, 2016）。

これらの実験結果から言えることは、人間は自分が所属するグループは最も有能だと根拠もなく考え、その内集団はたやすく信頼するが、自分が所属しない外集団に対しては敵対意識や恐怖感を覚え、意識的に相当な努力をしない限り信頼できないということだ。

ではこうした認知バイアスはどこから来るのか。米国で第一次大戦以降に活躍した著名なジャーナリスト、ウォルター・リップマンは1922年、現在でいうところの外集団に対する思い込み、いわゆる「ステレオタイプ」を「我々の頭の中の写真」と表現した。私たちは外集団をつぶさに見ようとはせず、この頭の中に勝手に作り上げた「写真」をもとに相手を表現したり相手に対する行動を決めたりしているのだ。

例えばイスラエル・テルアビブ大学教育学部のバル・タル教授がユダヤ人に広がるパレスチナ人に対するステレオタイプを調べた結果「知性が低く、原始的で、不誠実で狂気に満ちており、保守主義者、暴力的」といった印象を持っていた。こうした思い込みは公式な談話から学校の教科書、文学、娯楽、メディアにいたるまで普及していた（フィッシャー＆ケルマン，2012, p.68)。もしあなたが特定の人々にこうした印象を持っているとしたら、それは大した根拠もなくあなたが頭の中に抱いている「写真」にすぎないと考えるべきだろう。

ステレオタイプは紛争時にはその相手へのイメージを強化する基盤となる。つまりもともとある勝手な思い込みが、紛争などで心理的に負荷がかかるとより強化されて表出し、外集団に対する過激な発言や行動へとつながっていくのだ。

そしてこのバイアスが強化されれば強化されるほど、こうした認知が各個人や社会組織の情報処理のあらゆる局面で思考や判断のベースとなっていく。

この点からしても、思考の過激化がいかに私たちの誰にでもありうるもので、決して特殊な現象ではないことが分かる。私たちは常に外集団に偏見や敵意を抱いていて、それを通常は「熟慮のシステム2」（本章P181）が何とか抑制しているに過ぎない。しかしストレスやトラウマなど通常以上の負荷がかかって情報処理のための認知容量が足りなくなると、システム2がその対処で疲弊し、平時に抑え込まれている差別や偏見意識が一気に噴き出すのだ。新型ウイルス・コロナへの感染拡大に伴い日本では感染者らに対する差別やいじめが相次いだが、背景には同様の思い込みや偏見があるだろう。これについては第6章にて詳述する。

もうひとつ、過激化トンネルで起きる現象にミラー・イメージ・プロセスによる思い込みがある（フィッシャー&ケルマン，2012, p.71）。ミラー・イメージとは、相手に対する良い思いも悪い思いも結局は自分に跳ね返ってくるという、いわばブーメラン現象を意味する言葉だ。私たちは日常的に、自分たちがAと思っていることは相手も当然そう思っているはずだと考えてしまう。

いじめで例えると、あなたが周囲に無視されていたとする。あなたは、周囲が「故意にやっている」と感じているので、周囲は皆、当然「故意」にやっていると思い込んで憎む。

しかし周囲の人々は必ずしも自分が思うほど確信的に日常の行動を決めているわけではなく、自分から話しかければ素直に応じてくれる人もいたりする。しかし彼らは故意に自分を無視し絶対に話さないと決意していると思い込むと、自分から話しかけられなくなる。その結果、むしろ周囲は「あの人は溶け込もうとしない」ととらえて、結果的に自分の敵対意識が自分に跳ね返ってくるというメカニズムだ。これもまた、自分の思い込みで自己過激化を加速させるメカニズムのひとつである。

こうした反応の果てに激化したのが、9・11事件後の欧米諸国とイスラム世界の対立だ。もともとお互いステレオタイプによる偏見を抱えているうえ、9・11事件から受けた巨大な負荷により、双方とも理性的に振舞う力や余裕を失い、より本能に近い原始的な反応を示し合った。

動画が人の脳に与える影響

なお、神経科学の分野における研究によると、攻撃的な報復は脳神経の報酬システムを活性化させ満足感を生み出すと分析されている（Krämer et al., 2007）。報復を考えるだけでも人は幸せな気持ちになるという反応作用があり、これもまた過激化トンネルで起きる自己過激化に資するメカニズムといえそうだ。

過激化トンネルで思考が強まる要因には、現代社会ならではのテクノロジーの力もある。動画が人の脳にもたらす影響を調べた先のハワード准教授らによると、映画やユーチューブなどの動画を見て視覚的な刺激を受けると脳の模倣（imitation）ネットワーク、いわゆるミラーリングが起動し、下前頭回（かぜんとうかい）や下頭頂小葉が活発化する。これはミラー・ニューロン・システム（mirror-neuron＝物まね細胞＝system）と呼ばれるもので、自分の行動だけでなく他の人の行動を見ているだけで自分に起きていることのように感じる感覚だ（Howard et al., 2019）。例えばアクション映画を見ていて登場人物が左の顔を殴られそうになると、見ている自分がとっさに右にかわすように動いてしまうような反応だ。ハワード准教授らは、こうしたミラーリングは「動作」だけでなく、共感を起こす「感情」レベルにおいても起きると指摘する。いわば感情の疑似体験だ。

それはシリアで「惨殺」される市民の映像を見て、自分や自分の家族に同じことが起きているように感じるような状況だ。映像の人物が自分と同じ人種だったり、年齢や職業が似ていたりするとさらに共感が強まる。私たち現代人はさまざまな共感を誘う映像に24時間さらされていて、本人にその意思があれば24時間ぶっ続けで見ることもできるので感情の先鋭化が短時間で起きやすい。

イスラム国の動画に影響されたと言っていたあのトルコの少年は、イスラム国の戦闘員がリズムに乗って車に飛び乗り戦場に向かうシーンや、アサド政権が子供たちを「惨殺する」動画を見るうち、高揚感と共に怒りや憎悪が増幅し、自分が戦闘員となって子供たちを救い出すような「正義」を思い浮かべているようだった。

パレスチナのローンウルフ・インティファーダ現象では、イスラエル当局に多くの若者らが射殺され、道路に横たわり血を流す姿をとらえた動画や写真が連日、大量に拡散され、同じ世代の若者らのミラー・ニューロン・システムは24時間刺激を受け続けていた。ひと昔前は、そうした映像は既存の大手メディアが一部報じる程度にすぎなかった。

デジタル環境は人間の共感レベルやその共感が不特定多数に広がるスピードを爆発的に高め、個人の過激化の速度とその伝染力を急速に拡大させている。

ちなみにこの感情を揺さぶる表現を含んだナラティブと、それを語るジハードの先駆者や英雄的存在、さらに共感脳を刺激する動画、という3つのアイテムを見事にそろえているのがアルカイダなどイスラム過激派が作るPRビデオだ。世界各地でローンウルフ予備軍のミラー・ニューロンが共鳴し、過激化トンネルへと呑み込まれていった。

英雄的アイデンティティの確立

過激化トンネルに入った一匹オオカミには、さらに大事な作業が待っている。自尊心を回復するための自我（アイデンティティ）の確立だ。カナダ・マギル大学のドナルド・M・テイラー教授（心理学）らの論文「テロリズムとアイデンティティの追求」によると、テロリストは自尊心を高めるためにアイデンティティの確立を図る（テイラー&ルイス，2008）。確かに自分がどういう人間かという定義がなされていないと、自己評価はしづらい。逆にいえば、自尊心を高めるにはアイデンティティの確立が必要だ。そしてすでに述べたように、人は他者からの評価を反映させながらアイデンティティを形成する。

そもそも過激化のプロセスに入る人は、アイデンティティの確立がさまざまな事情から必ずしもスムーズにできていないことが少なくない。例えば長らく占領下に置かれたパレスチナ人には所属する国家が存在しない。家庭やコミュニティを基盤にアイデンティティを確立しようにも、彼らの内集団は丸ごと外集団（イスラエル）に呑み込まれ抑圧された状態だ。若者は自分は何者か、何のために生まれてきたのか、という存在意義を改めて問い直したいという欲求に駆られる。自我、そして自尊心の形成に必要だからだ。シリアの青年たちも、生まれ育ったコミュニティや家を徹底的に破壊され、茫然(ぼうぜん)自失の中で自分たちは何者か、この状況で果たすべき役割は何かと真面目に悩んでいた。いじめを受けた学生らが学校に乗り込んで銃を乱射する米国の現象も、それまでのいじめられっ子としての弱い自分と決別して、自分を抑圧した者たちに向かって復讐へと立ち上がる「強い自我」

を確立しようとした結果ではないだろうか。

例えば､ローンウルフによるテロを広範囲に調べたあのハム教授らの分析によると､ローンウルフは「兵士」を自分のアイデンティティのイメージにする傾向が強いという。2015年1月、フランス・パリで起きた仏週刊紙「シャルリーエブド」への襲撃事件で12人を殺害したイスラム教徒の兄弟は軍服姿だったし、ノルウェーのオスロで事件を起こしたブレイビクは警察官の制服を着ていた。フロリダのナイトクラブに立てこもったマティーンは交渉役の警官に「自分はイスラム戦士だ」と名乗っている。

過激化トンネルの中では相手の価値を下げるだけでなく、自分のイメージをより大きくパワフルで英雄風に仕立て上げるといった価値の入れ替え作業が行われる。そして英雄として自分が果たすべき役割、すなわち自分がこの社会に生まれた存在意義を確立し、自分やその所属集団を不正に抑圧しないがしろにしてきた特定の相手やその集団、社会への復讐をすることで聖戦とする。

ここまでの過激化プロセスを改めて復習すると、いじめなどの個人的な悩みや政治・社会的な「不正義」への疑問と怒り↓ナラティブ作り↓被害者意識の形成↓外集団の非人間化↓不正義を正すヒーロー像（アイデンティティ）の確立↓自尊心の回復↓「不正義」を正す聖戦、といった流れになる。

自己実現としてのテロリズム

ところでテロリズムの研究で知られるメリーランド大学のアリエ・クルグランスキ教授があるる分析をしているのでここで触れておきたい。テロの根底には、自己実現の感覚があるという指摘だ（クルグランスキ et al., 2012）。例えばイスラム系の過激派の頭の中では、テロリズムは西欧から仕掛けられた攻撃への防衛戦だし、いじめの被害者なら、それを看過した学校や関係者に「猛省」を促す戦いだ。彼らはそうした「聖戦」の中に自分のアイデンティティや存在意義を見出していて、自己犠牲を払ってこの聖戦を遂行することが「天命であり、使命」と自認しているようにさえ見えるという。

これはまさにこれまで私が現場の取材や研究で感じてきたことに符合する。そうした歪んだ正義への使命感こそがテロリズムの正体ではないだろうか。

テロリズムには無差別殺人を正当化する強い根拠が必要で、被害者意識とそれに基づく報復欲求は、「自分と同じような犠牲者を出さないための戦い」と再定義すれば格好の「正当化事由」になる。

ではなぜ彼らはこのような「歪んだ正義」に固執するのか。クルグランスキ教授らは、世界的な名著『夜と霧 新版』（池田香代子訳　みすず書房）（フランクル，2002）の著者であるヴィクトール・E・フランクルが提唱した概念「意味の探究」（search for meaning）に似た、人生の意味の探求があるのではないかと指摘する。

フランクルは、自らも収容されたポーランド・ワルシャワ近郊にあるアウシュビッツ収容所で、わずかな食糧を分かち合う人々の姿を見た。彼らは人生の意味や価値を追求しようとしていて、逆境に置かれた人にとっては、そのような利他的な行為こそがストレスやトラウマへの対処メカニズムになると分析した。

クルグランスキ教授らは、方向性こそまったく異なるが、同様の「意味の探究」がテロリストの心の中でも起きているのではないかと分析する（Kruglanski & Fishman, 2009; クルグランスキ et al., 2012）。つまり、歪んだ正義を追求することで、彼らが抱えているストレスやトラウマから生じる負荷に対処しようとしているのではないかという考え方だ。

もうひとつ、クルグランスキ教授の主張で興味を引かれたのは、米国の著名な心理学者アブラハム・マズローが描いたいわゆる「マズローの欲求5段階説」（野村総合研究所, n.d.）を過激化のステップになぞらえている点だ（Kruglanski & Fishman, 2009）。マズローは、「人間は自己実現に向かって絶えず成長する」としてピラミッド型の5段階を示した。その欲求は、下から順に、まず水や空気など基本的な物質から安全、帰属と愛の欲求、承認欲求、そして自己実現へとステージが上がっていく。

クルグランスキ教授は過激化プロセスもこれと同じステップを踏んでいると見る。確かに彼らにはアルカイダなど過激派組織やソーシャルメディアのバーチャルコミュニティなどへの帰属欲求、そこで称賛されたり「いいね」をつけてもらったりすることで満たされようとする承認欲求がある。マズローは社会的な意義をもつ「大義」を果たす決意をすることが自己実現をもたらすと述べているが、これを踏まえてクルグランスキ教授は、テロリズムの根底にある中心的な動機は個人的意味の探究ではないかと指摘している。

一般市民が目標を掲げてこうしたステップを上りながら人生を全うしようとするように、過激化プロセスにある人も同じような階段を上っていく。ただ異なるのはその目標と、そこにいたるまでのプロセスに非合法の暴力を使うか否かだ。そうだとすればここでもやはり、過激化プロセスは特別なものではなく、方向や目標手段こそ異なるが彼らが自己実現を目指すためのステップのひとつなのかもしれない。

第４ステップ――「宣伝グセ」としての犯行予告

ローンウルフが事前に犯行を予告したり示唆したりする傾向があることはすでに述べた通りだ（本章Ｐ１７２）。彼らは生きている間に承認欲求を満たしたいという思いを抱いているからだが、他にも理由がある。攻撃の「正当化（justification）」だ。攻撃行動に出るのは外集団の不正義を正すためで、単なる犯罪と思ってもらっては困る、という思いがある。これから行うことは悪者を退治するために尊い命を捧げる聖戦であり、自分はそれほど尊い存在なのだということを知らせておきたいという極めて強い欲求だ。これからやる攻撃行動の正当性とその価値を最大限に強調するためのプロパガンダだ。

そしてこのプロパガンダを人々の感情を揺さぶるようなものに仕立て上げることができれば、後に続く者が増える。米国でオクラホマシティ連邦政府ビル爆破事件を起こしたティモシー・マクベイのように、次のローンウルフを生み出す感染源となりうる（3章P120）。

第5ステップ――トリガー（きっかけ）

意見が過激化しても、行動が過激化するとは限らない（1章P22）。また、意見が過激化してこのままだと行動に移すのも時間の問題という状況にあっても、何かを契機に過激化が止まることもある（2章P75）。いずれにせよ、私の過激化モデルでは終盤で流れを大きく変えるような出来事をトリガー（きっかけ）と呼ぶ。

この転換点は非常に重要だ。事態を好転させるトリガーがあることは、あのシリア人の青年2人の話で紹介した。ひとりは母親にかけた電話がきっかけでイスラム国から脱出する機会につながったし、もうひとりはイスラム国が処刑した少年を慈しむ母親の姿にふと同じ人間としての共感を抱き、すべてに目覚めたようにイスラム国を去った。

彼らにはおそらく家族の愛などまだこの世の中に信じられるものがあり、それを信じることと、イスラム国を信じることとの両立が頭の中で認知的不協和を起こし、イスラム国との関係を絶つことで整理したのではないかと思われる。逆に言えば過激化とは逆の方向の流れ（基軸）を打ち立て、故意に認知的不協和を起こさせ、両立を難しくさせて過激化への流れを断ち切ることができれば脱過激化も不可能ではない。

ただ、それには本人が現状で信奉する人物やイデオロギー（考え方）の対抗軸になる魅力的で信頼を置くことができる人材や考え方が外集団に必要で、まさにここが課題となる。この点については第7章の対策でさらに詳しく述べる。

またこれとは対照的に、思考を過激化させた人の背中を押すようなトリガーが起きると悲劇的な結末になることは言うまでもない。このまま行けば意見の過激化だけで終わる状況だったのに、ある出来事がきっかけで行動に結びついてしまったというケースもある。

トリガーになりやすいもののひとつが喪失感だ。家族の死や、交通事故などで身体機能を喪失したり仕事やキャリアを失ったりすることで生じる喪失感は心理的負担が大きく、トラウマやそれに伴うＰＴＳＤを引き起こしやすい。自己評価が低下して攻撃的になり、危険な行為をあえてするといった傾向も強まる。攻撃性は、喪失の「原因」を引き起こしたと当人が考える「責任者」へと向けられることが多い。往々にしてその「責任者」はそれ以前から当人を苦しめてきた人々や彼らが所属する集団、社会であることが多く、ためこんできた怒りを爆発させる対象となる。

また喪失経験が現実社会への絶望感を引き起こし、人間関係や仕事などを通じてわずかにつながっていた一般社会との細い糸が完全に切れてしまうこともある。これにより当事者は現実社会を動かすルール、道徳、法律といった規範を順守する必要性を感じなくなり、順法意識が希薄になったり完全に失われたりする。同時に、善悪二元論的発想で現実社会＝悪といった認知も強化されるので、自分が必要とする「社会変革」を実現する手段はもはや現実社会が合法と承認するものでなくてもいい、つまり違法であっても構わないという思考になる（モハダム＆マーセラ，2008）。

これはつまり、現実からの認知上の離脱や乖離を意味する。非人間化と同様に、こうした距離感はローンウルフ特有のものだろう。違法性の意識が強く残っていればむしろ冷静に犯行後の逃走方法などを考えるが、すでに見てきたように多くのローンウルフは自殺的、破滅的で大半は現場で殺害されたり自殺したりしている。法の規制をくぐり抜けて逃げおおせようという意識や意欲が弱い。これは現実からの意識の離脱を意味するものだろう。

「死」にさらされると独特の行動を起こす

大切な人を亡くしたことが心理的に大きな影響をもたらすというのはある意味理解しやすいが、見ず知らずの人の死や、「死」という言葉そのものに触れるだけで、人間は日常とは異なる行動を取る可能性があることが近年、指摘されている。これもまたトリガーとなりうる可能性があるのでここで触れておきたい。

社会心理学に、「存在脅威管理理論（terror management theory）」という理論がある（脇本，2012）。いかめしい名前だが、人はいずれ死ぬという自覚を持っているのに、日ごろはそのことをあまり意識せず、恐怖におびえ続けたりせずに生きられるのは自尊心と、自分が所属する組織やグループで共有される文化的世界観が文化的不安緩衝装置（cultural anxiety buffer）として働き、心を支えるからだという理論だ。この理論を提唱する論文が発表されたのは１９８６年で、まだ30年程度の比較的新しい概念だが、テロリズムに関する論文で引用されることが少なくない。

これがトリガーとどのような関係を持つかだが、その前にまず、この理論を実証するために行われた実験で、「死」を喚起させる言葉やイメージにさらされた人がどのような反応を示すかを見ておきたい。

　有名な実験のひとつが、２００６年に発表された、イランの大学生を対象とした殉教に関する実験だ。イランの大学生2グループのうち片方に「死」とは関係のない質問をして、米国に対する自爆攻撃（殉教）を支持する架空の同級生の意見をどう思うかと聞くと、多くがそれを支持しないと回答した。しかしもう一方のグループには「死」に関する一般的な質問をしたうえで同じ質問をしたところ、殉教を支持するという回答が多数派を占めた。これは「死」のイメージが喚起され、イラン人としての意識、いわゆる内集団としての集団意識が一時的に強化された結果だと分析されている（Pyszczynski et al., 2006）。

　また、多くの実験で、アメリカ人の2グループのうち片方にだけ「死」を喚起する刺激を与え、それぞれ「親米的」「反米的」エッセイを読ませると、「死」の刺激を与えられたグループは、より「親米的」なエッセイやその筆者に好感を示すことが報告されている（Solomon et al., 2000）。

　これらの実験は、日ごろは感じずにすまされている死への恐怖が喚起され、自分が所属する内集団へのいわば「身びいき」の意識が強化されたことを意味すると解釈されている。自分の考えに批判的な人や物への好感度が下がり、攻撃的になるという。

　また、死を喚起する刺激を受けると、意識だけでなく行動も攻撃的になるようだ。

１９９８年に発表されたある実験は、参加者を４グループに分け、うち２グループには死を喚起する刺激を与え、他の２グループには与えなかった。そしてこの前者と後者のそれぞれ２グループのうち、片方には参加者の政治的なスタンスに合致するエッセイを、もう片方には参加者の政治的スタンスに批判的なエッセイを読ませた。そして両エッセイを書いた筆者２人の食べ物に激辛ソースを入れる機会を与えたところ、死を喚起されたグループは自分の政治的思考に合わない筆者に、より多くのソースを入れた。死を喚起されなかった２グループはいずれもソースの量に違いが見られなかった（McGregor et al., 1998）。

これは死という刺激が実際に攻撃行動に影響を及ぼした結果だと解釈されている。そして過激化との関連でいえば、人間はそもそも認知バイアスにより外集団に敵対意識を抱きやすいが、「死」の意識が喚起されるとますます外集団への敵意が強まる可能性があり、それは実際に行動へも結びつきやすい、という理解が成り立つ。つまり「死」のイメージが強く喚起されると、暴力へのトリガーに結びつく可能性も否定できない。

ではなぜ「死」を思い起こすと内集団を強く意識することになるのか。近著に『なぜ人は困った考えや行動にとらわれるのか？――存在脅威管理理論から読み解く人間と社会』（ちとせプレス）がある明治大学情報コミュニケーション学部の脇本竜太郎専任講師によると、「人は死を喚起されると自分より大きなもの、集団やその価値観に同一化したいという欲求に駆られる。これは、自分の死後も存在し続ける大きな集団の一部であると信じることが、不死の意識を与えてくれるためだと解釈されている」という。

これは「自分の一部が、自分が死んだ後も世の中に残っていくという象徴的不死の発想」(脇本博士)で、このように考えることが死の不安を和らげるのではないかと分析されているという。自分が所属する集団の価値観に合致する行動を心掛けたり、子供を作ったり、後世に残るような仕事をしたりすることで、私たちは自分の体は死んでも、「自分の一部」は残る、と考えて死の不安を和らげているというのだ。

「死」という言葉を聞いたりそのイメージを想起したりした時に集団やその価値観に同一化する結果、もともとある態度は無意識的に極化される。多様性や寛容を重んじる人はその方向に、差別や排他的思考を持つ人もその傾向を強める。身近な例で言うと、例えばコロナ禍においても、日ごろ政治的な発言を控えていたような有名人が活発に政権を批判する姿や「自粛警察」の動きが目立ったが、この理論に従えば、こうした言動はコロナにより「死」を喚起され、もともと彼らが持っていた態度が極化されて表に出たものといえる。自分の価値観の正当性を強く認識し、その「正しい」価値観を共有する集団の一員でいたいという欲求の表れとも解釈できる。

ただ、こうした発想は他者への攻撃性にもつながりやすい。「自分が大きな集団や価値観に同化するのであれば、それらは正しいものであると信じる必要があり、そこから逸脱する人はその『正しさ』に挑戦する人たち、正当性を脅かす人たちなので許せない、という考え方になりやすい」(脇本博士)からだ。「悪いやつら」を見つけて懲らしめたり見下したりする行為は、「自分が価値基準に従った正しい人間」であることを証明することにもつながり、それが自尊感情を高め、ひいては「死」の不安を和らげることになるという。

ここで再び、ローンウルフ・インティファーダやシリアの内戦下にいた若者たちのことを思い出してほしい。彼らはまさにその紛争の渦中にいて、実験で行われたようなささいな刺激ではなく、日常的に生命の危機にさらされ、愛すべき人々の死に遭遇しながら生きていた。そしてユーチューブなどの動画には同胞の「死」があふれ、それを日常的に見ていた彼らがまるで伝染するように過激化した。この背景にも、あるいは死のイメージがもたらす影響があるのかもしれない。イスラム国の動画にハマっていたあのトルコの少年2人も同様だ。イスラム国は特に、「不信心者」を斬首する映像を大量に流すなど、死のイメージを最大限に活用している。

また、イスラム国のオンライン雑誌「ダービク」は、終末論を強調したつくりになっている。池内恵教授の著書『イスラーム国の衝撃』(文春新書)によると、タイトルの「ダービク」は、終末の前兆となる戦乱が生じる場所としてハディース(預言者ムハンマドの言行を記録したもの）に記されている（池内，2015）。

そしてこうしたプロパガンダの中には、必ずと言って良いほど「永遠の生」がセットのように埋め込まれアピールされている。過激派組織がそのメンバーに自爆テロを促す時に使うナラティブ（物語）では、自爆は究極の高貴な自己犠牲であり、それをした者だけがアッラーの神から称賛され、「永遠の命」を手に入れるなどとうたう。

過激派がこの存在脅威管理理論やそれがもたらす心理的影響を知っているとは思えないが、結果的に彼らの広報戦略はこうした人間の心理的反応を見事についているように見える。集団の文化的世界観が象徴的不死を与えることを示し、死を喚起することで集団への同一化や傾倒を促し、それに従った行動に駆り立てる。こうして動画や雑誌にふんだんに使われた死のイメージはイスラム国のメンバーや支持者を結束させるだけでなく、敵対する欧米諸国も刺激し、欧米諸国の人々の内集団意識が強まり、外集団としてのイスラム教徒との対立を激化させることにもなる。

日本でも、「死のイメージ戦略」はカルト集団などがよく使う。オウム真理教の教祖、麻原彰晃は当時、近い将来に富士山の大爆発や核戦争が起きて、日本は壊滅的なダメージを受けると主張。それを「ハルマゲドン」と呼び、オウムで修行した人など限られた一部だけが生き残るだろうと説いていた（江川，2019）。

恐怖から逃れるための攻撃

「テロリズムは、テロリストが自身の恐怖感を減らそうとする（心理的）作業の末に起きる」。シャダク博士によると、これはイタリアの極左組織「赤い旅団（Red Brigades）」のメンバーにインタビューを重ねたある学者の言葉で、過激化する人の心にある2つの「恐怖」について語っているという。ひとつは「他者への恐れ」、もうひとつは「自分の死への恐れ」だ。前者はいわゆる外集団に対する恐怖心、後者はその言葉通り、自分が死ぬことへの恐怖だ。

過激化の過程にある人は、自分や自分の内集団を認めない者（外集団）を人間とは見なさなくなっていく（非人間化）が、そうすることで実は「他者への恐れ」から解放される。また、彼らを殺害すると決意し自分の死も覚悟すると今度は自分の死を恐れる感情からも解放されるのだという。

これはつまり、怖いから殺す、死ぬのが怖いから死ぬ、という思考だ。「敵」に殺される前に、あるいは自分が殺される恐怖におびえて心が壊れる前に相手を殺し、自死に向かうという発想で、いわば死に振り回されるという「受動性」を拒否し自ら死を追求することで「能動的」であり続けようとするパラドクス（逆説）的発想だ。テロリズムは究極の攻撃だという認識でいたが、その始まりはむしろ受動的で、死の恐怖に圧倒される中で「他者におびえながら生きる」ことに決別し、自己実現として「自分を生きるために死ぬ」ことを選んだ結果ともいえるのかもしれない。

第5章
誰にでもある心身のバランスシート

負荷とそれを支える力の均衡

過激化モデルのイメージが鮮明化するにつれ、根本的な疑問がより一層頭をもたげた。

そもそもなぜ、過激化プロセスに入る人と入らない人がいるのか。

この疑問が解けなければ、いくらプロセスを解き明かしても過激化の全体像は見えない。アルカイダのPRビデオをどれほど見ようが、職場や学校でひどいいじめを受けようが、大多数の市民は過激化プロセスの入り口にすら立たない。もちろん私たちの性格は一人ひとり異なるし、育った環境も違う。だが性格や環境は過激化の誘因にはなっても必須条件ではない。だとすると、過激化する人には何があり、何がないのか。あるいは過激化しない人には何があり、何がないのか。そこに、これまで見過ごされている何らかのメカニズムがあるのか。米ジョージタウン大学のファサーリ・モガダム教授（心理学）は2005年、「テロリズムへの階段――その心理的探究」という論文で、なぜ多くの人がストレスや苦境に悩まされながら最終的にテロリズムにいたるのはごく一部なのか、という疑問に対する説明

［図6］ジョージ・クルーソス名誉教授が提唱した「ホメオスタシス（平衡維持力）」のイメージ

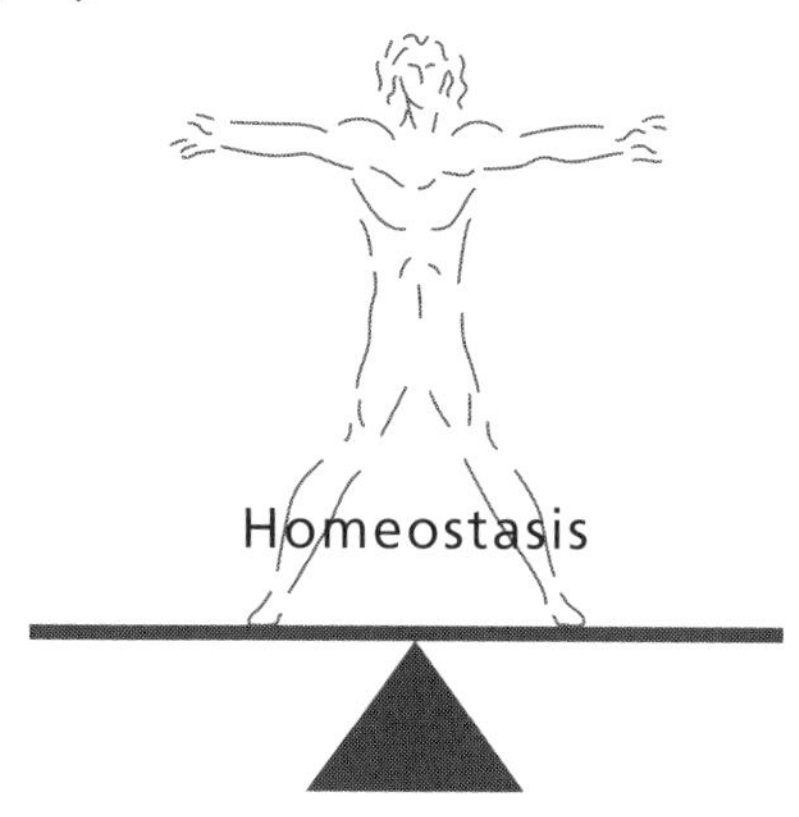

として5つのレベルからなる階段があると説明した。一見、私の疑問点に答えるもののようにも思えたが、残念ながらこの理論は基本的にイスラム系の過激派組織メンバーの過激化プロセスを追ったもので、近年、顕著に見られるローンウルフも詳しく言及していない（Moghaddam, 2005）。

そのほかこれまでに発表されている過激化に関する論文や著書は、いったんそのプロセスに入った人、あるいはテロリズムなど過激行動に及んだ人の心理的行程を解き明かすものばかりで、その手前のこうした疑問に明快に答えるものは本書を書いている2020年6月現在、少なくとも私は確認できていない。

疑問を抱えていた2019年1月、進学したテルアビブ大学の心理学の授業である教示を得た。

教鞭を執ったのはコビ・ステイン博士。敬虔なユダヤ教徒がつける丸いキッパを頭にのせている。まだ40代と見られる彼の授業はパワーポイントを使って進められ、動画やデータをふんだんに盛り込むので視覚的にも分かりやすく学生の人気が高かった。

授業のタイトルは「トラウマとその後――実生活での経験から理論まで」。さまざまな専門用語やトラウマに関する概念について学んだが、その中に世界的に有名なギリシャ・アテネ大学のジョージ・クルーソス名誉教授（小児科）が2009年に提唱した「ホメオスタシス（平衡維持力）」の概念があった（Chrousos, 2009）。ストレスを受けても人間の心身には均衡を保とうとするバランス機能がある、という概念だ。

ステイン博士が見せたパワーポイントには、人が両腕を伸ばしてシーソーの上に立っているイラストがあった。私はそれを見て思わず「そうか」と胸の中でつぶやいた。頭の中で、「点」のままつながることもなく散乱していた多くの情報が、この図で有機的に結びつくような感覚を覚えた。イラストはその後、私の過激化モデルを根本的に支える前提的な概念になった。

その理由はこれから順を追って説明するが、もうひとつ、私の過激化モデルに不可欠な要素となった視点もこの日の授業で得られた。それはストレスのとらえ方についてで、米国を代表する心理学者の一人で名門カリフォルニア大学バークレー校の名誉教授だったリチャード・ラザラスらは、周囲からの要求や人生への脅威に対し自分では対応できないと認識した時に、人はストレスを感じると説明した（Lazarus & Folkman, 1984）。これはいわばその人の感覚やとらえ方次第でストレスとして受け止めるものの量や質は異なるという指摘だ。

実は、同じような苦境にあっても過激化する人とそうでない人の差が生じる要因のひとつはここに潜んでいる。ある人にとって「やる気が湧くチャレンジ」が別の人にとっては「気が滅入る」ストレスとなり、うつになってしまったりする。自分がそのストレスをどう評価するかで、良くも悪くも自分自身に与えるインパクトを変えることになるのだ。

授業が終わって自宅に帰り、印象深かったこの2点の復習を終えたが夕食までまだ時間があった。私は関連の参考文献をいくつか読み進めてみた。

博士が挙げていた論文リストの中に、行動科学で世界的に著名な米イリノイ州ラッシュ大学医療センターのステバン・ホブフォル博士が書いた「リソース（資源）の保存（Conservation of Resources）」という論文があった（Hobfoll, 1989）。

これはリソース（資源）とロス（喪失）の関係性について書いた論文で、簡単に言えば、人は価値があると考えるリソースを失いそうな可能性を意識していてそのために日ごろから追加の資源を常に確保しようとしているという考え方だ。この資源確保のための人間の本能的な試みをホブフォル博士は「リソース保存モデル」と名付けた。

例えば、ある男性がかねて上司との間に軋轢があり、ついに辞職に追い込まれてしまったとしよう。この時に2つの反応がありうる。

ひとつは、うすうす会社を辞めることになる可能性に気づいていたので出費をおさえ、妻には事前にそれを打ち明け心の準備をしておいてもらう。友人にも会社を辞めるかもしれないから転職先がないかと相談しておく。リソース保存モデルに従った反応だ。この理論によれば、人間は喪失（ロス）をより大きく受け止め、持っている資源（リソース）を少なく見積もる傾向がある。この人の場合は、失業という「大きな喪失」を実態よりもさらに大きく認識し、できる限りその喪失に備え、代わりになる資源を事前に確保しておこうとした。クルーソス名誉教授が提唱した「ホメオスタシス（平衡維持力）」の概念にあるように、自分の心身のやじろべえがマイナスに傾きすぎないよう、意識あるいは無意識的に準備しておいたのだ。

もうひとつのパターンは、うすうすこうした事態を予測していたしそれに代わる資源、つまり新しい仕事を探す準備が必要だということも分かっていた。だが十分にそれをやりきれなかった。妻に打ち明けたらパニックになってしまうかもしれない、愛想を尽かされ、もしかすると離婚されてしまうかもしれないと心配した。友達の顔も浮かんだが、何年も連絡を取っていないので助けてくれるとは思えなかったし迷惑もかけたくなかった。リソース保存モデルが指摘するように、彼は失業というマイナスを極めて大きな喪失と認識したがそれを補う追加の力を確保できず、やじろべえは大きくマイナスへと傾いた。

妻との口論も増え、妻子が実家に帰ってしまった。妻に大きな価値を置いていればいるほど、その喪失はさらに大きなダメージになる。相談できる友達がひとりもいないので孤立を極め、被害者意識が募る。「すべての原因はあの上司にある」「会社が悪い」「社会の責任だ」などと思考を過激化させ、上司や会社、社会に復讐心を燃やすかもしれない。ひとつの喪失経験がさまざまな喪失を生み出す「ロス・スパイラル（喪失連鎖）」に陥ると、過激化プロセスが起動されやすくなる。

極端な2つのパターンを挙げたが、この2人の根本的な違いは何か。

それはやじろべえがマイナスに傾きすぎて破綻したか否かだ。人はどれほど大きな負荷を抱えても、心身の均衡がとれていればバランスを失うことはない。つまり巨大な負荷を受けてもそれを支える力があれば何とか破綻せずにすむ。

そしてこのバランスを失いかけた時、人は過激化への入り口に立つことが少なくない。というのもバランスを崩しそうになった時、人は、「リソース保存モデル」の理論にあるように懸命に自分を支えてくれそうな追加の資源を探し、何かをつかもうとする。おぼれる者はわらをもつかむというが、まさにその時手を伸ばして苦境に対応可能な（adaptive）

健全な資源をつかむ人もいれば、取り込むとかえって心身を蝕む不適応な（maladaptive）資源をつかんでしまう人もいる。例えば過激化に入ってしまうのはこの後者のパターンで、悪質な資源というのは例えば過度の飲酒や薬物使用、その人の心身を蝕むような人間関係、そして過激思考だ。

先の米国の心理学者ラザラスらによると、人間のストレスへの対処法はおおむね2種類ある（Lazarus & Folkman, 1984）。ひとつはストレスに苦しむ感情を和らげようとするもの（emotion-focused）で、音楽を聴いたり運動をしたりする方法があるが、過度の飲酒や薬物乱用、過剰な買い物など不健全な回避的行動も含まれる。もうひとつはストレスのもとになっている問題そのものを解決に向けて対処する（problem-solving-focused）方法だ。健全な形で両対処法を同時に進めることができれば最善だろうが、往々にして私たちは不健全な回避行動ばかりを取り本質的な対処を怠ることが少なくない。そして実は過激思考の取り込みも、問題の本質に目を背けた回避的なストレス対処法のひとつという側面がある。

すでに見てきたように、過激化トンネルにおいては相手を非人間化して自分を優位に立たせ、善悪二元論的な認知上の価値の入れ替え作業が行われるので、アルコールや薬物などと同じように、一時的にはつらい現実からその人を解放する麻薬のような力を持つ。自省したり、対立する相手との折り合いをつけたりするといった煩雑な作業をすべてすっ飛ばして相手は１００％悪で自分は１００％善とみなすシンプルな思考なので、ひとたびこれを取り込むと悶々と悩んできたことがうそのように消え、一夜にして万能になったかのような高揚感を味わうこともできる。だがもちろんそれは劇薬のようなもので根本解決にならないばかりか依存性も強い。

　では、こうした悪質な資源をつかむ人とそうでない人にはどのような違いがあるのか。その大きな要因のひとつが世界観の相違だ。これは後段で詳述するが、例えば先の失業した男性の例でいえば、「妻を困らせたくない」「友達に迷惑をかけたくない」といった心情は一見、相手を慮（おもんぱか）っているように見える。しかし他者の力をなかなか信用しないというその人の行動パターンの表れの可能性もある。否定的な世界観を持つ人は人を信頼してその人の胸を借りて助けを求めることをしない。つまり周囲の人の力を借りてリソースを補充するのが難しい。

　こういう人は個人の能力としてはむしろ豊かで優秀で、大抵のことはひとりでやってきたし成功してきた人だったりする。だが社会の中での巡り合わせやその人の加齢などにより自力で調達できる資源が目減りしてくると、資源が底をつきバランスを失いやすい。人に助けを求めることは、それをやってこなかった人にとっては非常に難しいのだ。

　だが「助けを求めれば、誰かが手を差し伸べてくれる」と漠然と信じ、またそれを実践してきた人は助けを求めやすいし、周囲に耳を傾けるから思考を過激化しにくい。先の例でいえば、前者の男性は大事な妻や友人を全面的に信頼して「ＳＯＳ」を事前に出し、助けを求めて彼らとの信頼関係をむしろ強固にして自分を支えた、ということになる。わずかな違いのように見えるが、結果的に２人の運命を大きく左右するほどの違いにつながる。

「そうだとすれば……」。夕食後にお風呂に入りながら私はぼんやりこうした考えに頭をめぐらせるうちに、この３つのメカニズム、つまりクルーソス名誉教授の「ホメオスタシス（平衡維持力）」（Chrousos, 2009）とラザラス名誉教授らの提唱した、資源の認知やストレス対処法（Lazarus & Folkman, 1984）、そしてホブフォル博士のリソース（資源）の保存モデル（Hobfoll, 1989）がきれいにつながる瞬間が訪れた。

３者のつながりはこうなる。私たちにはみな、生まれながらにして心身の均衡「ホメオスタシス（平衡維持力）」を保つ力がある。これを「バランスシート」に見立てると、プラスの側にはリソース（資産）、マイナス側にはストレス（負荷）がある。ホブフォル博士が言うように、その収支をできるだけ常にプラスにするため、私たちはリソースを追加しながら生きている。

ラザラス名誉教授らが指摘したように、その場合の資源（プラス）と負荷（マイナス）の評価額は絶対的な価値があるのではなく、あくまでも自分の主観による。つまり持っている資源より負荷を大きく評価するとバランスはよりマイナスに傾く。ホブフォル博士の「リソース保存モデル」が示すように、それでもなお人は何とか自分を支えるために追加の資源を探す。

この時「世界観」が極端に否定的でない人は周囲に助けを求めて切り抜けることもできるが、世界観が非常に否定的で人を信頼できず、孤独になって資源が枯渇しがちになる人もいる。それでも何とか自力で追加の資源を手に入れようとしている時、解決にならない資源（酒や薬物など）に依存したり、ネット上に仕掛けられた過激派のわなにひっかかったり、過激思考に活路を見出したりしてそれを取り込んでしまう。この時初めて、その人は過激化の入り口に立つことになる。

そう考えて、これまで取材で出会ったさまざまな人々の顔が浮かんだ。

イスラム国に入ったものの逃げ出したシリア人のあの若者らは、故郷を奪われ、家族や友達を殺され、自分を支えてきた多くの資源を失い、バランスシートは急速にマイナスに沈み込んだ。その時タイミング悪くイスラム国からの勧誘を受けた。過激派組織がもたらす刺激や帰属感、国家建設という夢を「資源」として取り込み、バランスを図った。だがその現実を知り、とっさにつかんだ資源は健全ではないどころか実態すらなく、むしろ彼らを傷つける負荷となっていることに気づいた。結局、ひとりは母親という健全な資源を再び手繰り寄せ、その力を借りてイスラム国から離脱した。もうひとりも処刑された息子に注ぐ母の愛を見てイスラム国にはない良質の資源を本能的に欲し、イスラム国から離反した。

そんな流れを頭の中に描き、居間のテーブルの上に置いた白板にこのバランスシートを描いた。

ストレスと資源のバランスシート

翌朝、改めてこのバランスシートと、過激化の入り口に立つこととの関係性について考えた。そしてバランスシートと、すでにでき上がりつつある過激化プロセスのメカニズムを組み合わせて論文を書くことに決め、さっそく作業に入った。

まずバランスシートを築くうえで何を「ストレス（負荷）」と勘定し、何を「リソース（資源）」とするかを定める必要がある。これについてはホブフォル博士の定義を使わせてもらうことにした（Hobfoll, 1989）。負荷となる「心理的ストレス」は、①資源を失う恐れ②実際の資源の喪失③投資したのに十分に得られなかった資源——への反応、と定めている。先の失業した男性の例で言えば、失業の恐れが①、実際の失業が②、懸命に仕事をしてき

［図7］誰もが持つ、負荷と資源のバランスシート

マイナス＝ストレスやトラウマによる負荷	プラス＝資源（リソース）により支える力
資源を失う恐れ	物理的な資源（家や食料、水など）
実際に失った資源	社会的地位・状況（伴侶や家族の有無、職場での地位など）
投資したのに得られなかった資源	エネルギー（時間やお金、知識など）
	個人のキャラクター（性格、価値観、世界観など）
	社会的支援

出典：ステバン・ホブフォル博士の「リソース（資源）の保存（Conservation of Resources）」をもとに作成

たのに評価されなかったことが③に当たる。ある調査によるとうつの約90％はこうした喪失（ロス）に起因している。

次に、リソース（資源）についても博士の定義を使うことにした。これは①物理的な資源②状況③エネルギー④個人のキャラクター⑤社会的支援――と定められている。

①は住む家があること。十分な水や食料があることも含まれるだろう。②の状況とは結婚とか仕事などにおける地位だ。がんを患った女性は、同居人がいる場合、それがリソースとなるようで死亡率が減少するというデータがある。もちろん結婚や仕事が大きなストレスになる場合もあるが、一般的にはこれらは個人のレジリエンス（復元力）を高める可能性が高いとされる。③のエネルギーは時間やお金、知識などだ。

当然、時間やお金はないよりあった方が支えになるだろうし、知識はさまざまな示唆を与え、自分の思考の偏り（バイアス）を修正するためにも重要だ。

個人のキャラクターの④は単に「性格」という意味にとどまらず、先に触れたような個人の世界観も含む。世界観が否定的だと人を信頼しづらくなり、資源が枯渇して孤独になりやすい。助けてくれようとする人さえ疑ったり拒んだりしてはねつけてしまう。助けを求めて「手を伸ばす力」は、実はすべての人に備わっているわけではないのだ。

これらのマイナスとプラスの要素をそれぞれバランスシートにまとめたのが図7だ。繰り返しになるが、ストレスやリソースには絶対的な価値も比重もない。ホブフォル博士はこれを逆手にとり、ストレスやリソースを自分の中で「再評価」して価値を変えてしまえばストレスの比重を減らし、リソースを増やすことも可能だとしている。ただ、個人の価値観を決めているものは当の個人だけではなく、その人が所属する社会の一般的な価値観も反映される。

例えばいじめを受けて不登校になったとしよう。不登校＝人生終わり、という価値観が普及する社会では、「学校に行かない」ことは個人の認識においても社会においてもマイナスと見なされる。しかし「学校に行かないことも選択のひとつ」と受け止めるような価値観が多様な社会であれば、本人のバランスシートの中でもそれほどマイナスに換算されなくなる。

このように私たちにはいわば固有のバランスシートがあり、日常のさまざまな出来事や自分の持っている資産を無意識的に評価して換算し、まるでシーソーのようにプラス、あるいはマイナスに傾きながらバランスを保とうとしている。大きな負荷がかかった時、その人それぞれで対処方法も、かき集められる追加の資源の量も異なる。

いじめを受けたからといって誰もが暴力的な報復に走ったり、学校を襲撃したりするわけではない。個人の価値観とその世界観がその人の持つストレスと資源の総評価額を決め、そこで足りなくなった資源をどのように補うかで、その人が本当に追い詰められていくかどうかも決まる。

これが、同じような負荷がかかってもバランスを保てる人と保てなくなる人、そして私が描いたあの過激化プロセス（図5＝4章P175）の入り口に立つ人とそうでない人の違いなのだ。

マイノリティの脆弱性

ホブフォル博士らの研究チームは別の論文「テロリズムへの被ばく――イスラエルのユ

ダヤ人とアラブ人のストレスに関連する精神衛生上の症状と防衛的対処」(2006年)で、イスラエルに住むユダヤ人とパレスチナ人計905人の成人を対象にテロリズムという暴力的な環境が双方に与える影響についても調べた(Hobfoll et al., 2006)。調査は第2次インティファーダ(2000～2005年)期間中に行われ、当時、各地でパレスチナ人による自爆テロが相次いでいた。その結果、テロリズムにさらされるとイスラエル、パレスチナ双方の心理的なストレスが増加することが分かった。

これを私のバランスシートで説明すると、双方の当事者とも当初はそれなりの資源を持ってバランスを保っていたが、紛争下の暴力にさらされ、持っているリソースを失うのではないかという恐れが拡大し、また実際に失った。これらは負荷となり全体のバランスシートは大きくマイナスに傾いてストレスの増加につながった、という流れになる。

ホブフォル博士らの調査によると、家族や家を失うなど喪失経験が多かった人ほど、うつ症状やPTSDが顕著に見られた。これとは対照的に、家族や仕事、自宅に影響がないなど資源に恵まれた人には症状が見られることは少なかった。

また、イスラエル人とパレスチナ人で比べると、パレスチナ人の方がPTSD症状などが多く見られた。ホブフォル博士らは、パレスチナ人の方がイスラエル人よりそもそも持っている資源が限られバランスを失いやすいと分析している。

マイノリティの脆弱性という意味では、９・11事件に伴ううつ症状やＰＴＳＤの症状を調べたある調査で、ニューヨーク市に住むヒスパニック系少数派民族は白人に比べ、より深刻な症状が確認されている（Bruneau, 2016）。

「資源」がもともと限られがちな社会的少数派、いわゆるマイノリティは、バランスシートがマイナスに傾きやすくその意味で脆弱性を抱える。移民であることや貧困、教育の欠如などは直接的には過激化の原因にはならないが誘因にはなりうる。このため危機に瀕しては、彼らには特に追加の資源が必要となる。それが不足し、求めても十分に資源が得られない時、初めて過激化の入り口に立つ危険性が生じる。

社会経済的な要因が人々を過激化させるわけではないが、資源が枯渇しやすい立場にある人々には常に外部から支援を提供することが可能なセイフティネットを備えた社会的体制が必要だ。それは一部の人の過激化を防ぐだけでなく、巡りめぐってその社会全体の安心と安全を保障することにもつながる。

バランス崩壊がもたらす攻撃性や復讐心、排他性

バランスシートをマイナスに傾ける最大の要因は喪失経験だという。具体的には愛する

人を失ったり経済的資産や社会的地位を失ったりする経験で、うつ症状やＰＴＳＤと相関関係があると指摘する論文は多数ある。例えば９・11事件では①家族や友人の喪失②経済的な喪失（失業など）③社会的なつながりの喪失（転居によるコミュニティからの離脱など）——に見舞われた人にうつ症状やＰＴＳＤが表れやすかった（Bruneau, 2016）。

また、過剰なストレスは認知機能を低下させ、その言動に悪循環を生み出す危険性があるとの指摘がある。例えばストレスが高じると、人間の脳はその情報処理可能範囲が限定されやすくなるという（Easterbrook, 1959）。これはストレスへの対応で脳が忙しくなり、熟慮のエネルギーを奪われるためだ。ストレス対応に認知機能が多く使われると、物事を客観的に判断する機能も低下し、より表面的で単純な見方をしてしまいがちになる（Chajut & Algom, 2003）。

こうした状況から、本来は危機を迎えてより慎重な判断が求められるのに、私たちはむしろ単純思考に走り、偏った判断をしてしまいがちになる。その結果、脅威を過大評価したり持っている資源（リソース）を実際以上に少なく評価したりして頭の中で勝手に収支バランスを崩壊させてしまうこともある。思い詰めて「もうだめだ。何もかもおしまいだ」と悲観的になって自虐的な結論を導き出したりしてしまうのは認知資源、いわば脳の対応能力が低下している可能性がある。

ところで先のホブフォル博士の調査はもうひとつ、ある重要な指摘をしている（Hobfoll et al., 2006）。リソースが減って心身のバランスが大きくマイナスに傾いた人は、「他者に対して防衛意識が過剰になりやすい」という点だ。そして自分の所属する民族が世界の中心であるべきだという、いわゆる自民族中心主義（ethnocentrism）や権威主義に陥りやすくなるという。

この自民族中心主義という言葉は19世紀に活躍しエール大学などで教鞭を執った米国人社会科学者、ウィリアム・グラハム・サムナー博士が最初に使った表現だ。彼はその著作でこう述べている。「私たち、つまり我々集団（we-group）もしくは内集団（in-group）と、その他の誰か、つまり他者集団（others-group）もしくは外集団（out-group）との間には区別が生じる。（中略）自民族中心主義とは、自分たちの集団がすべての中心であり、すべてのものはそれに基づいて判断されるという考え方を指す用語である。（中略）それぞれの集団は誇りと虚栄を増長させ、優越を鼻にかけ、自己の神聖さを称え、そして、よそ者を侮蔑する」（サムナー，2005, pp.12-13）

先のホブフォル博士の論文によると、心身のバランスを失った人はその原因となった大きな負荷を与えた相手（この場合でいえば、パレスチナ人にとってはイスラエル人、またはその逆）に怒りを覚え、報復を目指して攻撃的になる傾向が見られたという。

このように各個人がバランスシートの均衡を失うと、さまざまな悪影響が結果として社会に現れる。過剰な負荷が熟慮を阻み、思考が単純・過激化し、短絡的に他者への攻撃に走りやすくなる。個人が心身のバランスを保つことはその帰属する集団や社会が攻撃的になったり過激化したりしないためにも極めて重要だ。

「とらえ方」の差はどこから来るのか?

こうして見ると、心身のバランスシートを考えるうえでその資源やストレスの重みをどう評価し、どうとらえるかという個人の感覚が極めて重要であることが分かる。

この個人の「とらえ方」はどのように形成されるかだが、これについてはどういう要素がストレスやトラウマの受け止め方をより否定的にするかを調べた調査が参考になる。ステイン博士が授業でその代表的な要素を「危険因子(Risk Factors)」として紹介した。

まず大きな因子のひとつが「遺伝的要素」だ。残念ながらこれは個人の力ではどうにもならないものだが現実問題として存在する。一卵性双生児と二卵性双生児に対する調査で、DNAによる遺伝的要素と育て方の影響などをそれぞれ調べた結果、トラウマによるPTSDを発症する人の約3割は遺伝的な要因があると見られることが分かったという。ストレスやトラウマを受けてもＰＴＳＤ症状が出ない人もいれば、長くＰＴＳＤに苦しむことになる人もいる。その違いのひとつが親からの遺伝子だということになる。

　このほか、ストレスやトラウマの受け止め方をより否定的にする要素として博士が挙げたのは次のような因子だ。

・社会的要因（教育、社会経済的な地位、民族性、宗教）や性差
・個人の性格（幼少期の愛着関係、神経質な性格など）
・家族（親がＰＴＳＤを負っている。幼少期に親から虐待を受けている）

　教育というのは必ずしも学歴などを指すものではなく、家庭での教育やストレスマネジメントに関する知識も含まれる。民族性は、特定の民族がストレスやトラウマの受け止め方をよりネガティブにするという意味ではなく、西欧における少数派としての有色人種など、マイノリティとなることなどがストレスやトラウマへの脆弱性にもつながるという意味だ。また、信仰のある人はない人に比べてストレスやトラウマへの耐性が強く、性差では一般的には男性より女性の方が敏感になりやすい。同性愛者で社会的な差別を受けやすい人もストレスやトラウマへの脆弱性が見られる。

ここで特に注目したいのは、長期的なトラウマへの被ばく体験が物事のとらえ方に及ぼす影響だ。「複雑性心的外傷後ストレス障害（Complex Post-traumatic Stress Disorder）」と呼ばれる問題を引き起こし、その人の世界観を非常に否定的なものにする危険性が高い。さきほど他者を信頼する人としない人は世界観が違うという話を書いたが、その違いをもたらす大きな要因の一つとなるのがこの障害だ。

これは１９９２年、ハーバード大学病院の精神科医で世界的に有名な著作『トラウマと回復——家庭内暴力からテロまで、その暴力の後で』を書いたジュディス・ハーマン教授が最初に提唱したトラウマのタイプ（Herman, 2003）で、２０１９年7月に正式にＰＴＳＤの一種として国際疾病分類第11改訂版（ＩＣＤ－11）で認定された（杉山, 2019）。

一般に、人は単発的な強いストレスやトラウマを受けると短期的な急性ストレス障害（ＡＳＤ）を起こすが、長くても1カ月ほどで回復基調に向かい始める。しかしそれ以上の長期にわたりフラッシュバックや悪夢など特定の症状が続くとＰＴＳＤと診断される。

これに対しトラウマをもたらす出来事や状況が延々と続き、終わりが見えない状況の中にいると複雑性ＰＴＳＤに見舞われやすくなる。逃げることが難しい状況下で長期的に繰り返しトラウマにさらされることから生じるストレス障害で、戦争捕虜や奴隷、内戦や占領状況に置かれた人々をはじめ、難民、強制売春、児童虐待、いじめの被害者など対象は

[図8] 複雑性心的外傷後ストレス障害(Complex PTSD)とは?

児童虐待など長期的・反復的なトラウマ体験によるPTSD

▼主な症状

- 怒りや恐怖などの感情、リスクを伴う行動、自傷的行動など情動や衝動的な行動の調整が困難
- 意識の解離
- 虐待などの実行者を理想化する、あるいは復讐心を抱く
- 自身に罪悪感や羞恥心を抱く。自己が破壊され無力であると感じる。慢性的に自己安全感や自尊心を損失
- 他者を信頼しない。希望の消失

実に幅広い。ステイン博士によると、特に幼少期にこうしたトラウマにさらされると複雑性PTSDを発症する割合が30%にものぼり、成人期に経験する人(2〜11%)に比べて格段に高くなるという。

日本ではこの複雑性PTSDがもたらす症状・影響について、鈴木友理子・国立研究開発法人国立精神・神経医療研究センター精神保健研究所成人精神保健研究部災害等支援研究室長が「持続的な空虚感、無力感や無価値感」や「人間関係上の困難(不信感、孤立、ひきこもり、パラノイアなど)、感情制御上の困難(怒りや暴力の爆発、危険行為や自傷行為など)」などを挙げている(鈴木, 2013, p.72)。

この視点から見ると、例えばローンウルフ・インティファーダ現象で中心となった20代の若

者らは生まれながらにして占領下に置かれてきた世代だ。シリアの若者たちも、2011年以降のシリア内戦やその後のイスラム系過激派などが入り乱れた戦闘の中で家族を殺されるなどさまざまなトラウマを抱えていた。その意味では、彼らは複雑性PTSDを抱えていたとしてもおかしくはない。

複雑性PTSDを抱える人は、同じようなトラウマを負った人への共感が特に強くなり、また彼らの体験を見たり聞いたりすることで自分の経験をフラッシュバックのように追体験することもあるという。パレスチナの若者たちは同胞がナイフを取ってイスラエル治安当局者を襲い、射殺される様子を動画で繰り返し何度も何度も見ていた。シリア人の避難民の高校生らも自分たちと同じ世代のシリア人が、アサド政権と戦って血を流す姿をユーチューブなどで毎日のように見ていた。そうした「追体験」が彼らのトラウマを拡大させたとしても不思議ではない。

このように長く、トラウマ的な状況下に置かれた人の行動傾向についてはトラウマ学の世界的な権威、ボストン大学医学部のベセル・バン・デア・コルク教授（精神医学）がさまざまな論文で書いている（van der Kolk, 2001）。それによると、複雑性PTSDを抱える人は怒りや恐怖の感情をコントロールするのが難しく、リスクを伴う自虐的な行動を好む半面、罪悪感などを抱えやすい。また復讐への執着が強く、一方で自己評価が低く人を信用できず、信じる心や希望を失いやすいという。

私はこれを読んで思わず息を呑んだ。この特徴はモサドからのあの講師やイスラエルの治安当局者などが指摘していた、過激化した若者に見られる行動の特徴に見事に符合するからだ。

否定的な世界観が生み出す負のスパイラル

さて、ここからはこれまで断片的に書いてきた世界観の問題についてじっくり検証したい。そもそも世界観とはいかなるものなのか。

私はテルアビブ大学に通った留学２年目、ホロコースト（ユダヤ人大量虐殺）を生き延びた人、いわゆるサバイバーの公的支援機関「アムハ」でインターンを８カ月ほど務めた。ある日、勤務する精神科医が「サバイバーはホロコーストで世界観を破壊された」と話したため詳しい説明を求めた。彼女はその時、こう語った。「強いトラウマを受けるとその人の世界観が損傷を受けてとても否定的になってしまう。人間不信になることもある。ホロコーストはもちろん、もっと日常的なことで言えば親の虐待などでも同じようなことが起きる。ひとたび壊れた世界観を修復するのはとても難しい」

彼女はそう言って1冊の本を私に貸してくれた。マサチューセッツ大学アマースト校のロニー・ヤノフ・ブルマン名誉教授（心理学）が書いた世界的な名著『砕け散った前提――トラウマの新しい心理学へ』だ（Janoff-Bulman, 1992）。

この本は戦争、犯罪、虐待といったトラウマを引き起こすような出来事、特に自然がもたらす天災ではなく人間がもたらす人災がいかに人の世界観を破壊し、人間不信などをもたらすかについて記している。それによると、私たちは主に親との愛着関係を通じ「世界は意義深いもので、善意にあふれている」といった平和で受容的な世界観を育む。こうした世界観があるからこそ、人はやがて外界へと巣立ち、さまざまな挑戦をしたり他者を信じたりして新たな人間関係を築くことができる。しかしこうした世界観が形成される幼少期に強いトラウマに長期間さらされると、そもそもそうした世界観を育むことが難しくなる。また、いったん世界観を形成した人も、大人になってトラウマを受けるとそれが傷つけられたり壊されたりするという。

私はこのホロコースト・サバイバーの施設アムハで実際に、その世界観を戦争という巨大な力でねじ曲げられてしまった犠牲者と出会った。彼女の名はエスター(仮名)。83歳で、子供3人を育て上げ、夫に先立たれてひとりで暮らしていた。

ホロコーストを生き延びた人の平均年齢は今や85歳。アムハはナチス・ドイツが連合軍に降伏した1945年5月以前に生まれ、戦争を体験したすべてのユダヤ人を「サバイバー」と呼び施設を無料開放しているが、今も健在な人の多くは戦争当時、幼少だった。このため彼らは「ベイビー・サバイバー」とも呼ばれている（Amcha, 2016）。

エスターは終戦当時9歳で、家族も姉妹2人も親戚もすべてナチスに殺されたが、自身は母親の機転でひとりで逃げ出し助かった。母親はその別離の際、エスターにこう言ったという。

「私はここで（エスターの）妹2人ととどまるから、あなたはどこかに逃げなさい、早く」。彼女はまだ7歳で、母親とその場にとどまれば一緒に殺されることは何となく分かっていたが、「母や妹たちと一緒にいたかった。自分が母親になって初めて、彼女が私を生かそうとしたのだと実感できたけれど、それでも心の中でずっと、自分は母に捨てられたとか、自分だけがなぜ生き残ってしまったのかという思いが消えなかった」と語った。

彼女は私の母親と同世代ということもあり親子のような、友達のような不思議な親密さを保つことができた。アムハでは個人的にサバイバーの自宅に行ったり親密になりすぎたりすることを避けるように言われていたので実現しなかったが、エスターはしばしば私を自宅に招こうとしてくれた。

ある日、私がアムハで仕事中、自分のかばんを広間に置いたままにしていると「トモコ、かばんをここに置いてはだめ」と叱るように言った。「誰も盗らないから大丈夫だよ」と言うと、今度は彼女が私のかばんのそばに座って見張るようにしていた。

　彼女はセラピーを受けていたが、セラピストと信頼関係を持つのが難しかった。体を動かすのが好きで週に数日、水泳をしていたし、アムハの体操クラブにも入っていたが、他のメンバーのように語学や美術、カードゲームのクラスなどを楽しむことはなかった。

　しかしある日、私に不眠や不安を打ち明けた。自宅にひとりでいるとどうしようもなく不安になること、そしていくら昼間、体を動かしても夜になると寝付けず、少し眠ったかと思うと戦時中に見た殺戮の風景などが出てきて悪夢で跳び起きるのだという。戦争体験による複雑性PTSDの症状だった。不安を抑える薬や睡眠薬が手放せず、その服用量が増えることも心配していた。

　本来であれば彼女はセラピストと信頼関係を築き、その助けを得て戦争の記憶を整理し、自分の人生ストーリー、つまりナラティブを作って心の中に落としていく必要がある。しかし彼女の記憶はそれがないままバラバラの状態で彼女の中に散乱していて、何かのトリガー（きっかけ）でその断片がよみがえったり、悪夢として飛び出してきたりする。だからこそアムハのスタッフは彼女にセラピーを強く勧めていたが、それにはまずセラピストと信頼関係を築かなければならない。しかし彼女の中には人間に対する非常に強い不信感があって、それがすべてを邪魔しているようだった。

彼女はいつも「心配のタネ」を探すようにして暮らしていた。銀行での支払いや病院でのやり取りで起きたトラブルに、いつも怒ったりイライラしたりしていた。彼女のような不安や不眠を抱える人はアムハでは珍しくなかった。サバイバー同士のけんかも絶えなかった。高齢者ではあっても激しい衝突が起きる。そういう時、私はよくスタッフと一緒に当事者を引き離し落ち着かせる役を担った。

その経験があったので、ヤノフ・ブルマン名誉教授の『砕け散った前提——トラウマの新しい心理学へ』を読んだ時は、鳥肌が立つほどリアルに感じられた。エスターには美しい娘がいて、他界したけれど添い遂げた夫がいた。アムハのセラピストも彼女に手を差し伸べている。けれど彼女はその手を取らない。彼女にとって他者を信頼することはとても難しかった。

本来ならば子供は幼少期、親との関係性の中で「自分は周囲に愛されている」「親や家庭は自分の安全地帯」といった世界観を育む。だが、エスターにはそれができなかったか壊されているようだった。彼女は持ち家、家族などたくさんの資源を持っているように見えたが、彼女の注意は大抵、ネガティブなストレスに向けられていて、持っている資源を必ずしも生かし切れていないようにも見えた。

その結果、彼女のバランスシートは常にマイナスに傾きがちでとてもつらそうだった。根底にあるのは人間、そして社会への深い不信だ。自分は母親に愛されていなかったのではないかという思い、世の中が安全で安心な場所であるならばホロコーストなど起きるはずもない、という不信感が心に深く刻まれていて、本来であれば「正」の方向にバランスシートを押し上げることができる資源（セラピストとの面談など）まで「負」の側に入れてしまうのだ。

エスターは、にもかかわらず私に不思議と心を許し、自宅に招こうとしてくれた。無意識だろうが、やはり自分を支える資源を求めていたのではないだろうか。初めて会った日本人だから、これまで会った人とは違うという意味で無意識にわずかな期待感を持ったのかもしれない。人はどれほど人間不信になっても、人とのつながりを求めずにはいられないのだ。

ヤノフ・ブルマン名誉教授によると、こうした世界観の破壊は成人にも起きる。例えばレイプの被害者であれば、それまで持っていた「世界は安全」「人間は信頼できる」といった漠然とした世界観が傷つけられ、外を出歩いたり、レイプをしたのが男性なら、男性すべてが恐怖の対象になってしまったりする。ただ成人になって初めてその人の世界観を揺るがすようなトラウマを受けた人は、一度は健全な世界観を築いているので、そこに再び少しずつ近づくことは困難だが不可能ではないとされる。しかし世界観がまだ固まっていない幼少期に強いトラウマを抱えると、「世界は危険」「人間は信頼できない」といったネガティブな世界観が形成され、危機に瀕しても他者に助けを求めにくくなってしまう(Janoff-Bulman, 1992)。

このように複雑性ＰＴＳＤを負った人は、心身のバランスを図るうえで脆弱性を抱えている。特に幼いころに過酷な経験をした人は警戒心からネガティブな要素を過大に評価しやすく、バランスシートがマイナスに傾きやすい。このため自己評価も下がりがちで負のスパイラルに陥りやすくなる。ただ、幼少期に人との信頼関係を築くことができなくてもあきらめる必要はない。これについては第7章で記す。

これらを踏まえて改めてあのシリアで出会った青年2人の状況を考えると、彼らは度重なる喪失によりバランスシートは大きくマイナスに傾き、悪質な資源（イスラム国）にも手を出した。だがおそらく彼らはその幼少期、まだシリアが平穏だった時代、親との愛着関係により健全な世界観をいったんは築いていた。それがまだ多少なりとも残っていたため、親の愛を信じ、その世界観と齟齬(そご)をきたすイスラム国への違和感を強めて脱出したのではないか。

また、シリアに舞い戻ってしまったあの難民の高校生たちも、長引く戦闘により複雑性

ＰＴＳＤを抱えていた可能性がある。何とかトルコに避難はしたものの、イスラム国などが日々、大量に流す同胞の惨状に心を揺さぶられ、シリアに舞い戻ってしまった。複雑性ＰＴＳＤを患う人は罪悪感を抱いたり、復讐心への執着が強かったりする。彼らもそうした心情から自虐的に振舞ったり攻撃的になったりした可能性がある。また、この障害を抱えている人はさらにトラウマが渦巻く世界へと自虐的に突っ込んでいってしまいがちで、悪循環のスパイラルにはまりやすい。

これこそがまさに、イスラム国へと舞い戻ったあの若者たちの波の正体ではないだろうか。

第6章

日本における過激化

東京五輪とローンウルフの脅威

２０１９年秋、毎日新聞編集委員として復職した私が最初に担当したのは、２０２０年開催予定だった東京五輪に向けてのセキュリティ対策に関する取材だった。外信部や社会部の同僚記者らと協力し、東京五輪・パラリンピック組織委員会や警察当局などが進めるテロ対策の現状と課題について報告した。

私たちが取材した治安当局者らの多くは「ローンウルフによる攻撃が最重要課題のひとつであり、その対策が極めて難しい」と口をそろえた（金森 et al., 2019)。治安問題を研究する公益財団法人「公共政策調査会」（本部・東京都千代田区）が２０１９年3月に発表した東京五輪の治安対策に向けての提言書も「国内におけるローンウルフ型のテロ類似犯罪の増加」が顕著で、「未然に探知し、防ぐのが難しい」と指摘。その脅威は「すぐそこに差し迫っていると認識しなければならない」と警戒を呼び掛けている（公共政策調査会 , 2019)。

提言書は東京・秋葉原で２００８年に男が車を暴走させたりナイフで切りつけたりして通行人17人を死傷させた事件（本章Ｐ２６５）や、２０１９年元日未明に東京・原宿の竹下通りで起きた車両暴走事件（８人重軽傷）など２００２年から２０１９年までのローンウルフ攻撃12件を例示し「テロ類似事件」と記している。

調査会が「テロリズム」と断定しない背景には、欧米と同様に日本においても明確なテロリズムの定義がないという事情がある。警察庁は組織令第40条で「テロリズム（広く恐怖又は不安を抱かせることによりその目的を達成することを意図して行われる政治上その他の主義主張に基づく暴力主義的破壊活動をいう）」と規定している（警察庁，2019）。他方で２０１４年に制定された特定秘密の保護に関する法律第12条第２項は、「テロリズム（政治上その他の主義主張に基づき、国家若しくは他人にこれを強要し、又は社会に不安若しくは恐怖を与える目的で人を殺傷し、又は重要な施設その他の物を破壊するための活動をいう）」と定めている（内閣官房，2013）。

両者の記載から言えることは、日本はテロリズムをもはや「政治目的」に限定せず、いわば特定の「主義主張」、つまり「考え方」を暴力的に他者に強要したりそのための準備活動をしたりする行為をテロと認定しているということだろう。その意味では本書が採用する「定義」（１章Ｐ21）と同様といえる。

調査会の板橋功・研究センター長は当時、私の取材に「政治性がほとんどない」のが日本における近年のローンウルフによる事件の特徴だと話していた。

いずれにせよ、本書が採用する定義によれば、調査会が「テロ類似事件」として挙げたローンウルフによる事件12件はすべてテロリズムに該当することになる。

さて、東京五輪との関係だが、私の個人的な考えでは日本で急増するこうしたローンウルフによる攻撃は五輪開催に向けての主たる脅威となるだろう。その理由は少なくとも2つある。

第一に、東京五輪は彼らが「有終の美」を飾るには格好の舞台となるからだ。すでに述べた通り、日本に限らず世界で近年増加傾向にあるローンウルフの本質的な動機は「英雄」として「聖戦」を遂げることによる自尊心の回復であり、承認欲求を満たすことであり、自己実現の達成である（4章）。五輪期間中は内外のメディアが世界中から結集し、わずかなニュースでも漏らすまいと取材の網を張る。攻撃を起こすのは何も競技会場の中である必要はない。会場周辺といった比較的警備が手薄なエリアであっても被害や混乱が生じれば大きく報道される。つまり、ローンウルフという非力な存在であっても世界の耳目を集めるチャンスが潜んでいる。

第二に、ローンウルフによる攻撃の背景には「リベンジ（報復）自殺」とでも呼ぶべき願望が潜んでいるが、五輪にはそうした欲求を満たす要素がある。

これもすでに述べた通り、過激化トンネルに入ったローンウルフは個人の悩みを社会の問題に勝手にすり替えて昇華させ、自分を「被害者」、外集団を「加害者」と見なして攻撃を報復と位置づけて正当化する（4章P189）。

言うまでもなく五輪は国家を挙げてのイベントである。政府やその行政、社会のシステムや価値観といったものに恨みや反感を持つ者にとって、五輪はそれらを象徴する存在となりうる。華やかな五輪の祭典は豊かさや富の象徴といったイメージもあり、ローンウルフが個人的な不遇への欲求不満を向ける口実には事欠かない。そしてわずかなりとも被害や混乱を伴う事件が起きれば国家や治安当局のメンツは丸つぶれとなる。孤独なローンウルフにとって、憎むべき「外集団」がパニックに陥る姿を見るのはこの上ない喜びだろう。

また、2001年に起きた9・11事件以降のローンウルフ2・0は自己破壊的で自滅的な言動が目立つ。逃げおおせることを重視した9・11事件以前の旧型ローンウルフとは異なり、捕まることも犯行現場で死ぬことも恐れていない（はじめにP6、3章P122）。五輪という特別警戒態勢の中では、いかにささいな攻撃であっても彼らの拘束は免れないだろう。五輪を狙う行為は大きな代償を伴うが、自殺願望さえ抱く近年のローンウルフにしてみれば、現場で逮捕されることはもちろん、その場で殺されることですら彼らの犯行の抑止力となりえない。彼らは捨て身で、そうした破滅を望んでさえいるからだ。

米国では1996年7月、反政府主義者のエリック・ルドルフがアトランタ五輪の会場近くの公園に爆弾を仕掛けて爆破させた（3章P121）(FBI, n.d.)。彼は裁判で犯行動機について「忌まわしき堕胎を是認するワシントンの政府を世界の注目の中で混乱させ、怒らせ、恥をかかせるためにやった」と供述した(NPR, 2005)。典型的な「劇場型志向」であり、強大な権力と戦う「聖戦士」を演じる自分への自己陶酔が見て取れる。

本書を書いている6月時点では新型コロナウイルスの影響で東京五輪が2021年に開催されるかどうかは分からないが、五輪に限らず大規模なイベントはローンウルフを引きつける要素が多々あることは認識しておきたい。

コロナ禍に見られたいじめや差別、「自粛警察」

2020年1月から始まった新型コロナウイルスの拡大に伴い、世界各地でさまざまな差別や偏見が噴き出した。中国人をはじめとするアジア系外国人への差別や暴力事件はその一例に過ぎない。日本では、感染者の自宅に石が投げ込まれたり、インターネット上で感染した人を特定しようとしたりする書き込みも見られた。また、政府の緊急事態宣言や各自治体の自粛要請が出た後は、県外ナンバーの車が傷つけられたり時間を短縮して営業する店が嫌がらせを受けたりする、いわゆる「自粛警察」の動きも見られた。「普通の人」

によるこうした過激な言動はどのようなメカニズムで起きるのか。

『人を傷つける心——攻撃性の社会心理学』（サイエンス社）などの著作がある大渕憲一・東北大学名誉教授（社会心理学、現・放送大学宮城学習センター所長）によると、災害や犯罪などによって社会不安が高まると、それに伴い、人々の間で生じる不快感情が攻撃性に転化されやすくなるという。他の集団や民族に対して敵対的な、あるいはマイノリティに対して差別的な態度をもともと持っている人でも、冷静な時は、それを不合理なものとして自制することができる。だが不安や恐怖が高まっている時には認知資源の不足などからこうした抑制力が低下し、内心の敵意や差別感情が噴き出しやすくなるという。社会が不安定な時には、自分の敵意や差別感情を「正当化」する理由を見つけることが容易になり、また周囲の人々からの支持が得やすいと感じて、抑制力はいっそう低下しやすくなる。今回のコロナ禍に伴う社会状況においてもさまざまな攻撃性が見られたが、大渕名誉教授は特に3つのタイプが顕著だろうとしている。

第一は、情緒不安定で不安や恐怖に駆られやすいタイプの人が抱く攻撃性である。「厄災から自分や家族を守ろうという気持ちで視野が狭くなり、相手のことを思う共感性が失われ、感染の恐れが少しでもあると思うとたとえ医療関係者に対してでも拒否的になってしまったりする」（大渕名誉教授）。これは「回避・防衛」を動機とする攻撃パターンだという。

第二は、「制裁・報復」感情や「同一性」（自尊心）と呼ばれる動機に基づく攻撃性だ。政府から自宅待機が要請されている時に外出している人を見て警察に通報したり、マスクをしないで歩いている人を激しく非難したりするといった、いわゆる「自粛警察」的な行為がこれに該当する。「社会秩序や規則順守といった『正義』を振りかざして人を攻撃することは自尊心を満たし、周りの人たちから賛同が得られれば承認欲求も満たされる」（大渕名誉教授）。集団の規範を守らない他者を罰することで、「規則を守る自分」という個人的自尊心とともに、自分の所属する集団（日本国、日本民族）の自尊心、社会的地位を高めようとする心理も含まれているという。

第三は、他民族などへの「偏見・敵意」が動機付けとなるパターンだ。例えば「『中国が感染症情報を隠蔽(いんぺい)したので、感染が拡大した』といった報道があると、これに飛びついてそれを吹聴する人々で、中国が嫌い、という感情がもともとあり、その偏った中国観に基づいて『中国ならやりかねない』と勝手に確信して、中国に対する敵対的言動を強める」（大渕名誉教授）という。

大渕名誉教授によると、社会不安に伴って出てくる攻撃性にはいくつかのタイプがあり、その背景には、特有の性格特性（情緒不安定、支配欲求など）や社会的態度（偏見、自民族中心主義など）といった個人要因がある場合が多いという。しかし一般に「日本人は不安を感じやすく、ネガティブなことに非常に反応しやすい特徴を持つ」（大渕名誉教授）傾向もあり、コロナ禍で見られた攻撃性の背景にはそうした民族的特性も関係している模様だ。

また、自分の所属する集団や自民族が他の集団や他民族よりも優れていると思い込みたいという気持ち（自民族中心主義）は、レベルの差こそあれ誰もが持つ普遍的心情でもある。先に述べたように、普段は抑制されているこうした不合理な心情も社会不安によって顕在化しやすくなる。そう考えるとコロナ禍で見られたさまざまな攻撃性は特殊なものというよりむしろ普遍性があり、「人ごと」ではないものなのだ。

また、大渕名誉教授によると、感染症という天災を理由に誰かを攻撃する行為は基本的にすべて、心理学で言うところの「置き換え」に当たるという。自分の不快感情の元凶を攻撃できない場合に別の対象に向ける行為で、簡単に言えば八つ当たりだ。欲求不満から来る不快感を発散したいという思いをもともと持っている人は、ささいな刺激に誘発されて自分の不満とは関係のない対象を攻撃することがある。例えば米国では不況になると白人の黒人に対する差別的な暴力が増える傾向にあるが、大渕名誉教授によると、こうした攻撃は典型的な置き換えだという。その意味では、誰にでも起こりうる暴力のタイプといえる。

また置き換えをする場合、攻撃者は大抵何らかの口実を持っている（心理学では「挑発的刺激」と呼ばれる）とされる。コロナ禍においては攻撃を向けようとする対象が「感染症拡大をもたらす加害行動をしている」と見なしてその行為を正当化しようとするという。

こうした攻撃性は社会を分断させるばかりでなく、政治指導者にも悪用されかねない。「人々の不快感情や不安に火をつけて、攻撃性を燃え上がらせるのは簡単で、実際、政治家の中には国民をたきつけるような発言を繰り返して人気取りをする者も少なくない」（大渕名誉教授）

しかし八つ当たりをしなければ不快感情を解消できないのかといえばそんなことはない。「楽しい経験をすればネガティブな感情は消えてしまう。その意味では、負の情動への対処としては、個人レベルでは家族や友人など親しい人たちとの交流を図ったり、趣味に打ち込んだりすることが有効だ。社会レベルでは、人間に対する信頼や協力を促し、社会に希望を与えるようなメッセージの発信が政府にもメディアにも期待される」（大渕名誉教授）。「信頼」や「希望」を持つことは社会的な差別や排斥を食い止めることにもつながるのだ。

ローンウルフ型①　相模原殺傷事件

神奈川県相模原市の障害者施設「津久井やまゆり園」で２０１６年7月、利用者ら19人を殺害し、26人を負傷させたとして殺人罪などに問われた元同園職員、植松聖死刑囚（30）は「生きるべき命」とそうでない命を線引きした。彼は事件前、専門医に「大麻精神病」「妄想性障害」などと診断されていたが、服役中も裁判や記者との面会で殺害の正当性を主張し、裁判所は責任能力を認めた。公判記録や彼と面会した毎日新聞記者らが報じた記事などをもとに、植松死刑囚の過激化のプロセスを私の過激化モデル（図５＝４章Ｐ１７５）やバランスシート（図７＝５章Ｐ２２５）の理論から検証してみたい。

小学校教師になる目標と劣等感

植松死刑囚は個人的な悩みについてはほとんど語っていない。ただ、裁判で遺族の男性から「コンプレックスから事件を起こしたのか」と尋ねられ、「歌手か野球選手になれるならこんなことをしない」とか、そうした職業に就いていたら「そっちの方が楽しいから事件には興味がないと思う」と語った（池田&洪，2020）。

1　4版　2016年(平成28年)7月26日(火)　毎日新聞　第50529号

MAINICHI
毎日新聞
夕刊
7月26日(火)

19人刺され死亡

未明の障害者施設

26人重軽傷

26歳元職員逮捕

相模原

「障害者いなくなればいい」

149人が入所

初優勝かけ今夕対戦

都市対抗野球

都市対抗野球大会
全31試合
放送！

NEWSLINE
女王になりたい　9
テロに備える　2
米民主党大会開幕　7

毎日数独

植松聖死刑囚が起こした事件を伝えた当時の新聞
（2016年7月26日付 毎日新聞夕刊1面）

日本犯罪心理学会会長で日本女子大学の岡本吉生教授（臨床心理学）は毎日新聞の取材にこう指摘している。「障害者に対して『怠け者』『悪いやつ』というイメージを勝手に抱き、彼らに『制裁』を加えているつもりだった可能性がある。被害者は知的障害のある人たちだった。裏返すと自分の知性に劣等感を感じていたのかもしれない。弱い者を攻撃するのは、自分が弱いことを否定するための手段ともいえるからだ」（上東，2016）

劣等感があったとすれば、それはどこから来たのか。

彼は東京都内の小学校で教師（図工）を務める父親と、漫画家の母親との間のひとりっ子として生まれた。父親は地元の自治会役員を担当するような「まじめな人」で、道徳に厳しかったと植松死刑囚の幼なじみはメディアの取材に語っている（NHK障害者殺傷事件取材班，2020）。裁判で両親について、学習塾通いや部活をやらせてもらい「何不自由なく生活させてもらった」と感謝の意を表し、「大切な人」とも語った。一方、障害者に対しては第11回の公判で、小学校低学年の時に障害者はいらないと話したことを明らかにした。中学校時代には知的障害のある生徒に対し、別の生徒を階段で突き落としたという理由で暴行を加えたりしたこともあった（丸山，2020）。

植松死刑囚は中学・高校で暴力事件を起こして転校したり大学で大麻やナイトクラブ通いにハマったりしたが、それでも父親と同じ小学校の教師を目指し続けた。大学では学童保育でアルバイトをしたし、4年時に受けた小学校の教育実習では勤務や指導態度でA評価をもらった。最終的に小学校教員の1種免許まで取得したが、なぜか教員採用試験は受けず教師になることもなかった（東京新聞，2020）。

法廷でその理由について「自分は勉強に励んでいなかった。子供の大切な時間に関わる責任が必要だと考えました」と述べている（東京新聞，2020）。父の小学校教師という仕事を聖職と受け止め、そこに自分が身を置くことへの違和感、戸惑い、たじろぎを覚えているかのようだ。大麻を吸い、入れ墨を入れてしまうような自分と父親のひとり息子として目指すべき道との間で広がるギャップ。そうしたストレスや心理的な葛藤（かっとう）への回避的な対処として薬物使用やヤクザとの交流など自虐的な行為に走った可能性もある。

植松死刑囚の10代、20代はそんな挫折と逃避の日々であったのかもしれない。

過激化トンネル、そして犯行予告へ

植松死刑囚は２０１２年春に大学を卒業し、一般企業に就職した。このころ自宅で両親に暴力的に振舞っていたとの近所の証言が一部メディアで報じられている（週刊女性，2016）。両親は埼玉へと引っ越し、彼は生まれ育った自宅にひとりで暮らすようになった。

２０１２年12月、「津久井やまゆり園」で働く知人の紹介で非常勤として働き始める。

２０１３年4月に常勤職員となったが入所者の手にペンでいたずら書きをしたり、入れ墨が見えるような服装を変えなかったりして挑発的、反抗的な態度が目立ち始めた（春増 et al., 2016）。２０１６年2月14日、東京・永田町の衆院議長公邸を訪れ、公邸職員に「議長に手紙を渡したい」と伝えた。公邸職員は手紙を受け取らなかったが翌日も訪ね、警視庁は公邸側と相談のうえで受け取った（水戸 et al., 2016）。

レポート用紙にしたためた手書きの手紙は革命を宣言するかのような意見表明と、具体的な殺害方法などを記した「作戦内容」がつづられている。意見表明では「私は障害者総勢４７０名を抹殺することができます」と宣言。「障害者は不幸を作ることしかできません」と断言し、「今こそ革命を行い、全人類の為に必要不可欠である辛い決断をする時だと考えます」と述べている（吉野, 2016）。

文面から見てとれるのは障害者をモノと見なすかのような非人間化の視線と、革命家気取りの言葉遣いだ。自分が所属する、障害者ではないグループ（内集団）と障害者のグループ（外集団）に世の中を仕分けし、内集団を「必要な存在」、外集団を「不要な存在」と見なすことで攻撃を正当化し、自分や自分の所属グループの価値を相対的に高め、自尊心を満たそうとしているようにも見える。

通常はこの外集団が自分やその所属する内集団を抑圧したりいじめたりしていることが

原因で反動的に敵意を向けることが多いが、彼の場合は幼いころから障害者に攻撃性を向ける性癖があり、その延長線上でこうした言葉が出ているのかもしれない。

なぜ障害者に攻撃欲求が向くのかは不明だが、事件を受けて園の実態調査をした神奈川県の検証委員会の中間報告によると、園では身体の拘束や長時間の居室施錠など、長期にわたる「虐待」の疑いが見られたという。植松死刑囚への判決文は、園に勤務し始めたころは障害者を「かわいい」と言うこともあったが、「職員が利用者に暴力を振るい、食事を与えるというよりも流し込むような感じで利用者を人として扱っていないように感じたことなどから、重度障害者は不幸であり、その家族や周囲も不幸にする不要な存在であると考えるようになった」と指摘している。植松死刑囚はこうした環境状況も手伝って、障害者を人間とは見なさない歪んだ認知を持つようになった可能性がある。

また、先の日本女子大学の岡本教授は「弱い者を攻撃するのは自分が弱いことを否定するための手段」でもあり、「自分の知性に劣等感を感じていたのかもしれない」と述べている（上東，2016）。

彼の攻撃性には心理学で言われるところの「置き換え」が起きている可能性もある。欲求不満を解消したいという欲望を抱えている人は、ちょっとした他者の言動を刺激に八つ当たりをすることがある（本章Ｐ２５３）。

植松死刑囚のように、自分の人生にさまざまな不満や葛藤を抱えている者が、もともと自分の攻撃性を向ける傾向があった障害者らに対し、彼らの言動（職員として彼らを手助けする中で思い通りにならないもどかしさなど）を刺激に置き換えをした可能性もある。自分の中に抱えている不満が強いほど、置き換えで生じる攻撃性も強くなるだろう。彼が本当に怒り、攻撃したかったのはダメな自分であり、思い通りにならない自分の人生だったのかもしれない。

植松死刑囚が大島理森（ただもり）衆議院議長宛に書いた手紙には、こうした攻撃性を障害者に向けることを「正当化」する表現も見られる。過激化トンネルで表れる特徴的な傾向だ。彼は「保護者の疲れ切った表情、施設で働いている職員の正気の欠けた瞳、日本国と世界の為と思い、居ても立っても居られずに本日行動に移した」と指摘（吉野，2016）。自分や同僚の職員、障害者の家族らは障害者に疲労困憊（こんぱい）させられている「犠牲者」であり、その存在を亡き者にしようとしている自分の行動はまさに「正義」そのもので、自分は自己犠牲をもいとわない「正義の人」「英雄」だといわんばかりだ。

こうした手紙を社会的に地位の高い人物に渡したりツイッターに書いたりしていた彼の行為には、極めて強い承認欲求も見て取れる。自己評価の低さを裏打ちしているともいえる。彼の手紙は荒唐無稽（むけい）だが、こうしたナラティブで自己評価を無理やり上げなければならないほど自尊心が低下していたのかもしれない。

「作戦内容」には、職員の動きを抑止するために実際に使った結束バンドの使用や自首する意向などがつづられ、ローンウルフに特徴的な「宣伝グセ」が明確に見える（吉野，2016）。こうした発言をすれば事前に警察などに警戒される可能性もあるが、構わず自慢げに流布させている（４章Ｐ２０１）。

彼はこの手紙事件の５日後の２月19日、園長から障害者についての考えをただされた。いつもの差別的な発言を繰り返すと、園長は「それはナチス・ドイツの考え方と同じだ」と指摘した（福永&宇多川，2016）。彼はナチス・ドイツの優生思想についてそれまでは知らなかったようだ。神奈川県警の担当者とも面談し、障害者排除の「正当性」を語って緊急措置入院が決まる。その入院中も彼は病院のスタッフに「ヒトラーの思想が２週間前に降りてきた」と語っている（水戸，2016）。

ナチス・ドイツの優生思想やヒトラーは彼の「イネイブラー」（支えるもの）となった（３章Ｐ１１９）。彼は自分の人生へのいら立ちや不満を優生思想という社会的な問題に勝手に結びつけ「大義」をもたせた。劣等感と挫折の中で葛藤を抱えた青年は「弱者」を虐待することでそのうさを晴らしたりしていたに過ぎないが、そのままでは「弱い者いじめ」となり低い自己評価から抜け出せない。自分の言動を正当化し自己評価を高めるナラティブを欲していたところ、ヒトラーやその優生思想と出会い、自分の偏見との間に親和性を見出したのかもしれない。すでにある思考（belief system）に合致するナラティブを、人間は取り込もうとするからだ（４章Ｐ１８６）(Howard et al., 2019)。

「歴史的大物」であるヒトラーと自分を重ね合わせるような夢想は、彼の自己評価をわずかなりとも高めただろう。自分は英雄なのだという歪んだ正義に支えられたアイデンティティの形成であり、事件を起こすことは彼にとって究極の自己実現であったかもしれない（４章Ｐ１９６）。

先の岡本教授は植松死刑囚が書いた衆議院議長への手紙について「こっそり事件を起こすのではなく、大々的に知られたいという欲求を感じる」と指摘。事件については「自分はいいことをした、という歪んだ正義感をもっており、それをアピールしたかったのではないか。間違った信念に基づいて、自分はヒーローだと感じる。これはテロリストに近い感覚だ」と分析している（上東，2016）。

最終ステップのトリガー

植松死刑囚は園幹部らとのやり取りがあった２０１６年２月19日、自ら退職願を出した。彼はさらにその年の４月、小中学校時代の同級生を呼び出し、「障害者はいらない」「税金の無駄」と一方的にまくしたて、「一緒に殺そう」と誘った。友人は事件の2日前にも電話を受けたが出なかった。植松死刑囚が通っていた理容室の男性店長にも3月、同様の差別的発言を繰り返した。以前は園への就職を喜んでいたのを覚えていた店長が心境の変化かと尋ねると「最近、神からお告げがあった」と話したという（垂水 et al., 2016）。この「神」は、ナチス・ドイツの軍服を着ていたのではないか。一般に、軍人や入れ墨を好むのは「強さ」への憧れだとされる。彼の入れ墨を彫った知人の男性は植松死刑囚が園を退職後、しばしば周囲に「障害者を殺してやる」と言っていたと記憶している。こうした証言から、退職がひとつの転機となりより孤独を深めた可能性が考えられる。

ここまでは彼の過激化プロセスについての私なりの解釈だが、この過程に入る前のバランスシートを見ておこう。彼の学生時代から大学までのストレス・トラウマには、学業不振や転校、父親と同じ小学校教師を目指すというプレッシャーがあったと見られるが、彼自身が証言しているように、社会的、経済的に安定した家庭が大きな資源となって彼を支えていたと思われる。また、大麻やクラブ通い、ヤクザとの交流など「刺激」に依存した回避的なストレス対処法も一時的な資源確保にはなっただろう（5章P220）。

だがその後、彼は教師になることを断念した。両親を失望させたと感じたかもしれない。その「大切な」両親も間もなく、彼を置いて埼玉に引っ越した。人生の目標と両親の両方をほぼ同時期に喪失した格好だ。植松死刑囚は両親に「見捨てられた」と受け止め、喪失感を抱えてバランスシートは一気に大きくマイナスに傾いた可能性がある。

その後、園に就職することも決まり、彼にとってはこの仕事や園での人間関係などが新たな資源になった。園に就職後のストレスは仕事や収入の少なさだったというが、やがて園を辞職したためその辞職に伴う喪失感が再び加わる。自主的に退職したのは園に解雇されて「見捨てられる」ことを恐れ、自己評価を維持するために「自分から捨てる」形で整理した可能性がある。

親を失望させてしまったこと、その親との別離に伴う喪失感、そしてその喪失感を補っていた園との関係性まで途絶えたことに伴う新たな喪失感。その結果としてのバランスシートの崩壊とヒトラーや優生思想との「出会い」はほぼ同時期に起きたようで、障害者を殺害するという「聖戦」を完遂する「英雄」を新たな自分のアイデンティティとすることで、地に落ちた自己評価を何とか支えようとしたようにも見える。

ローンウルフ型②　秋葉原トラック暴走事件

2008年6月、東京・秋葉原でトラックに乗った加藤智大(ともひろ)死刑囚が歩行者を次々とは

2008年(平成20年)6月8日(日) 毎日新聞

MAINICHI
毎日新聞
6月8日(日)

号外

3人死亡2人心肺停止

十数人けが 歩行者天国、次々刺され

25歳容疑者逮捕

8日午後0時35分ごろ、東京都千代田区外神田4の秋葉原電気街の交差点で、トラックが歩行者数人をはねた。運転していた男は車を降り、持っていた刃物で歩行者を次々に刺した。男は駆け付けた警察官に取り押さえられ、殺人未遂容疑で現行犯逮捕された。男は、静岡県裾野市に住む加藤智大容疑者(25)で、刺したことを認め、「生活に疲れてやった」などと供述しているという。

警視庁などによると、けがをしたのは、はねられた人も含め、万世橋署交通課の男性警部補(53)ら17人(男性14人、女性3人)で、うち5人が心肺停止状態。午後3時過ぎに5人のうち男性3人の死亡が確認された。死亡したのは19、47、74歳。

調べでは、トラックはレンタカーで、静岡県沼津市内のレンタカー会社営業所で8日午前8時から午後8時までの契約で借り出されていた。現場付近は、歩行者天国で日曜日とあってかなり混雑していたという。

現場近くにいた複数の目撃者によると、加藤容疑者が運転していたトラックが通行人をはねたのは、歩行者天国となっている南北の通り(中央通り)と、車の通行が可能な東西の通り(神田明神通り)が交わる交差点。トラックは、神田明神通りを西から東に向かって通過する際、横断歩道を渡っていた歩行者らをはねた。

交差点では「救急車、救急車」と叫ぶ通行人らの声が飛び交い、トラックは数十㍍先で止まった。加藤容疑者はナイフを持ってトラックから降り、交差点方向に歩いて戻ると、事故を知って駆け付けた警察官に、大声を出しながら、持っていた刃物で切りつけた。警察官が刺されると再び、悲鳴が起き「逃げろ!、危ない」と通行人がちりぢりに逃げたという。

これと前後して、歩行者の男女に馬乗りになってナイフで胸などを何度も刺した。

その後、加藤容疑者は刃物で通行人を次々に刺し、神田明神通りをナイフを振り回しながら西へ走って逃げた。警棒を持った警察官と一時もみ合いになったが、両腕を取り押さえられ、奥の路地で身柄を確保された。その周囲には、2人の歩行者が血を流して倒れており、千葉県松戸市の会社員の男性(27)は「周囲の人は怖がって遠巻きに見るだけだった」と震えていた。加藤容疑者は黄土色のジャケットを着ていたという。

【川上晃弘】

事件を報じた当時の号外新聞(2008年6月8日付 毎日新聞)

ねるなどして7人が死亡、10人が重軽傷を負った事件は、日本で近年目立つローンウルフ型犯罪の第1号ともいわれる。ここでは彼が獄中で書いた著書や公判での証言、当時の毎日新聞の報道などをもとに事件を検証する。

個人的な悩み

彼は公判で、事件を起こした原因について「3つある」と話した。彼が主宰するインターネットの掲示板への嫌がらせがあったこと、次に「言いたいことや伝えたいことを言葉ではなく行動で示して相手に分かってもらおうとする自分の考え方や、掲示板に依存していた生活」。そして最後に「小さいころの母の育て方」と分析している（伊藤&和田，2010）。

まず母親との関係を見ていこう。彼は裁判で、小中学生時代を振り返りこう述べている。「（母に）九九が言えないと風呂に沈められ、食事が遅いとチラシにぶちまけられたご飯を床の上で食べさせられた」「弟は同じことをしても何もされず、自分だけが目の敵（かたき）にされていると感じた」「（学校に提出する絵や作文は）いつも母親に直されて自分の作品じゃなかった。進路も小学校低学年の時から母に北海道大工学部と決められていた」（伊藤&和田，2010）

こうした環境については弟（2014年2月に自殺）も事件から1週間後、週刊誌の取材にこう明らかにしている。「小学校時代から友人を家に呼ぶことは禁じられていた」「作文や読書感想文は母親が検閲して教師受けする内容を無理やり書かされた」「兄は廊下の新聞紙にばらまいた食事を食べさせられていた」(齋藤, 2014)

加藤死刑囚はその後、進学校の青森高校に入り理工系の大学を目指したが不合格となり、1年間浪人して静岡県内の自動車専門学校に進んだ。トヨタの契約社員を目指したが不採用となり、派遣契約で職を転々とした(高島 et al., 2008a)。

仕事が長続きしなかったのは「言いたいことを言葉にできず行動で示してしまった。それが自分のパターンだった」と述べている(伊藤&和田, 2010)。また、刑務所で書いた自著『東拘永夜抄』(批評社)の中で「学校では、私がクラスメイトを『しつけ』しました。世界は加藤家によって支配されているのであり、母親が『将軍様』なら私は『小役人』で、クラスメイトらは『市民』です。間違ったことをしているクラスメイトらに対して、私は、殴り、ひっかき、蹴とばし、物を投げ、睨みつけ、怒鳴り、知っている限りの暴言を吐いて『しつけ』しました。母親から教わった通りに、です」(加藤, 2014, pp.15-16)と記している。

こうした証言や報道から、加藤死刑囚が親から与えられていたのは安心・安全な環境というより、命令や支配に従うことがすべての軍隊のような環境だったように見える。そこで彼は、親の顔色を見て服従する術は学んだが、母の望む大学に合格できず、従順な兵士としての「役柄」、つまり彼が生きるために作った仮のアイデンティティを失った。

命令に従うばかりで自律的に動くことを習得しにくい環境に育った青年にとって、家を出て自律的に生活することは容易ではない。彼は後に、ネット上の書き込みでこう記している。「(高校入学からの)8年、負けっぱなしの人生」「勝ち組はみんな死んでしまえ」(宍戸 et al., 2008)。こうした発言は、北海道大学に入ることも「良い就職」もできなかった自分を「負け組」と認識していたことをうかがわせる。匿名のチャット相手から「自分に値段を付けたら？」と聞かれると「無価値です。ゴミ以下です。リサイクルできる分、ゴミの方がマシです」と自虐的に答えている。

彼が人生を勝ち負けでしか見ることができなくなっていたとすれば、その価値観はどこから来たのか。おそらく家庭であり、その外側の日本社会でもあるだろう。

ナラティブ作りから過激化トンネルへ

そんな彼が出会った新しい居場所がインターネット上のコミュニティだ。24歳になる2006年秋、彼は自ら掲示板を作り主宰した。「リソース(資源)保存論」にあるように、彼も本能的に家庭や学校に代わる帰属先が必要と考えてこうした空間を作ったのかもしれない(5章P217)。

それがいかに彼にとって大事なものであったかは、公判での証言に表れている。「仕事以外の全部を掲示板に費やした」「掲示板は同じ場所を共有するという思いを得られた。私が立てた掲示板に来てくれる人は、私の部屋に来ておしゃべりをしてくれる人という感覚でした」「家族同然だった」（伊藤，2010a）

彼は掲示板の主宰者という新しい役柄を作り、それを楽しむことでさまざまなネガティブな感情とのバランスを図っていたのだろう。ここに「バーチャルな世界で立ち上げた新しいアイデンティティを生きる」という彼の新たな人生が形成されていく。

だが同時に、彼が過激化トンネルに入り始めていたことは当時の思いを語った裁判の証言からうかがえる。掲示板の書き込みをめぐるトラブルに関するやり取りで「掲示板の利用をやめようとは思わなかったか」と聞かれたのに対し、彼は「それはできない」と即答し理由をこう述べている。「現実は建前社会でネットは本音社会。本音を言える場所はとても重要で、他に代わるものはなかった。その人間関係こそが重要だった」（伊藤&和田，2010）

証言からうかがえるのは、彼が現実社会（外集団）をうそと虚構にまみれた世界と断定してその価値を低く見積もり、彼や彼の掲示板に集まるバーチャルなコミュニティを「本音」で語り合う集団（内集団）として高く評価している点だ。過激化の特徴である善悪二元論的思考が垣間見える。

ここまでの彼のストレスと資源を整理すると、親が示すゴールに向けて走り続けなければならなかった時代、彼は大きなストレスを抱えていた可能性がある。大学受験の失敗で、母親という司令官に従順でいる「良い兵士」でもいられなくなった。けれども静岡県でひとり暮らしを始めたことで、親からのストレスは軽減されたかもしれない。しかし社会に出て今度は自分自身が「司令官」の母から受け継いだような頑な価値観の固持により、同僚らとの軋轢を招き、職を転々としたようだ。

一方、資源はどうか。彼は掲示板を主宰し、そこに遊びに来る参加者との交流を新たな生きる力、資源とすることに成功した。親の望む大学への受験で不合格となって以来、下がり続けていた自己評価は高まったに違いない。仮想空間ではあるが「掲示板の管理人」というお気に入りの新たなアイデンティティを獲得し、そこでの人間関係は初めて自力で獲得した大きな資源となったのではないだろうか。

宣伝グセと最終トリガー

加藤死刑囚の場合、犯行の「宣伝」とトリガーはほぼ同時期に起きているように見える。事件を起こす直前、彼はその大事な掲示板で彼自身になりすます偽物や、不快な発言、情報を流してメンバーの会話を妨害する、いわゆる「荒らし」に悩まされていた。当時の心境について彼は公判で「掲示板上の（自分の）存在（感）が薄くなり、偽物に人間関係を奪われた。事件を起こさないと掲示板を（偽物から）取り返せないと思った」と切羽詰まった胸の内を明かしている。ヤケになって「みんな死んでしまえ」と無差別殺人を連想させるような書き込みもした（伊藤，2010c）。

彼はこの「偽物」に追い詰められ、それが行動を起こすトリガーになったようだ。彼にとって掲示板主宰者としてのアイデンティティを盗まれるということは、まさにリアルな世界で自分の運転免許証などが偽造され、誰かが自分を装っているのと同等の重みがあったに違いない。

一般に、我々はさまざまなアイデンティティで自己評価を支える。家族、出身校、職場。それぞれの場面で「顔」を持ち、それはポートフォリオのように自分の価値を構成している。しかし彼にとっては掲示板での人間関係がアイデンティティの大部を占めていた可能性があり、それを奪われることは自分を支えているほとんど唯一の柱をへし折られるに等しかったのではないか。大げさなように聞こえるかもしれないが、彼にとってこのネット上でのトラブルは人生そのものをハイジャックされたような重大事件だったように思える。

そして運悪く、同じタイミングの5月末に派遣契約の終了を告知された。それは6月3日に撤回され、彼自身は結局、残留することになるのだが、5日にいつも通りに職場に行くと作業用のつなぎがたまたま見つからなかった。彼は更衣室で「つなぎがないぞ」と大声を出し、壁を殴るなどして暴れた。同じ時間帯、掲示板には「この日ツナギがなかった。辞めろってか」との書き込みがある。また「犯罪者予備軍って、日本にはたくさん居る気がする」「『誰でもよかった』なんかわかる気がする」と犯行をほのめかすような投稿も書き始めている（高島 et al., 2008a）。

彼のリアルな生活面を支えていたのは仕事だが、解雇を通知されれば職場を去るしかないのが派遣契約社員の現実だ。6月6日の掲示板への書き込みには「人が足りないから来いと電話が来る。俺が必要だから、じゃなくて、人が足りないから。誰が行くかよ」とある。解雇―撤回―出社指示。まるでモノのように扱われることに強い不快感を募らせていたようだ（遠山, 2008）。

彼はこの6日午後に福井県に足を延ばして凶器を購入しており、職場への愛着を失ったこともまた、彼を支える資源を払底（ふってい）させたことをうかがわせる。しかし彼は、犯行現場の秋葉原に到着してから何度も「中止できないか」と考えた。実際、現場となった交差点を3回行き過ぎ、考えあぐねた結果、最終的に「家族もなく、仕事も辞めて居場所はどこにもないと気づいた」（裁判での証言）。逆に言えば、家族や仕事、バーチャルな掲示板に自分の居場所がまだあれば、彼は踏みとどまっていたかもしれない（伊藤, 2010c）。

トリガーには過激化を止めるものがあるが（2章P80）、彼にもその機会はあったようだ。

犯行前年の2007年9月28日、25歳になった加藤死刑囚は誕生日に非常に落ち込んでいてJR青森駅で特急列車に飛び込もうとしたが、掲示板で知り合って好意を寄せていた当時18歳の女性から「20歳になったら青森に遊びに行く」というメールをもらい、思いとどまったと裁判で告白している。あの「リソース（資源）保存論」にもあるようにどれほど負荷がかかってもわずかな光に希望を見出し、それを資源として明日を生きる力に変えようとするのが人間でもある（伊藤，2010b）（5章P217）。彼もまた精いっぱい、資源の確保に努めてはいたのだろう。

そして犯行日の2008年6月8日に向けて「実況中継」が始まる。ローンウルフに特徴的な「宣伝グセ」だ（4章P201）。以下は主宰するものとは別の掲示板に加藤死刑囚が書き込んだと見られている内容（要旨）だ。「やりたいこと……殺人」「夢……ワイドショー独占」（6日午前2時48分）、「彼女がいれば、仕事を辞めることも（中略）携帯依存になることもなかった。希望がある奴にはわかるまい」（同3時9分）、「いつも悪いのは全部俺」（同3時10分）、「ナイフを5本買ってきました」（午後8時49分）（遠山，2008）。

8日の事件当日、今度は主宰する掲示板に以下の書き込みを残している。「秋葉原で人を殺します。車でつっこんで、車が使えなくなったらナイフを使います。みんなさようなら」（8日午前5時21分）、「友達は、できないよね」（午前6時3分）、「ほんの数人、こんな俺に長いことつきあってくれてた奴らがいる」（同6時4分）、「秋葉原ついた」（同11時45分）、「時間です」（午後0時10分）（高島 et al., 2008b）。

この後、加藤死刑囚は車で雑踏に突っ込み、それから車を降りて周囲の人々を次々と刺した。警官に銃を向けられて仕方なくナイフを置くまで数分間の凶行だった。

彼の過激化と、彼が過ごした過酷な幼少期は無縁ではないだろう。残念ながら、彼の母親の行為は紛れもなく児童虐待だ。幼いころに受けた虐待が与える傷は特に大きく、複雑性PTSDを生み出す。その犠牲者は人間不信となり、自己評価が低くなり、攻撃的になり、リスクを好む破滅的な行動を取る傾向が実証されている（5章P234）。

彼は自分自身を「母親のコピー」と自虐的に語っている。常に自分の「問題点」を探し減点する母親の視線にさらされ続け、そうした視点が内在化され同じようなものの見方をして自分にも他者にも「ダメ出し」をし続けてしまうようだ。

彼の母親だけを悪者にすることはできない。父親はそうした「しつけ」をなぜ放任したのか。彼が青森を出て自活するようになってから、彼と出会った大人たちは彼にどのように接したのか。学歴社会を是とする日本の社会であるからこそ、母親のような価値観が生まれるのではないか。

彼が勤務していた会社の幹部は事件の翌9日に開いた記者会見で派遣社員の削減につい

て「切る」という表現を使い、慌てて「契約解除」と言い直したという（遠山，2008）。こうした言葉遣いからも従業員への配慮のなさは明らかだ。

シャダク博士が指摘したように、抱えきれない負荷がかかると人は防衛機制に入り、退行（言動の原始化）や分裂（善悪二元論的思考）を起こす（4章P156）。加藤死刑囚の場合、複雑性PTSDともあいまって被害者意識が強まったのかもしれない。人はモノのように扱われるとその相手を意識の中でモノのように扱い、非人間化することで自分を救うのだ（5章P157）。

犯行の3日前、彼は掲示板に「『誰でもよかった』なんかわかる気がする」と、無差別殺人に共感を示すような書き込みをしている。犯行の2日前には職場でのトラブルについて「いつも悪いのは全部俺」と書き、犯行前日にも、電車に乗っていた時に女性が自分の隣の空いていた席に座らず別の席が空いたら座ったなどと書き「さすが、嫌われ者の俺だ」「そういうことされると、殺したくなる」とつづっている（遠山，2008）。自分の周囲で起きるすべてのことが自分に向けられているような被害者意識の高まり。そして無差別攻撃による復讐をにおわす言葉。過激化トンネルを一気に落ちていく姿が浮かび上がる。

彼は自分を被害者、そして彼をないがしろにするそれ以外の者たち、母親や掲示板の荒らし屋、勤め先も含めたすべてを外集団であり加害者と位置づけ、彼らに報復しようとしたのではないか。その凶行により「ワイドショー独占」（６日未明の書き込み）をして承認欲求を満たす（遠山，2008）。そして掲示板で自分をおとしめた偽物に自分の「雄姿」を見せつけ、大事なアイデンティティの奪還を図る「聖戦」にしたかったのではないだろうか。

組織型　オウム真理教事件の杉本繁郎受刑者（無期懲役確定）

平成史に残る大事件のひとつ、オウム真理教事件では多くの若者がその教祖、麻原彰晃元死刑囚（２０１８年７月６日死刑執行）が仕立てあげたさまざまなナラティブに魅せられ過激化プロセスへと突き進んだ。ここではその中で、１９９５年３月20日に起きた地下鉄サリン事件で実行犯の送迎を担当するなど３つの殺人事件で有罪（無期懲役）が確定した杉本繁郎受刑者がたどった足跡について考えたい。ジャーナリストの江川紹子氏が彼の手記を要約し、かつ新たに書き下ろした内容も合わせて著書『「カルト」はすぐ隣に――オウムに引き寄せられた若者たち』（岩波ジュニア新書）（江川，2019，pp.56-93）にまとめているのでその記載をもとに検証する。

1995年（平成7年） 3月20日 月曜日

MAINICHI
毎日新聞
夕刊

地下鉄に猛毒ガス

サリンか、6人死亡

日比谷・丸ノ内線の16駅で ラッシュ時

約900人に症状

東京円 最高値88円65銭

NEWSLINE

この人と 高木文雄さん 5

震災と都市文明 7

東京共同銀行が営業開始 2

らっこ コンサート情報 楽庫 8

あすの天気

オウム真理教が起こした地下鉄サリン事件を伝えた当時の新聞
（1995年３月20日付 毎日新聞夕刊１面）

私的な悩み

杉本受刑者は広島県出身で、父親が建設会社勤務で出張のため不在がちだったこともあり、母親と「母子家庭」のような環境で育った。「母にほめられた記憶」がなく、両親は夫婦げんかが絶えなかった。父親にはよく「お前が生まれていなければ、こんな女とはとっくに別れている」などと言われた。杉本受刑者はこうした両親に育てられたことが「私の人格形成に影響を与えた」と語っている。

証券会社に就職するが体調を崩して退職。自宅で療養中も両親にそのことをとがめられ、精神的に追い詰められたという。そして「なぜ、私だけが病気で苦しみ、普通に生活することすら許されないのか。両親にも理解されないのか。私がいったい何をしたのか」と悩む日々が続いた。

彼と両親の関係は詳細には分からないが、彼の言葉から察するに、両親からその存在ごとそっくり受け止められて育てられたというわけではなさそうだ。言葉による虐待というのは日本では最近ようやく理解されてきたが、欧米ではかなり前から市民権を得ている。彼も両親から否定的発言や評価を繰り返し浴び続けた結果、自尊心や自己評価が十分に育まれなかった可能性がある。

バランスシートで見ていくと、オウムに入るまでの杉本受刑者は親からの否定的な発言にストレスやプレッシャーを受けていた可能性がある。体調を崩して勤め先を退職した時点で仕事と健康の両方の喪失感を味わい、バランスシートは大きくマイナスに傾いたのではないだろうか。

ナラティブ作り

しかし彼はそこで負荷につぶされることなく、「リソース（資源）保存論」が指摘する通り、自分なりに支えとなる資源を探し始めた（5章P217）。

杉本受刑者は『虹の階梯――チベット密教の瞑想修行』（ラマ・ケツン・サンポ　中沢新一共著、平河出版社）（ラマ・ケツン・サンポ＆中沢，1981）という一冊の本と「出会い」、特にその中で語られていた「因果の法則」に強くひかれたという。

彼は個人的な悩みに対する答えをこの書籍に見出したようだ。彼はこの本に「出会った」と言っているが、むしろそうしたスピリチュアルな世界にはもともと関心があり、その興味の方向性の中で探した結果、この本に「たどりついた」という方が近いのかもしれない。実際、彼はバーチャルな世界と現実を「混同しながら」楽しむ傾向があったという。

そして「因果の法則」についてこう記している。「あらゆることがらは過去の業（カルマ）によるものだ、という因果の法則で、答えが示されたように感じたのです。私は、育った環境や苦しんでいる病気などすべてのことが、過去世からのカルマによるものだと考えるようになり、チベット密教に傾倒していきました」。彼はこの因果の法則に自分が今まで抱えてきたさまざまな疑問への答えを見出し、家族や健康、仕事などにおける複雑な問題から目を背ける「正当性」を自分に与え、救われた気持ちになったように見える。彼にとってこの書籍は、過激化を促すイネイブラーの役割を果たしたように思われる（３章Ｐ１１９）。

私がインターンをしていたシンクタンクのあの研究者は過激化の入り口には「疑問と答えがある」と言っていたが、杉本受刑者はこのあたりから近づいたのかもしれない。

背負いきれないほどの負荷を受けた人は、バランスシートを保つために一時的あるいは長期的に防衛機制に入り、退行や分裂で自己防衛を図る。「なぜ、私だけが」。杉本受刑者はそんな被害者意識の中で抱いた疑問に、過去世のカルマという「絶対的な解」を見出し、自分に起きたすべての出来事を完璧に説明できるナラティブを見つけた思いで取り込んだのではないだろうか。こうしたストーリーならば両親を含めて他者を責めることも、自分自身に向き合ったりする必要もなくなるからだ。

だがそれはもちろん彼自身が後に認めているように現実逃避にすぎない。彼はこのナラティブから、その延長線上にあったヨガ、そして当時の「オウム神仙の会」へと突き進む。

過激化トンネル

麻原元死刑囚もまたそんな彼の過激化を促す完璧なイネイブラーの役割を果たしたようだ。初めての面会で彼が悩んでいる病気などについて打ち明けると、麻原はヨガの行法を1日5、6時間やればよくなると言ったり、杉本受刑者が「これまでに経験した神秘体験」を解説したりしたという。杉本受刑者は「わずか30分ほどの間に、私は麻原に強く引きつけられ、この人こそ求めていたグルに違いない、と思ってしまった」と振り返っている。

こうした話はオウムの入信者の言葉としてもよく聞かれ、麻原がカリスマ性を持つ人物だったとかマインドコントロールだなどと分析されてきた。確かに彼にはそうした魅力やナラティブ作りの巧みさはあったのだろうが、忘れてならないのは「聞く側」が自ら「答え」を積極的に探していて、すでに彼らが持っている同様の思考（belief system）(Howard et al., 2019) に合うものを麻原の言葉に見出し、自分で「解」としている側面もありうるという点だ（4章P186）。なぜかというとあの「リソース（資源）保存論」にあるように杉本受刑者は自分を支えるためにそうした「答え」を必要としていたと思われるからだ。

杉本受刑者はその後、オウムのメンバーとして活動するなかで麻原に疑念を抱いたことはあったが、そのたびにこうした当初の出会いを思い起こし、「やはり麻原は正しい」と自分に言い聞かせていたという。それは「まるで、自分で自分を洗脳しているような状態」

だったと述べている。人は確証バイアスで自分の考えや興味に合う情報ばかりを集めるようになると、それと矛盾する情報に遭遇しても無視したり、軽視したりしてしまう（認知的不協和理論）（４章Ｐ１８２）。その結果、さらに思い込みが強化され自己過激化（self-radicalization）の道に入る。杉本受刑者が自ら述べた、自分で自分を洗脳しているような状態とはまさに過激化プロセスに特徴的な自己過激化の過程だ。

シャダク博士は授業で心理学者フロイトの概念について語った。人間の心には、①無意識で本能的な「イド」②無意識と理性的な意識の間を取り持つ「自我」③良心や道徳などをつかさどる理性的な「超自我」があり、過激化とは③を誰かに乗っ取られるような状況だ、と（４章Ｐ１５２）。杉本受刑者は疑問を抱きながらもオウムにとどまった理由について「自分のアタマで考えることを放棄してしまった」ためとも述べている。

なぜ思考放棄が起きるのか。それは誰かの思考が自分より圧倒的に優れていると思い込んでいるからで、底辺にあるのは自分への自信のなさではないだろうか。彼は「リソース（資源）保存論」にあるように、自分で資源を追加しようとして書籍を読んだり麻原に会いに行ったりした。そのあたりまでは、まさに自分で葛藤し、思考して動いた。だが最終的に彼はその「超自我」を麻原に明け渡した。そこにはハイジャックする側のうまさもあるが、明け渡す側の自尊心やアイデンティティの欠如もあるだろう。

過激化は自分のアイデンティティを探す旅でもあり、麻原が求める「一心同体」を受け入れればもはや追い求める必要もなくなる。家族など外界との関係を捨てて出家した信者はまさに退路を断ったも同然で、オウムからの離脱は帰属組織、そしてアイデンティティを喪失することを意味する。自力で外界に戻って人生を再起させる自信がない人、そうした再起に必要な追加の資源やそのあてがない人ほど現状にとどまりやすく、過激派組織との共依存の関係にはまりやすい。

また、オウムはイスラム国と同様に不信心者という外集団（オウムのメンバーでありながらその活動に不信感を持ったり不審な言動を見せたりしている人も含む）への暴力を組織への忠誠心を試す手段にも使っていた。そしてひとたび暴力に加担すると、今度は「共犯者」と見なして裏切り者への処罰などをちらつかせ、離脱を困難にさせた。

こうした仕組みは日本赤軍が「総括」の名のもとに内部で殺し合いをしたメカニズムにも通じる。組織が違法行為に走り出すと、その事実を隠蔽するためにも結束が必要となり、さらなる暴力が用いられる。

この後のステップ「宣伝グセ」や「トリガー」は、杉本受刑者自身はオウムという組織の一部、つまり「組織人」として振舞い、ローンウルフのように自己顕示欲で犯行予告をしたり独自のトリガーにより犯行を起こしたりはしていないのでここでは割愛する。

第7章
過激化をいかに防ぐか

正負のエネルギーが循環する

ロシア系米国人の心理学者、ユリー・ブロンフェンブレンナーはその著書『人間発達の生態学（エコロジー）――発達心理学への挑戦』（磯貝芳郎、福富護訳　川島書店）（ブロンフェンブレンナー、1996）で、人間の発達を「人が環境を受け止める受け止め方や、環境に対処する仕方の継続的な変化」と見なし、「生態学的システム論（ecological system theory）」という概念を提唱したことで世界的に知られる。

子供という個人を核に、その家庭や学校、コミュニティ、親の仕事、マスコミ、政府など社会の各層がいかに相互に影響を及ぼし合っているかを研究した理論だ。私はこの理論を留学2年目に学び、それまで漠然としていた社会の循環システムが頭の中で整理された。社会の各層がどのように個人の過激化を抑止したり対策を講じたりすることができるかを考えるうえでも役立った。本章では、まずこの理論の概要を紹介したうえで、各層にて可能な対策やアプローチを検証したい。

ブロンフェンブレンナーは、個人から国家にいたるまでの社会の各層はロシア人形のマトリョーシカのように同心円をなし、相互に関連し合うと説いた。円は4輪あり（図9）、

［図9］ブロンフェンブレンナーの生態学的システム論

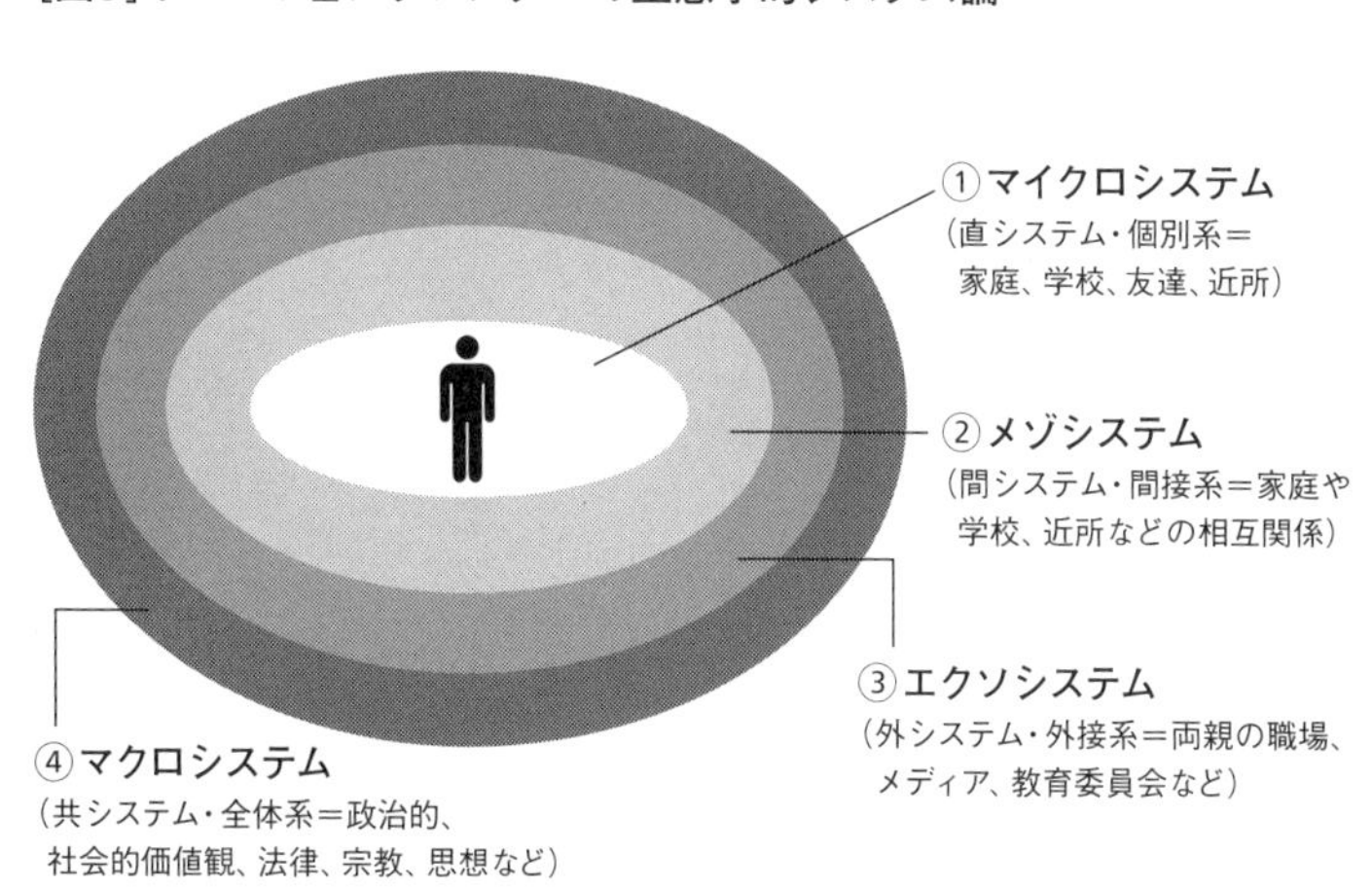

もっとも内側は①マイクロシステム（直システム・個別系）とした。個人が直接的に関係を持つ家庭や学校、職場などにおいて感じることやそれへの対処が含まれる。「感じ方」なので、個人がそれをどうとらえたかを見る。

そのすぐ外側にあるのが②メゾシステム（間システム・間接系）の円だ。帰属先の相互の関係が個人に及ぼす影響を指す。子供であれば、家庭や学校、大人でいえば家庭と職場といった帰属先の相互の関わりが個人に与えるインパクトだ。

例えば相模原の障害者施設を襲った植松死刑囚の場合、彼は小学校の教師になるのをあきらめて企業に就職した。植松死刑囚が帰属する家庭、つまり両親が、彼のもうひとつの帰属先である彼の就職先を快く思っていない、と彼自身が感じていた場合、その認識は彼にネガティブな影響を与える。

次の同心円③はエクソシステム（外システム・外接系）で、当の個人が積極的に関与していないし、関与することができない外周の要素が及ぼす影響だ。子供であれば学校の方針や両親の雇用状況、両親の会社などでの人間関係がそれにあたる。親が失業したり会社でのストレスを子供に向けたりすると、子供にもストレスがたまる。メディアの報道もここに含まれる。メディアが学歴偏重を事実上促進するような報道をすると、それが学校や両親の教育方針に反映され子供に負荷がかかる。

最後の④はマクロシステム（共システム・全体系）で、政治や社会、法律、宗教などが個人の生活や価値観に及ぼす影響だ（井上 et al., 2004, pp.6-8）。

秋葉原の事件を起こした加藤死刑囚は事件直前、「負け組」であるかのように自虐的に掲示板に書き込んでいたが、自己評価が低いことを単純にその個人だけの問題に帰結することはできない。逆に、多様な価値観をもつ社会は結果的に個人の自己評価の基準も多様化させるので「多数派と違う」人も生きづらさを感じにくくなる。

こうして各層はさまざまな正負のエネルギーを発し、相乗作用を起こしたり衝突や摩擦を引き起こしたりしながら末端の個人の体を介して放出される。その負のエネルギーの一部が暴力、つまり虐待でありいじめでありテロリズムだ。そして放出されたこの負のエネルギーが政府の政策や社会の価値観に影響を及ぼし、それが巡りめぐって再び個人に舞い戻ってくる。

子供の世界観を育てる

子供の世界観は一般に、一番内側の同心円にある一義的な帰属先、家庭や学校で育まれる。

世界観がどれほどその人の資源（リソース）を作り出す力になるか、改めてある例を見てみたい。日本テレビ系のNNNドキュメント50周年で制作された「自分の〝見た目〟テーマに一人芝居する女性」という番組があった（NNN, 2020）。河除静香（かわよけしずか）さんは生まれながらにして顔の血管に塊（かたまり）ができる「顔面動静脈奇形」という病気で、口元がはれぼったい。母親の秋美さんは「普通に育てよう」と決めたが、「よく恥ずかしげもなく連れて歩くね」と言われることもあった。それでも「別に引け目もない」と秋美さんは毅然（きぜん）と振舞った。

静香さんは小さいころから友達に「アヒルのガーコ」などと呼ばれたり、「汚い」「ばい菌がうつる」と心ない言葉も投げつけられたりした。それでも母の秋美さんの視線に守られ、極端に低い自己評価を身につけることはなかった。

もちろん年ごろになれば、異性への関心や恋愛感情も抱く。ある日、女子の友達に「こんな顔だと、(好きな人に) 告白したらだめだよね」とつぶやくと、彼女は泣きながら「なんでそんなこと言うの。あなたの武器は (明るい) 性格だよ」と言ってくれたという。「あれがなかったら今はない」。この友達の言葉は静香さんを支える大きな資源になった。

静香さんはその後、夫と出会う。夫は静香さんに「人からジロジロ見られるのが嫌なら、俺が着ぐるみを着て隣を歩く」とチャーミングな言葉をかけてくれたそうだ。彼と結婚し、今では元気な男の子にも恵まれて幸せな家庭を築いている。

アザや傷、見た目に悩みを抱える人は全国に100万人以上いる。静香さんは6年前から一人芝居で「異形」の存在を演じ、子供らにさまざまな人間がいることを伝えている。

静香さんのバランスシートを考えてみよう。まず母の秋美さんの絶対的な愛情により、家庭が彼女にとって安心・安全な場となったことが感じられる。思春期になるとバランスシートはマイナスに傾きがちだったかもしれないが、友達の言葉が支えになった。夫との出会いがバランスシートを大きくプラスに傾けたのは事実だが、彼女に人を素直に信じる世界観があったからこそ、彼から差し出された手を素直に取ることができたのではないか。

つまり、静香さんは彼と出会う「準備」ができていた。

この「準備」は重要だ。誰かを信じるにはまず「人を信じても大丈夫」という漠然とした世界観が必要になる。それが築かれていないと、自分の手を周囲に伸ばしていくことはできない。静香さんはこの開放的な世界観に支えられたのではないだろうか。

子供の世界観に影響を及ぼすのは家庭だけではない。学校もある。

イスラエル・テルアビブ大学教育学部のバル・タル教授はイスラエル教育省が認定した歴史、地理、文学などさまざまな教科の１２４冊にのぼる教科書の記載を分析した。そこには「安全」「ポジティブなアイデンティティ」「（ホロコーストなどによる）被害者ユダヤ人」といった社会的信念が通底していたが、イスラエルの歴史に関する記述では「イスラエルの安全を常に脅かすもの」としてパレスチナ人をはじめとするアラブ人の存在が描かれていた（コータント et al., 2012 pp.47-48）。ユダヤ人を被害者、アラブ人を加害者と位置づけるかのようなこうした教育は「世界は安全ではない」「アラブ人は我々を傷つけようとする」という否定的な世界観を構築することにもなりかねない。

また、パレスチナ人の教科書においても「裏切りと不信がユダヤ人の人格的特徴」「彼らには用心すべきである」などの記載が目立つ（Oren & Bar-Tal, 2007, p.117）。占領者＝非情な悪魔、といったパレスチナ社会に広がるユダヤ人への偏見はこのように公的教育機関からも広められていて、過激化プロセスの「非人間化」をもたらす要素を含んでいる。

コミュニティも世界観に影響を与える。パレスチナでは、街のあちこちにユダヤ人を殺害して「殉教」したパレスチナ人を称賛するようなポスターが張られている。殉教者の名前などを刻んだブレスレットやネックレスもある。すでに述べた通り、パレスチナでは、ユダヤ人への攻撃で殉教したり、イスラエル側に拘束されたりした場合、報奨金のような資金が渡されるシステムもある（1章P47）。

静香さんのように、親との愛着関係から健全な世界観を育むことができれば理想的だ。周囲に差別的な扱いを受けても前向きな世界観を維持できたように、家庭で強固な世界観が構築されると、仮に学校やコミュニティの教育、文化、習慣にネガティブな要素が含まれていてもそれが破壊されるまでにはいたらない。

ただ、家庭で世界観を築くことができなくてもあきらめる必要はない。私が知る、あるホロコースト（ユダヤ人大量虐殺）の生き残りの女性は、まだ小学校程度の年齢の時期に両親も兄弟も親戚もすべてナチス・ドイツに殺害された。戦前に親との間で形成された平和な世界観は押しつぶされ「世界中が自分たちユダヤ人を殺しにくる」という悲惨な形で固まりつつあったという。

しかし戦争が終わって施設に移された彼女は、そこで調理を担当していた同じユダヤ人男性にほんのちょっとした特別な扱いを受ける。台所で働く彼のそばにいると時々ポケットからクッキーを取り出し、周囲に見えないようにそっとくれた。それだけのことだが、彼女は「施設にたくさんいるユダヤ人の中で、自分が『とても特別な存在』と思えるようになった」と話していた。

あの「リソース（資源）保存論」でいえば、彼女も自分を支える資源が枯渇するなかで、この調理師の「特別なはからい」に最大限の価値を置くことで、その他の膨大な喪失感を支えようとバランスを図った。もちろんそこには戦前、両親が育んでくれた温かな世界観や両親からの遺伝子の影響もあっただろうが、ともかく彼女はこの「ただの親切な人」が与えてくれた好意を最大限生かし「家族はいなくなったけれど自分は無力ではない、他者は自分を助けてくれる。自分は特別な存在だから」という世界観を立て直し、「戦後」という未知の海にたったひとりでこぎ出す力にした。

静香さんの友達の言葉が静香さんの人生を変えるほど大きな意味を持ったのと同様に、私たちのなにげない言葉や態度は苦境にある他者の世界観が崩壊するのを食い止めることも、最後の一撃を加えて粉々に壊すこともできる。静香さんにぶつけられたような「蔑視」を「自分は一度もしたことがない」と言える人は果たしているだろうか。

静香さんは両親や友達、夫からの愛情で自分を支え、その力を今は同じような難題を抱える人々のために「一人芝居」を通じて社会に還元している。彼女を救ったあの友人の女性が、仮に静香さんと同じような容姿の子供を産んだら、静香さんの一人芝居に助けられるだろう。ブロンフェンブレンナーの理論のように、私たちが他者に与える慈しみもストレスも、すべては循環していずれ私たち自身に戻ってくる（Bronfenbrenner, 1977）。

ストレス対処メカニズム

自分自身で、あるいは家族、親しい人と協力して心身をケアするための応急処置的なセラピーがある。イスラエルの心理学者らが構築したアプローチで、紛争や災害などで大きなストレスを受けたもののすぐには専門家の支援や医療を受けられない状況の中で、自律的に行うことができるようにと作られたストレス対処メカニズムだ。

これはバランスシートの崩壊を防ぐために有効なものと思われるので、ここで詳しく紹介しておきたい。ストレスやトラウマによる負荷を支えきれなくなると、私たちのバランスシートは崩壊の危機に瀕する。それでも何とか均衡を保とうとする中で、過激思考などの悪質な「資源」をつかんでしまう。これを防ぐには、自分がどのようなストレス対処メカニズムを持つかをまず自覚し、意識的に実践してより効果的な資源を獲得することが重要になる。

私はこの理論を日本で出版されている書籍『緊急支援のためのＢＡＳＩＣ Ph アプロー

チ――レジリエンスを引き出す6つの対処チャンネル』（ムーリ・ラハド、ミリ・シャシャム、オフラ・アヤロン編、佐野信也、立花正一監訳　遠見書房）（ラハド et al., 2017）を読んで知った。そして留学2年目、この著者兼編集者であるイスラエル・テル・ハイ大学の心理学教授、ムーリ・ラハド博士と共に世界各地の紛争・災害現場に赴きそのノウハウを提供してきたというルビー・ロゲル博士の授業で具体的に詳しく学んだ。

ロゲル博士は東日本大震災で「イスラエル・トラウマ・コアリション（ＩＴＣ）」という非営利団体の一員として被災地を訪れ、被災者の支援にあたった経験もある。ＩＴＣは２００２年にエルサレムに創設された組織で、イスラエル国内の26の自治体と連携しながらコミュニティの要となる市役所や学校、宗教施設などでセラピーを行う方法を教えている。２０１３年4月に起きた米ボストン・マラソンに対するテロリズム後も現地に入り、学校やコミュニティセンター、宗教施設などを拠点に活動した（ITC, 2020）。

ラハド博士らがＢＡＳＩＣ Phを考案したきっかけは１９８０年代初めに遡る。イスラエルに占領されたパレスチナ人との紛争が続く中で、多くのイスラエル住民がパレスチナから自爆攻撃を受けてもその後普段通りの生活に戻り心身のダメージを自然に回復していく様子を見てラハド博士らは疑問を抱いた。「なぜ彼らは回復していくのか」。そしてさまざまなアンケート調査や実験の結果、個人にはそれぞれストレス対処のために持って生ま

[図10] BASIC Ph の6つのモデル

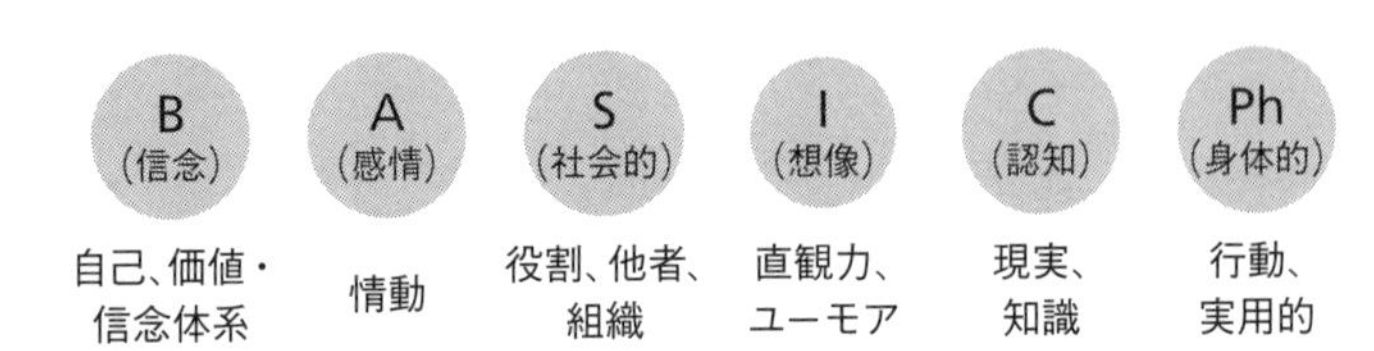

出典:『緊急支援のための BASIC Ph アプローチ レジリエンスを引き出す6つの対処チャンネル』(ムーリ・ラハド、ミリ・シャシャム、オフラ・アヤロン編、佐野信也、立花正一監訳、遠見書房より)

れたメカニズムがあり、それを意識的あるいは無意識的に実践しながら回復するのだと分析した。自分の対処メカニズムを事前に自覚しておけば、あとは必要に応じて各個人がより意識的に自分に合った方法を実践し自律的に回復できるのではないかと考えた(ラハド et al., 2017)。

こうした研究に基づき集約されたのが6つのストレス対処メカニズム(図10)だ。自分はどのアプローチを好んで使っているだろうか、と考えながら読み進めてほしい。

まずBは「信念と価値(belief and values)」の頭文字で、宗教、祈り、スピリチュアルなことに支えを求める人々に有効なアプローチだ。文字通り、祈りを捧げたりスピリチュアルな本や音楽を積極的に楽しんだりすることでストレスの軽減を図る。

Aは「感情と情動(affect and emotion)」で、感情を発散したり押し込めたりしてバランスを取ろうとする傾向が強い人の対処法だ。家族や友人との間で愛情や感情表現を共有し合うことで落ち着く人は少なくない。ただ気をつけたいのは過剰な依存や内心を蝕む人間関係で自分を支えようとする行為で、子供に対する支配や不倫関係などに「活路」を見出すアプローチは最終的には自身や相手の大きな負荷になる。

Ｓは「社会的（social）」の頭文字で、他者を助けたり助けてもらったりしながら自分の力に変えていくタイプだ。２０１３年4月に起きたボストン・マラソン・テロ事件では、軽傷だった犠牲者の多くが現場で簡単な手当てを受けた後、より重症の犠牲者を支援する側に回った。彼らは無意識的にこの対処メカニズムを使い、他者を助けることで自分の心を落ち着かせ「テロには負けない」といった気丈さを取り戻したとされる。レイプなどの犯罪被害者が同じような犯罪に巻き込まれた犠牲者を支援することは自身の力になるとの見方があるが、他者への利他的な行為はセラピー効果をもたらす側面もある。

Ｉは「想像（imagination）」で、空想にふけったり自分を問題から切り離したりして心の安寧を図ろうとする人に有効なアプローチだ。特に子供は大きなストレスを受けると一時的に回避行動を見せることがある。自己防衛の一環と見られ、そうした状態にある子供らは物語を作ったり演じたりして想像力を生かした遊びを好むかもしれない。逆に親が「ストレス解消になるだろう」と勝手に自分が好む別のアプローチ（ストレスのもとになった事案について話すことなど）を勧めるとかえって子供の負担を大きくしかねない。子供といえどもひとりの個人として、それぞれに合う対処メカニズムを持っていることを理解する必要がある。

Cは「認知的（cognitive）」な方法で問題に集中し解決を図ろうとする人に向いている。理論や理解を重んじ、現実的な取り組みを好む対処法だ。とにかく問題を一つひとつ調べ、できることを確実にやっていくことで心身の安定を図ろうとすることが少なくない。

最後のPh「肉体・生理的（physiological）」は行動で気晴らしするようなアプローチで、スポーツや体を動かすのが好きな人に向いている。これにはやけ食いやアルコール、薬物などへの依存なども含まれ、有害なものもある（ラハド et al., 2017）。そして言うまでもなく、暴力行為をこの肉体的対処メカニズムとして使う人もいる。

秋葉原で事件を起こした加藤死刑囚が掲示板でのコミュニケーションにのめり込んだのは、彼がS（社会・ソーシャル）を重視するタイプだったからだろう。トルコでイスラム国の動画がもたらす音楽やイメージに魅せられていたあの少年の対処メカニズムはPh（肉体）やI（イマジネーション）だろう。オウム真理教に魅せられた杉本受刑者もアニメや世紀末に関心が強くI（イマジネーション）を重視するタイプだったように見える。カルトや宗教過激派に吸い寄せられる人の多くはこのタイプが少なくない。暴力団や入れ墨、薬物にハマっていた植松死刑囚には、肉体的対処が重要だったように見える。

人は負荷を受けてバランスシートが傾くと、均衡を図るために自身の資源となりそうなものにとりあえず手を出す。杉本受刑者にとってそれはオウムへの入会だったし、加藤死刑囚にとっては掲示板を立ち上げることだったのだろう。

ちなみにこれら6つのタイプは、ラハド博士らが独自に考案したわけではない。ストレス対処メカニズムについてさまざまな概念を訴えてきた過去の心理学の大家たちの分析がベースとなっている。例えばBは前述の世界的名著『夜と霧 新版』（池田香代子訳　みすず書房）の著者であるヴィクトール・E・フランクルが提唱した概念「意味の探求」に基づく。Bは米国の著名な心理学者アブラハム・マズローが訴えた、人間は自己実現に向けて生きるという概念も反映している（野村総合研究所, n.d.）（いずれも4章P200）。

Aは20世紀の心理学の巨人でユダヤ系のジークムント・フロイトが、またSは日本でも「アドラー心理学」として人気を集めるユダヤ系オーストリア人心理学者、アルフレッド・アドラーがそれぞれ提唱した概念をベースにしている（中島, 1999）。Iはスイスの精神科医で心理学者のカール・グスタフ・ユング（中島, 1999）、Cは私たちがストレスをどのように認知し評価しているかやそのストレス対処アプローチを研究したリチャード・ラザラスらの理論を元にしている（Lazarus & Folkman, 1984）。Phは、「パブロフの条件反射」で知られるイワン・パブロフの概念が根底にある（中島, 1999）。

大学院の授業では、まず自分がどのような対処法を好むかを自覚するために18の質問（図11）が与えられた。各アプローチをどのくらい使うかを1から6までのレベルで答え、自分に合ったものを自覚するのが狙いだ。あまり厳密に考えず直感的にやってみると良い。そして最も自分に合うと思うアプローチを別途、この18の項目から3つほど選ぶ。あとは下のボックスにその結果を入れ、選びだした3つはそれぞれ割り当てられた数字を2倍にして加算する。参考までに当時、私が授業中に書いた回答を下のボックスにつけた。

これを見て分かるように、私はSの社会的つながりを重視するアプローチが30で最も強く出ていて、次がCの認知的行動で18だった。確かに私はストレスを感じると家族や友人にすぐに話す。他者との会話を通じて自分の頭を整理したり、Aにも関わるが、感情のエネルギーを放出したりしていると思う。また、私はストレスを感じると散歩やメディテーション、いわゆる瞑想を試みる。腹式呼吸レベルだが、これをやると頭がすっきりして心も落ち着く。Phのアプローチも私にとってはとても重要だ。

ちなみに私はこの腹式呼吸をホロコースト・サバイバーの施設アムハで希望者に教えた。今も戦時の記憶がよみがえり悪夢やフラッシュバックに悩まされている人たちが少なくないが、参加者の中にはこれにより「薬を飲まずに不安パニック（anxiety attack）を乗り切れるようになった」と報告してくれた人がいた。また別の人は、眠れない時にこの呼吸法

[図11] BASIC Phに基づき自分の対処メカニズムを知るための質問票

		頻度 (1〜6レベル)
1	問題を先送りしたり、あきらめてしまう	
2	怒りやフラストレーション、いらだちの感情を表す	
3	他人に助けを求める	
4	夢想したり、空想をする	
5	危機に遭ったら分析して、どうやって解決するかを考える	
6	体を動かして忙しくする	
7	助けを求めて祈る	
8	自分の感情に一人で向き合う	
9	友達や家族の助けを求める	
10	音楽を聴きながらあれこれ空想をする	
11	具体的な計画を立てて、一つ一つやるべきことをやるのが好きだ	
12	肉体的に多忙であろうとする	
13	スピリチュアルな感覚を使ったり、人生の哲学を考えたりする	
14	愛情や共感を求める	
15	友達と電話したり会っておしゃべりしたりする	
16	楽しかった思い出にひたる	
17	できるだけ解決法を考えて、ベストな選択肢を選ぶ	
18	外出して戸外で活動する	

上記のうち最も自分に合っていると思うものを3つ選ぶ

	BASIC Phのモデル	問いの番号と(筆者の頻度)			合計点
筆者の回答	B(信念、価値)	1(1)	7(0)	13(5)	6
	A(感情、情動)	2(4)	8 (3×2)	14(3)	13
	S(社会)	3(6)	9 (6×2)	15 (6×2)	30
	I(想像)	4(5)	10(3)	16(0)	8
	C(認知的)	5(6)	11(6)	17(6)	18
	Ph (肉体・生理的)	6(3)	12(0)	18(6)	9

筆者が選んだ3つは番号8、9、15だったのでその頻度を2倍した

筆者がホロコースト・サバイバーの公的支援機関「アムハ」で行った「メディテーション(瞑想)教室」。腹式呼吸をした場合の下腹部の動きを説明しているところ＝筆者提供

をやると心が落ち着いて睡眠薬を飲まずに眠れる日もある、と話していた。彼女たちは私と同様、Phつまり肉体的な取り組みが重要になるタイプなのだろう。呼吸法について関心のある方は『マインドフルネスストレス低減法』(ジョン・カバットジン著、春木豊訳　北大路書房)(カバットジン、2007)がお薦めだ。瞑想の効果についてはは日本でその著書が大ヒットしているヘブライ大学のハラリ教授も強調している。

BASIC Phの質問票に話を戻そう。子供は自分では答えにくいので、親がその日常生活から回答を予測してあげてもいい。また当初は関心がなかった方法を試してみるのもいいとラハド博士は勧めている。

ラハド博士らは2004年3月から2005年10月までの約1年半、イスラエルの180カ所以上で行った親向けのワークショップでこのＢＡＳＩＣ Phを試した。第2次インティファーダ（反イスラエル民衆蜂起）がまだ続いていた時期で、各地でパレスチナ人による自爆攻撃が繰り返されていたが、予想を上回る２０００人以上が参加したという。

事前のアンケートによると、参加した親の大半は自分の住むコミュニティでパレスチナ人による自爆攻撃が起きたり自分の家族や知人、隣人が事件に巻き込まれたりした経験があった。つまり多くは、すでに大きなストレスやトラウマを抱えている人々だった。

当時イスラエルの親たちは自爆テロが各地で相次ぐなか、家族を守りきることができないかもしれないという無力感に呑み込まれそうになっていたという。

ラハド博士らはこの６つのストレス対処メカニズムについて親たちに説明し、実際にそれぞれを一緒に試した。親子の心身のバランスを回復するのが目的で、希望者は子供も参加させることができたが狙いはまず親自身が自分のストレス対処メカニズムを自覚しバランスを回復することだった。子供は親のストレスをそのまま感じ取ってしまうからだ。

ワークショップでは親が子供の日ごろの様子を思い起こしながらどのような対処メカニズムを持っているかを分析し、その対処能力を最大限に引き出すようアドバイスした。家族に対処法を「教える」のではなく、彼らが持っているものを「引き出す」という意識を持つことがポイントだ。根底にあるのは人は誰しも自力で回復する力、レジリエンスを持っていて、それを自覚し家族で互いに引き出しながら支え合う、という考え方だ。

親は回を重ねるごとに無力感から解放され自己コントロール感（sense of control）を取り戻し、そのことが不安感を和らげ、それがまた子供らにも反映されるというプラスのエコシステムを作ることができたという。特に継続的に参加した親の子供は、不安感が軽減されていることが分かった。ラハド博士らは、これはワークショップによって親が自身の不安レベルに気づきやすくなり、その不安を子供に投影するのをやめたためだろうと分析している（ラハド et al., 2017）。

認知のクセを自覚する

このほか自分でできる過激化対策として、認知バイアス、いわゆる思い込みの軌道修正がある。すでに述べてきたように、人は確証バイアスと呼ばれる自分の見たい情報ばかりを集めるクセや、それと対立する情報や思考を根拠もなく軽視したり無視したりする（認知的不協和理論）クセがある（4章P182）。また複雑であいまいな情報や思考を嫌い、単純で明快なものを好む傾向（認知的完結欲求）もある（4章P182）。個人やその所属する集団が脅威などに遭遇して通常以上に心理的に大きな負荷がかかると、あのダニエル・カーネマン名誉教授がその存在を指摘した熟慮のためのシステム2が疲弊し、浅い思考と思い込みで情報を高速処理するシステム1が一層前面に出てきて情報処理を一手に引き受ける（4章P181）。その結果、思い込みが強化されより偏った発想、行動に走ることになる（カーネマン&村井, 2014）。

まずこの生物学的なメカニズムを自覚しておくことは重要だ。特に疲れている時は意識的に怠け者の熟慮システムを呼び覚まして思考のバランスを働かせる必要がある。決して重要な決定をシステム1にやらせない自覚と決意も必須だ。

もうひとつ、認知の問題で注意すべきことは、自分の考え＝自分、ではないという認識を持つことだ（De Dreu & van Knippenberg, 2005）。自分の意思に反して考えたくないことが頭に浮かんでくることがある。自分の思考に意思の力が及ばないことの証左だが、私たちはネガティブな考えばかりが浮かぶと否定的なことを考える自分自身にもうんざりしてしまう。しかし、考えは勝手に浮かぶのだと強く自覚するとネガティブ・スパイラルに陥りにくくなる。頭の中に浮かぶ考えは空の雲のような存在で、現れては形を変えながらやがて消えてゆく。しかし、雲（考え）は自分ではない。いわば自分はその雲を眺めている存在だ。

この思考がなぜ重要かというと、他者、もしくは外集団の言葉や態度に反感を抱いた時にも転用できるからだ。それは相手の「言動」であって相手の「本質」ではない、と認識する手助けになる。すでに述べた通り、人は自分や自分の所属する組織の問題行動については、「状況や環境のせい」と寛容に受け止め、対立する相手や外集団のそれは、「彼らの本質」と帰属性を持たせる傾向がある。そうなると「行動に怒る」のではなく「相手を憎む」ことになり、自分の中にも被害者意識が形成される。憎悪と被害者意識の強化は、過激化を促す最も大きな原動力と言っても過言ではない。相手の人格を否定することにもなり、相手を尊重しない姿勢が伝わると緊張関係はますます高まる（Simon & Stürmer, 2003）。

ある調査では、パレスチナ人に強い怒りと低度の憎しみを示したイスラエル人は、反対に弱い怒りと強い憎しみを示した人に比べて、和平案を強く支持する割合が高かった（Halperin et al., 2011）。「罪を憎んで人を憎まず」と言うが、「罪に怒って、人を憎まず」という思考こそが他者との軋轢を緩和し、心情的な折り合いをつける手助けになる。相手の敵対的な振舞いを本質的な敵意とみなさず「異を唱えている」という程度に受け止め、それ以上は固執せずにやり過ごすという認知上の「受け流し術」を持つことができれば、周囲への憎しみばかりが募るような生きづらさも軽減される。

ナラティブにはナラティブで対抗

自分に合ったストレス対処法を実践したり他者のネガティブな態度を受け流したりするように心がけても、負荷が大きすぎて全体的なバランスシートが大きくマイナスに偏ってしまうこともある。そうなると過激思考を含むナラティブ（物語）を「資源」と思い込んで取り入れてしまい、被害者意識を高めて過激化の入り口に立つような事態にもなる。

危険なナラティブに対抗するには、それ以上に魅力的なナラティブを持つ「知の権威者（epistemic authorities）」（Kruglanski et al., 2005; クルグランスキ et al., 2012）の協力が必要だとして、シンガポールやサウジアラビアの刑務所では過激思想に染まった受刑者らに穏健なイスラム指導者の説法を聞かせる機会を設けている。服役を終えて出所しても過激思考が残されたままでは元の木阿弥（もくあみ）になってしまいかねないからだ。ただ、こうした試みの効果は長期的な実証が必要でまだ証明されていない。

一方、市民レベルでの取り組みもある。留学中のある日の朝、朝食を食べながらＢＢＣラジオを聞いていて「アベレッジ・モハメド（平均的なモハメド）」というユニークな取り組みがあるのを知った（アフメド, 2020）。モハメド・アミン・アフメドさんが立ち上げた市民運動で、イスラム系の過激派に対抗するナラティブを英語で世界に発信することを目的としている。アフメドさんはソマリア出身で米北東部ミネソタ州に20年以上暮らす移民だ。同州にはソマリア出身の移民が集住する地区がある。

9・11事件をきっかけに米国で「反イスラム」が吹き荒れるなか、米国市民、そしてイスラム教徒という2つのアイデンティティを大事にしているアフメドさんのユニークな立場を生かし差別や偏見を解消するために考案した。

アフメドさんらはアニメで分かりやすく「一般的（average）」なイスラム教徒の信仰やライフスタイルを紹介し、9・11事件以降に急速に拡大した「イスラム教徒＝テロリストもしくはその予備軍」といった偏見を正そうと努めた。これは白人向けのメッセージだが、イスラム教徒向けにも過激派が広める「教義」や思考がいかに「平均的な」教義や考え方と異なるのかを分かりやすくまとめて紹介した。

これまでに世界各地の学校などから招かれ計5万人以上の学生を対象に講演などをした。また世界1000団体以上の非営利法人などに資料やノウハウを提供している。アニメは組織のウェブサイトのほかフェイスブックやユーチューブなどにも投稿され閲覧できる。

このようなナラティブを過激派のナラティブや差別・偏見への対抗軸として提供できた背景には、彼の特異なアイデンティティがある。ソマリア人であり、米国人、イスラム教徒であり米国への愛国心も抱えているという多様でユニークなアイデンティティを最大限に生かした試みだ。

認知バイアスの説明でも触れたが、人は他者の発言をどの程度受け入れるかは自分とその話者の共通点の多さをベースに無意識的に判断する傾向がある。例えば白人は、黒人より白人の主張を信じる傾向が強い。このアフメドさんのケースでいえば、彼とまったく同じことを白人が言っても、米国在住のイスラム教徒の胸には響かないだろう。米国で暮らし、9・11事件以降のイスラム教徒への差別を自身も経験し、それでもなお米国人として前向きに生きようとするアフメドさんの言葉だからこそ同じような思いを持つイスラム教徒の心に届くのだ。

こうした試みは大抵、少数派の動きとして始まる。そして双方の多数派からは「世間知らず」などと受け止められ、少数派の内集団からは「反逆者」などのレッテルを貼られかねない（バル・タル, 2012, p.21）。このため少数派の努力は時間がかかるし、目標を達成する以前に息切れを起こしてしまうことも少なくない。

日本では、こうした役割を誰が担うことができるだろうか。例えば過激化の遠因になりやすいいじめや家庭内暴力を経験し、過激化の道にいったんは入ったが最終的に離脱することができたような人が自分の経験をナラティブ（物語）として語ったり著作にまとめたりするのは非常に有効だろう。

言葉の内容は大事だが、実はそれ以上に「誰が言うか」がインパクトの大きさを変えることを忘れずにいたい。

ヒューマニズム（人間性）の力を使う

それでも過激派組織やネット上のナラティブに魅せられ、過激化トンネルに入り込んでしまった人を引き上げる術はないのか。これまで見てきたように、自分や自分の所属するグループ以外の「外集団」をモノのように見なす、いわゆる非人間化のプロセスは行動の過激化に不可欠なステップだ。非人間化しなければ子供を含む不特定多数を無差別に殺すこともそれを正当化することもできないからだ。逆に言えばこの非人間化を阻止できれば、過激化プロセスが最終段階（暴力）に入るのを防ぐことも不可能ではない。

他者を非人間化する状況には主に2つのパターンがあった。まず、自分やその所属するグループを抑圧し、屈辱を与え、まるでモノのように扱う相手集団への報復的な措置としての非人間化だ。相手をモノと見なすことで踏みつけられ低下した自己評価を相対的につり上げ、マイナスに傾いたバランスシートをプラスに押し上げようとする。

もうひとつはあのスタンフォード大学での「監獄実験」や、壁の向こうのサクラに「電気ショック」を与えた実験で見られたような「権威」への服従から他者を非人間的に扱う状況だ。この「権威」は軍の上官や過激派組織の幹部など実在のものもあれば、特定の価値観を共有するソーシャルメディアの仲間などもあてはまるだろう。

そしていずれの非人間化にも双方の間に心理的な「距離」が存在している。前者の状況では、自分をモノのように扱った相手はもはや悪魔であり、当事者の頭の中では人間とは到底思えない遠い存在になっている。例えば米国でイスラム教徒が起こしたさまざまなテロリズムについて調査した米ペンシルベニア大学のエミレ・ブルノー博士は「米国のイスラム教徒は（米国の白人に）非人間的に扱われたと感じれば感じるほど（白人の）米国人を非人間的に扱うようになる。彼らは暴力を支持するようになり、自分たちのコミュニティに関する情報をＦＢＩに提供しなくなった」と指摘している（Bruneau, 2016）。

９・11事件は、それ以前から米国に住み平穏に暮らしてきたイスラム教徒とは何ら関係がない。しかし米国社会はまるで同一視するようにイスラム系米国人を差別し、侮蔑した。ブルノー博士はこの点について「他者に非人間的な扱いを受けたと感じさせるような行為は、結局我々自身が彼ら（米国のイスラム教徒）にその暴力を正当化させる理由を与え、我々自身を危険な状況に追い込んでいるに等しい」と述べている。

ブロンフェンブレンナーのエコシステムが示すように、他者に向けた非人間化という負のエネルギーは形を変え、規模を変え、最終的にはその方向性を変え、ブーメランのように実行者や傍観者へと舞い戻ってくる。

次に「権威」から命じられる非人間化だが、あの監獄実験にせよニセの電気ショック実験にせよ、自分もしくは相手の顔が見えない形で行われ、あえて心理的な「距離」が設けられていた。監獄実験では看守役はサングラスや帽子で顔を隠すことが認められていたし、電気ショックではサクラは別の部屋にいた。これは顔が見えると共感が邪魔をして非人間化を難しくするからだ。

また電気ショックの実験では実際には電気の刺激は与えられていなかったが、隣の部屋からサクラが悲鳴を上げるたび、被験者は電気ショックを与えるのをためらったり命令に抵抗したりするようになった。悲鳴に「人間性」を感じるためだ。白衣を着た「権威」が近くで「続けて」と何度も促さなければ被験者は幾度も中止しようとした。しかし白衣の人物が被験者に近づけば近づくほど、被験者は命令に従順になった。また、この隣の部屋のサクラを見えるようにすると「人間性」が強く認識され、大半の被験者は「残虐な行為」を拒否した。

イスラム国で「不信心者」の処刑を強要されたアブウサマは、目隠しをされた相手を射殺した。少なくともその行為に及んだ瞬間、彼は人間の命を奪ったという認識が薄かったと話していた（２章Ｐ72）。イラクのアブグレイブ刑務所で起きたイラク人に対する米兵による虐待でもイラク人らは頭巾をかぶせられていた。イスラム国にせよ米軍にせよ、過激化した組織がメンバーや外集団に残忍な暴力を行使する時、非人間化のための「距離」が設けられ心理的バリアとなって抵抗感を低下させる。

逆にここから言えるのは、非人間化の現象を食い止めるには対象との距離を縮め、相手の「人間性」を目や耳で感じることが重要だということだ。「人はわずかでも他者が人間化・個人化されると残虐な行為をすることが難しくなる」と米心理学会（ＡＰＡ）で会長を務めたカナダ人心理学者、アルバード・バンデューラも述べている（バンデューラ，2008, p.164）。

イスラム国に「不信心者」とされ、のど元を浅く切られてはりつけにされた少年の母親が息子の唇や顔を拭うのを見たあのシリア人の青年は、夢から覚めたようにイスラム国を離れた。彼はその母親や息子に「人間性」を見たのだ。彼と、はりつけにされた少年やその母親との心の距離は縮まり、むしろイスラム国との距離が広がった。

バンデューラは、ヒューマニズムの力が非人間化という認知を抑止すると主張する。彼がその例として挙げるのは、ベトナム戦争で起きたある出来事だ（モハダム＆マーセラ，2008, p.165）。

1968年3月、ベトナム・クアンガイ省ソンティン県ソンミ村で、カーリー中尉率いる米陸軍小隊が無抵抗の市民500人以上を虐殺した。いわゆるソンミ村虐殺事件である。当時、若いヘリコプターの操縦士だったヒュー・トンプソン准士官は監視任務中にこの村の上空を通過し、米軍による市民虐殺に気づいた。赤ん坊を抱えている女性とおびえてその足にしがみつく子供の姿が目にとまり、「置き去りにすることはできない」と感じて援軍を要請。米兵による住民銃撃が続く中にヘリコプターを降下させ、同乗する狙撃手に、眼下にいる女性と子供2人に危害を与えそうな米兵を見たら「迷わず撃て」と伝えた。彼はその女性や村人を安全な場所に避難させて救った。

この状況をどう見るか。カーリー中尉率いる小隊メンバーはおそらく、戦闘が長期化する中で多くの同僚兵士を殺され、過激化トンネルに入りベトナム人を「非人間化」してモノのごとく見るようになったのだろう。しかしトンプソン准士官はそんな振舞いをする米兵よりその行為におびえるベトナム人の女性や子供により人間性を感じ、とっさに救いの手を差し伸べた。

トンプソン准士官は近年、当時の心境をこう語っている。「米国に同じ年ごろの息子がいたのです」。彼が共感を抱いた背景には親としての目線があった。子供への慈しみの心が彼自身と、子供を守ろうとするベトナム人女性を結びつけ、罪のない市民を虐殺しようとする仲間との間の認知上の「距離」を広げたのだ。人間性、ヒューマニズムの力はそれほど大きく、人間を「神」にも「悪魔」にもするのだ。

北アイルランドやボスニアにおける紛争の直後に行われた調査によると「共感」は「敵」に対する寛容性を広げる傾向がある（Cehajic et al., 2008; Moeschberger et al., 2005）。イスラエルで行われた別の調査でも、パレスチナの子供たちがユダヤ人に対して「共感」を抱くと暴力行為への支持が低下する結果が出ている（Shechtman & Basheer, 2005）。

また、いったん非人間化した相手を改めて人間化する（re-humanization）ためには、過去に自分や自分の所属する内集団が相手の集団（外集団）に行った不正行為に目を向けることが役立つという（Batson et al., 1997）。日本は中国や韓国との関係が悪化しやすいが、過去の日本の問題行為にまず目を向けることはこうした外集団との関係改善に非常に重要なのだ。

対立する相手や集団との和解に必要な要件のまずひとつは、相手を合法的な存在とみなし（合法化）、人格と人間性を認め（人格化、人間化）、自分たちと相手は平等な存在であると認識する（平等化）ことから始まる。そうでなければ双方の主張に正当な部分があることに目を向けられず、和平を結ぶ意義を感じられない（バル・タル, 2012, p.25）。

また、対立する集団がそれぞれ持つ思考の偏り、いわゆる認知バイアスを効果的に低減させるには、双方の人的接触を増やすことが有力だということも515本の論文を分析(メタ分析)した研究で明らかになっている(Pettigrew & Tropp, 2006)。このほか、共通の目標を設定し協力して何かの作業をしたり、個人的なレベルで知り合いができたりするだけでも互いに対する偏見などを低減させる効果がさまざまな実験や調査で確認されている。

犯行予告を「コミュニケーション」と見なす

こうした取り組みをしてもなお相手に対する非人間化が解消されず、過激化プロセスが止まらないかもしれない。そしてあのローンウルフに特徴的な「予告グセ」が現れるかもしれない。

ローンウルフへの対処に手を焼く捜査当局はこのクセを利用して、ソーシャルメディアなどでの発言を監視強化している。その最たるものが、イスラエルの治安当局だ。「テロ対策」としてAIを駆使し、ソーシャルメディア上の発言を自動的に収集・分析。すでに保有する個人情報とひもづけし「テロリスト予備軍」をあぶりだすシステムを導入している。

こうしたAIによる発言監視は日本でも行われている。警察庁は東京五輪へのテロ対策の一環として２０１６年４月、警備局に「インターネット・オシントセンター」を設置。ＳＮＳ上の書き込みなど公開情報を自動で収集・分析（オシント＝open source intelligence）するシステムを導入した。人間の目で見落とす可能性がある人物を自動で広範囲に拾うことができる、と期待し「予兆」の掌握に努めるという（佐々木 et al., 2019）。

警察庁はこうした発言に携帯電話の情報や住所などをひもづけしたりはしていないと思うが、ここで注意しなければならないのは、再三述べたように意見の過激化と行動の過激化は必ずしも連動しないということだ。過激な発言をいくら発信しても、その大多数は暴力沙汰を起こしたりはしない。したがって「過激なことを言う人＝テロリスト予備軍」と見なすようなことがあってはならない。

なにより、そうしたアプローチは民主主義において大きな危うさをはらむ。表現の自由は民主主義の根幹であり、自由にものを言ったり議論したりすることで民意を反映した政治が成り立つ。実際、匿名性の高いソーシャルメディアのツイッターなどでは、匿名で本音を書いて気持ちを発散させている人も少なくない。そこに例えば「殺してやりたい」と書いたところで実際にやるとは限らない。

にもかかわらず捜査当局がこうした書き込みをした特定の個人を割り出してその人を要注意人物としてマークするような「テロ対策」が行われれば、的外れな可能性が高いだけでなく、表現の自由を脅かす事態になりかねない。言葉で言ったり書いたりすることで心の折り合いをつけている人は意外に多いからだ。ソーシャルメディアはそうしたさまざまな感情のエネルギーを吸収する「サンドバッグ」のような役目を果たしている側面もある。「言葉狩り」のような事態になれば、かえって反政府感情が高まってむしろ社会の安全性を低下させ、米政府と同じような轍（てつ）を踏みかねない。

ローンウルフがやるような犯行の事前予告、いわゆる「予告グセ」はむしろ「SOS」ととらえるべきだろう。彼らは言わなくてもいいことをあえて発信し、治安当局ににらまれかねないことをしている。なぜか。それはひとえに彼らに強い承認欲求があるからだ。周囲の身近な人からそれを得られず、自己評価を支える資源が枯渇しているのだ。

周囲の「彼」「彼女」をよく知る人がこうしたメッセージを読むと、日常との比較から本当に異常な状態にあるのかどうかがわずかなりとも分かるかもしれない。当人に「どうしたの？」とアプローチすることは行動の過激化を止めるトリガーにもなりうる。彼らが「予告」を発信しているということは、他者とのコミュニケーションをまだ欲しているサインでもあるからだ。

相模原の施設を襲った植松死刑囚は、報道によると、ツイッターに犯行をほのめかしたり「友人」（と植松死刑囚が思っている）の男性に対し、殺害計画を口にしたりしていた。

殺害が至上命令であれば、そのようなうかつな行為はしない。むしろ彼は衆議院議長や友人らに犯行を示唆することで、自分に関わってほしかったのではないか。そうだとすれば、私たちの社会はそれにどう応えるべきなのか。私たちはそうした人の「奇行」が何を意味するのかよく考えもせず受け流したり、無視したり、傍観したりしてしまう。

いまいちど、私たちは常に誰かを過激化させる可能性と過激化を食い止める可能性を持っていることを自覚したい。そしてこうした「予告」に遭遇したら、もしかするとSOSかもしれないと思い、無理のない範囲で自分なりにできることをやりたい。あのホロコーストのサバイバーの少女が巡り合った調理師のように、誰かの運命を変えられるかもしれないからだ。実名での直接的な関与が難しければネットの匿名性を使えばいい。秋葉原の事件を起こした加藤死刑囚は誕生日に自殺を考えたが、匿名の掲示板で知り合った18歳の女性の1本のメールで踏みとどまったと告白している。過激化してこのステージまで進んだ人に対しても、私たちにできることはまだ残されている。

「小さな攻撃・いじめ」を認識する

ここまでは主に、過激化を防ぐための環境作りや過激化プロセスに入ってしまった人を食い止めるために何ができるかを論じた。ここからは、私たちが他者を過激化させないためにできることを考えたい。ブロンフェンブレンナーの提示した同心円の最も内側、つまり家庭や学校、職場などではさまざまなエネルギーが交錯して軋轢が生じる（Bronfenbrenner, 1977）。その主たるものが虐待やハラスメントだ。

これらが過激化を生み出す誘因になりやすいことはすでに見てきた通りだ。目に見える露骨な肉体的・言語的な暴力もあるが、大人も含めて、より日本社会に広範囲に広がるのは微妙な言葉や態度によるハラスメントだろう。一般社会のあらゆる場面で日常的に起きていて、残念ながらその負荷に耐え切れずに自殺に追い込まれる人も少なくない。

顕在化しにくい「小さな攻撃性」を欧米では「マイクロアグレッション（microaggression）」と呼ぶ。社会の辺境に置かれた少数派、例えば民族や性別などに対し無意識あるいは意識的に向けられる非常に見えにくい攻撃だ。

この言葉が最初に使われたのは１９７０年代の米国で、ハーバード大学のチェスター・ピアース教授（精神科医）が提唱した。もとは黒人への差別を対象としたが、最近ではより広くハラスメント一般に使われる（金，2016）。

コロンビア大学のデラルド・ウィング・スー教授（心理学）はその種類として①襲撃（assault）②侮辱（insult）③無効化（invalidation）を挙げる。①は言葉もしくは言葉以外の態度や環境を通じた攻撃だ。相手の価値を落とすために中傷したり、避けたり差別的なことをするものでヘイトスピーチも含まれる。②は人に恥をかかせるような行為や不作為。③は攻撃対象の思考や感情を無視したり否定したり無力化するような試みで、仕事などへの評価を意識、あるいは無意識的に下げたり、その人物をモノのように、あるいは存在しないように扱うような態度だ（金，2016）。

こうしてみると実に幅広く、ほとんどの人が大なり小なり何らかの形で不条理な攻撃を向けられたり、あるいは自分が向けたり誰かがそうした行為をしているのに気づきながら傍観したりしたことがあるのではないだろうか。可視化できない形で陰湿に人を追い詰めるので、被害者は孤独感にさいなまれやすい。声を上げたところで周囲に「気のせい」などと言われるので無力感にも悩まされる。

しかし標的にされた側のダメージは非常に大きく、その人の遺伝子や世界観を形成した成育歴、そのとき持っている資源（リソース）次第では、小さな日々の負荷が積もり積もってバランスシートの均衡を取り戻せず破綻してしまうかもしれない。学校や職場でいじめやこういった攻撃を受けていた人が突然、姿を見せなくなって登校や出社を拒否したり、自傷行為に及んでしまったりすることも残念ながら日本では珍しくない。

傍観者効果を回避する

マイクロアグレッションという顕在化されにくいハラスメントをなくすには、私たち一人ひとりが「傍観者」でいることをまずやめる必要がある。例えばあなたの所属する組織で誰かが周囲から無視されていたとする。あなたはどうするか？「積極的に関わるのは面倒だ」「親しいと思われたくない」。さまざまな理由から、あなたはその状況そのものを無視しようとしてしまうかもしれない。それが傍観者効果だ。正確に言うと「援助が必要とされる事態に自分以外の他者が存在することを認知した結果、介入が抑制される現象」とされる。一般的には「傍観者の数が増えるほど、また、自分より有能と思われる他者が存在するほど、介入は抑制される」(中島 , 1999 , p.793)。

傍観者効果はあらゆる局面に存在する。そして追い詰められている人を私たちは「見捨てて」しまう。積極的にそうしているというより「関わりたくない」という理由で。だがその結果、追い詰められた人はさらに破局的な状況に進み、一部の人は自殺したり、過激化して復讐を誓ったりすることになる。私たちはなぜ関わりを回避しようとしてしまうのか。

この傍観者効果という概念がもたらされた最初のきっかけは、１９６４年３月13日未明にニューヨークの住宅街で起きた白人の女性に対するレイプ殺人事件だった（釘原，2019）。ある警察官が38人もの付近の住民が目撃したのに誰ひとり通報しなかった、と米ニューヨーク・タイムズ紙の記者に漏らした。記者は、女性が最初に襲われてから殺されるまでに30分もあったのに住民が無視したため殺されたという記事を書いた。実際には、この女性と犯人の両方を見ていた住民はわずか３人で「38人のリスト」は存在しなかった。だがこの記事をきっかけに、当時米ミネソタ大学で博士号（社会心理学）を取ったばかりのビブ・ラタネ博士ら研究者２人が「人はなぜ傍観するのか」を解明するための実験に取り組んだ。この分析は後に世界的に知られるものとなる（山岸，2011, pp.20-23）。

彼らが行ったのは「発作の実験」だ。複数の被験者が小部屋に入り、ある問題について、インターホン越しに議論をするように指示される。２分以内に意見をまとめて言わなければならないが、順番に意見を言っているとサクラのひとりが突然、発作を起こした様子で助けを求める。やがて音声が途絶える。その様子を聞いて被験者がどう反応するかを調べた。被験者の人数は２人、３人、６人というグループに分けてそれぞれ行われたが、人数が２人の場合、つまり被験者とサクラだけの場合、平均１分以内に実験者に報告したが、人数が増えるとその時間は長くなり６人では平均２分を超えた。

研究者はこの結果の背景には3つの要因があると考えた。第一に、周囲に多数の人がいると注意が散漫になって気づかなかったり、他の人が何もしないとたいしたことではないと考えたりする傾向があること。これを「多元的無知」と呼んだ。次に、誰かがやるだろうという非主体的な考え（責任の分散）。第三に、それほど重大でもないのに大騒ぎしたなどと受け止められたくないといった周囲の評価を気にしての反応（評価懸念）があると結論づけた（山岸，2011, pp.20-23）。

私たちが傍観してしまう背景には「関わらないほうが無難」という危険回避的な発想もある。しかしさまざまな実験から、実はそうした状況を目撃して何もしないと、目撃者やその帰属する組織全体に悪影響を及ぼすことが分かっている。

イリノイ大学アーバナ・シャンペーン校のダグラス・ロー博士らが2007年に発表した「職場における人種的なハラスメントの傍観者効果」によると、人種が理由の同僚へのハラスメントを目撃する、あるいはそうした事件があったと聞くだけでその職場の人々はストレスを受けた。そして「実際に標的にされている人の苦しみと同じぐらい、その（傍観者の）幸福感に悪影響を及ぼす」ことが分かった。また、これとは別の実験でもいじめが起きている学校や職場では、その学力や業績が悪化する傾向が見られた（Low et al., 2007）。「自分は関係ない」と思って自己防衛のつもりで関わらないようにしていても、そうした状況に身を置き、ただ「傍観」しているだけで個人やグループが持っているエネルギーは消耗する。そこで放出された無視というネガティブなエネルギーにさらされると、まるで有毒ガスのように組織全体が蝕まれ生産性が低下する。誰もが心のどこかで「明日は我が身」と感じるからだろう。

コミュニティの重要性を認識する

ネット上のコミュニティが拡大する一方で、物理的なコミュニティの存在感は低下するばかりだ。日本もその例外ではなく、例えば子育てや虐待に関する悩みなどは、家族やコミュニティでは対応しきれず、行政の相談窓口や児童相談所での対応が中心的になっている。しかし公的機関の資源には限界もあり、よりきめ細かな対応には専門知識のある人材を抱える地元の非営利法人（ＮＰＯやＮＧＯ）の役割が期待される。だが日本ではそうした認可を受けられる組織はまだ一部に限られ、必要な数に達していない。

日本のＮＰＯ法人の数は１９９０年代から増え始め、２０００年末に３１５６法人、２０１４年には約５万法人に達したが、この数は米国が１２８万法人もあることを考えると、非常に少ない（長坂，2007）。

イスラエルではNPO法人が米国並みに普及しているといわれるが、そのことを実感したのは留学2年目に通ったテルアビブ大学での授業だった。コミュニティのレジリエンス（復元力）に関する講義で、ベン・ヨーセフ博士が担当した。

彼はテルアビブ大学で出会った最も印象深い教員のひとりだ。信心深いユダヤ教徒が頭にのせるキッパをかぶり、長らくイスラエル軍の国内戦線（ホームフロント）担当として戦時や災害時におけるコミュニティのレジリエンス強化を担当した。イスラエルは周辺アラブ諸国やパレスチナ自治区ガザ地区を統治するイスラム主義組織ハマスとの紛争が絶えず、戦争が始まると、彼のような国内戦線担当が地域のコミュニティセンターなどに赴き、レジリエンス強化のための支援をする。その際、市民の精神的ケアなどはNPOの心理ケアや福祉のプロらと連携したという。

彼自身も軍を辞めた後、コミュニティのレジリエンス強化のために設けられた非営利組織「MAHUT」（マフット＝ヘブライ語でエッセンスの意味）でコミュニティと地方自治体、国などをつなぐ仕事をしている（Mahut, 2020）。

その彼が授業で何度か強調したのは「緊急事態に中央政府に期待しても、政府は大抵、混乱状態にありきめ細かで十分な対応など期待できない。最も信頼できるのは、コミュニティであり自分たち自身だ」という考え方だった。彼の言うコミュニティとは、地方自治体である市町村よりさらに小さい、日本でいえば自治会レベルの集団だ。こうしたレベルで非常時の地域対応を支援するようなＮＰＯの必要性を訴えている。

例えば紛争や災害が起きた時、不安でいっぱいの子供やお年寄りにどう接すべきかなどについては、地域の特性に詳しく専門的な知識の豊富なＮＰＯのメンバーの方が、一般の自治体職員や教諭より詳しいことが少なくない。このためＭＡＨＵＴなど地域のＮＰＯは行政機関や学校教諭にアドバイスするような役目を担う。ブロンフェンブレンナーの同心円の構造でいえば、イスラエルのこうしたＮＰＯは家庭や学校、コミュニティや企業、役所といった各階層の間に生じるギャップを埋める役割を果たしている。

なお、支援はできれば圏外からではなく、コミュニティに根差したＮＰＯが行うことが望ましい。外部からだと「支援する人」「される人」という関係が固定化しやすくなり、支援を受ける側が自分は守られるべき「弱者」との認識を強めることがあるからだ。実際、被災者などの支援では、被災者であってもその仲間で助け合うほうが、人々のレジリエンスを高めることが分かっている。このためイスラエルでは紛争で避難所が設置された時も子供に「同じ避難所のお年寄りの様子を確認する」といった簡単な「仕事（タスク）」を与え、その子供の持つレジリエンスを引き出すようにしている。これはコミュニティが持つ人的資源に目を向け活性化させる試みで、彼らに「弱者」のレッテルを貼らないという意味でも有効なアプローチだとされる（Dunkel-Schetter & Bennett, 1990; Solomon et al., 1993）。

過激化の話に戻すと、児童虐待や家庭内暴力が複雑性ＰＴＳＤを引き起こし、過激化にもつながりやすいとの指摘があったが（５章Ｐ２３４）、人が攻撃性を強めた時、最も気づきやすいのは家族や周辺の関係者だろう。こうした兆候はソーシャルメディアで見られる「過激な発言」より、よほど正確に行動の過激化を物語る。だが家族は必ずしも積極的にそうした問題を周囲に相談しない。日本ではよく、児童相談所や福祉施設が家庭内暴力の相談や情報を受けながら十分な対応ができなかったと批判されるが、急増する家庭内暴力に行政の限られた人員だけで対応するには限界がある。しかし各自治体がそうした問題に専門性を持つＮＰＯと積極的に連携できれば、より細かな対応が可能になる。そのためにも非営利法人の認可をもっと増やす必要があるだろう。

また、世界観の重要性を説明した時に家庭での親子関係が大きな影響を及ぼすと記したが、家庭の事情によってはなかなか子供に手が回らないケースもある。しかし地域のお年寄りやお兄さん、お姉さんが子供たちと接することができる施設やスペースがあれば、あのホロコーストの生き残りの少女のように前向きな世界観が形成され救われるチャンスを作ることができるかもしれない。

占領という巨大な負荷を抱えるパレスチナ人社会では最近、こうしたコミュニティを基

合気道による「護身術」を学ぶパレスチナの子供たち＝東エルサレム・シルワン地区の「ワディー・ヒルウェ情報センター」で2016年9月20日、筆者撮影

盤としたレジリエンス強化の試みが改めて注目されている。エルサレム特派員を務めていた２０１６年秋、パレスチナ人が集住する東エルサレムのシルワン地区で、子供たちに護身のための合気道や道徳を教えている民間施設「ワディー・ヒルウェ情報センター」を訪ねた。

日本でいえば児童館のような施設で、日本政府が国連児童基金（ユニセフ）を通じて支援している活動だ。そこで地元のムハンマド・ジダンさん（48）が合気道を教えていた。指導を受ける中学生のムハンマドさん（14）は「合気道を習うまではイライラして怒りやすかったけれど、習い始めてなくなった」とうれしそうに話していた。アムジャさん（12）も「自分をコントロールする方法や、暴力を回避して他の人に敬意を払う方法などを皆で話し合っています」

と笑みを浮かべた。子供たちがジダンさんに向ける視線には深い敬意と憧憬（しょうけい）が見て取れた（大治，2016）。

家庭からの資源が限られている時、身近にロールモデルがいる意義は大きい。若者たちのセイフティネットとなるコミュニティ作りは極めて重要だ。

日本にも非営利法人などが営む子供食堂がある。こうした施設はコミュニティにおけるセイフティネットの役割を果たし、家庭の負担を軽減して児童虐待を減らしたり家族に恵まれない子供たちの「世界観」の育成を助けたりする力にもなる。

ブロンフェンブレンナーの理論に基づけば、家庭に社会の負荷が集中し過ぎれば親がバランスを失い、その影響が子供にも及ぶ。同心円を伝って最終的には社会全体に大きな負荷を加えることにもなる。しかしコミュニティに根付いた非営利組織が家庭の負担を軽減できれば結果的に追い詰められる人を減らし、過激化を抑止し、安全で安心な社会の実現につながる。家庭や行政機関がすべてを担うような社会は、社会で命を育むという集団的な義務を放棄しているに等しいのではないだろうか。

インテリジェンスの思い込みvs.過激派の思い込み

個人が思い込みを強めて過激化するように、それを追いかける捜査当局もまた極端な思い込みや偏見に満ちた捜査、情報管理をしているようだ。本書の最後は、この「思い込みvs.思い込み」の戦いについてである。

米ハーバード大学出身の精神科医、マーク・セイジマン博士はＣＩＡで7年間、作戦幹部を務めた後、３年間、アフガニスタンで旧ソビエトと戦うムジャヒディン（イスラム聖戦士）への支援、おそらく秘密工作に当たった。その後はペンシルベニア大学やコロンビア大学の教授としてテロリズムの心理について教えている。

学者でありながら捜査当局にも所属していたという特殊な経歴を生かし、彼は２０１４年、「テロリズム研究の停滞」という15ページほどの短い論文を学術雑誌「テロリズムと政治的暴力」に書いた(Sageman, 2014)。その中で指摘した問題のひとつがインテリジェンス・コミュニティの極めて偏った分析や判断だ。彼は２００６年から２０１４年までの8年間、米国のインテリジェンス機関で共有される極めて機密性の高い情報にアクセスする権利が付与された。その結果、さまざまな問題点に気づいた。

まず挙げられているのが、インテリジェンス・コミュニティが9・11事件直後に設定した情報収集の「焦点」だ。当時、米国の政治家は「彼ら（イスラム教徒全般）はなぜ我々を嫌うのか」との疑問を抱き、情報担当はこれに答えようとしたという。

米国では1970年代から政治的暴力についての研究は続けられていたが、宗教性を伴う政治的暴力についてはほとんど行われていなかったこともあり、彼らは当初、イスラム系の過激派のイデオロギー（考え方）研究に焦点を置いた。そして過激派組織が「危うい（vulnerable）、うぶな（naive）若者」を標的に、ミステリアスな「教義」や洗脳スタイルを用いて「狂信的な殺し屋や信奉者」に豹変させているという仮説を立てた。そこには過激派組織中枢からのトップダウンの勧誘システムもあり、モスクで洗脳しやすそうな青年を取り込む熟練の「スーパー・リクルーター」がいるはずだと根拠もなく想定した。そうした若者がアフガニスタンやパキスタンに実際に存在するイスラム過激派の軍事演習場などに送り込まれ、そこで洗脳されて戦闘員になるという筋書きをまとめて政治家らに報告したという。

ところがセイジマン博士によると、そうした熟練のリクルーターが見つかった例は、少なくとも彼が関連の書類を見ていた8年間で一度もなかった。

それどころかむしろこの「仮説」はモスクなどに通うほんの少し気が弱そうで他者から

影響を受けやすそうな（具体的な基準はない）普通のイスラム教徒を「テロリスト予備軍」としてマークすることになり、偏見や差別を助長する事態につながった。しかもこの方針は断片的にメディアにリークされ、ますます一般のイスラム教徒を危険視するような認識が拡散された。行政機関の思い込みを修正するには外部の第三者機関の介入などが有効だが、セイジマン博士によると、捜査当局は「保秘」を理由に学者の介入を認めなかった。結果的に分析は暴走し続け、無駄に時間と経費を費やしたという。

そんなインテリジェンス・コミュニティが軌道修正を余儀なくされたきっかけが、欧米で２００４年ごろから相次いだホームグロウン（自国生まれの）・テロリズムだった。米陸軍基地でいじめられ銃を乱射したハサン軍医のように、実行犯の多くはアフガニスタンやパキスタンに行ったこともなければ集中合宿で「洗脳」された様子もなく、むしろ自分の意思で自己過激化（self-radicalization）のプロセスをたどっていることが分かった。米英はこのころから「人はなぜ過激化するのか」という過激化プロセスに注目するようになったという。

さらに彼が極めて問題だと感じたのは情報の認識・分析手法だ。例えばある官僚が書いた報告書は、まずナマ情報から自分の認知バイアスによりさまざまな情報を切り落とし、さらに「新しい斬新な」情報や「単純で分かりやすい」ところばかりを強調した形に編集されセンセーショナルな脚色までなされていた。また報告書が人から人へと渡されるたびに手にした人の認知バイアスに基づくコメントが追加され、もととなるナマ情報すら変えられていることがあった。このほか「なぜこの情報をこんなにも強調して、こちらの要素を無視しているのか」と疑問を抱くことも多々あった。こうした文書は政治家に「それらしい形」で提供され、不必要に不安があおられたりそれを政治家が自分の保身のために悪用したりする事態につながったという。

セイジマン博士はこの状態を、組織全体が「潜在的な脅威と、誤った脅威予測がごちゃ混ぜになった情報の海」でおぼれているような状態だったと書いている(Sageman, 2014, p.573)。しかもその意思決定、つまりどの報告書を取り上げどの報告書を無視するかはひとえに報告者の性別や肌の色、年齢などのほか、その人の「親しみやすさ」や「口のうまさ」に左右されていたと述べている(Sageman, 2014, p.574)。

こうした状況に客観性を与えうる対策のひとつが、情報の統計学的分析といったスキルを持つ学者などを入れた第三者との連携だ。セイジマン博士は、テロリズムの研究には心理学、社会学、民俗学、政治科学、歴史学、経済学やコンピューター科学の専門家が横断的に協力する必要があるとしている。しかし米政府は、セイジマン博士に共有したような情報は他の学者とはほとんど共有していない。このため政府の「テロ対策」は長期的な視野などを欠き、極めて政治的な判断にゆだねられていたという。

このような経緯を経て定められた政策が一般のイスラム教徒を「テロリスト予備軍」と見なすような社会の風潮を強め、それが移民系イスラム教徒へのさまざまな差別や排斥、不当逮捕や誤認逮捕につながり、結果的に、平穏に米国人として暮らしてきたイスラム教徒を過激化させてしまったとセイジマン博士は分析している。

こうしたイスラム教徒がアルカイダのような過激派組織に利用され、米国人の生命を脅かす結果となっていることを考えると、まさに国家のレベルで生じた負のエネルギー（情報の歪曲や分析の偏向に基づく政策）が個人のミクロレベルに届き、その負荷を受けた個人が過激化して社会に復讐するという循環スタイルを生み出していることが分かる。

ではこうした組織の思い込みやバイアスを排するにはどうすべきか。実は米国は以前にも、同じような認知バイアスで失敗を繰り返してきた。その筆頭がまさに9・11事件だ。実行犯のメンバーの不審な動きも、アルカイダの動向も断片的には認識していたが、それを合わせて一枚の「9・11事件」として描く者がいなかった。このため米国のインテリジェンス・コミュニティはあるシステムを積極的に使うようにした。

それは悪魔の代弁者（デビルズ・アドボケート）と呼ばれるシステムだ（大治，2020）。もとはカトリック教会の聖人となる候補者に、あえてその人の問題点を挙げる役目を負った人（列聖調査審問検事）を意味した。欧米ではやがて、組織で重要案件を決める時に批判役として一部の人々（レッド・チームとも呼ばれる）を任命する仕組みの呼び名になった。批判を職責にすることで個人に不利益がかからないようにし、忖度（そんたく）や内向き志向、同調圧力を排除するシステムだ。批判が組織に利益をもたらせば昇進の機会につながることもある。

この制度が特に活用されてきたのが欧米やイスラエルの政府機関だ。いずれも多様な人種を抱え、積極的な議論を好む文化を持つが、それでも忖度や同調圧力は手ごわい。イスラエルでは１９７３年にアラブ諸国から奇襲攻撃を受けた戦争で、現場の若い兵士らが上げてきた情報を幹部が一蹴したことがきっかけで始まった。

こうしたシステムは古くは中国・唐の時代の名君、太宗（たいそう）が実践している。当時も家来は忖度ばかりで批判しなかったようで、諫議（かんぎ）大夫という忠告のためのポストをわざわざ設けた。大夫とのやり取りは太宗の言行録『貞観政要（じょうがんせいよう）』に残されていて、日本の人事院は一時期、官僚への推薦図書にしたこともあるという（大治，2020）。

批判精神を養うという取り組みは過激化した人物の更生プログラムにも導入されている。２０２０年1月17日、私は笹川平和財団が開催した「暴力的過激思想と社会はどう向き合うか――パキスタン、インドネシア、オウム真理教の事例から考える」というテーマのシンポジウムに参加した。そこに登壇したパキスタン・ラホール経営技術大学のファティマ・ワキ・サジャド准教授（政治学）は、大学生の過激化が目立ち、その抑止策として批判的精神を育むプログラムを授業に盛り込んだと発表していた。日ごろから批判精神を磨くことで、自分に負荷がかかって思考が単純化しそうになった時も、物事をより複層的にとらえたり別の見方を積極的に取り入れたりする習慣が助けになるからだ。

紛争の背景には、対立する双方が相手の問題行動をすべて「彼らの本質」に帰結させる思考（基本的帰属錯誤 fundamental attribution error）（Hunter et al., 1991）があるとされる。さらに、相手のそうした本質は「決して変わらない」という思い込みもある（フィッシャー＆ケルマン, 2012, p.77）。こうした多様性に欠ける、単純で表層的な思考がやがて導き出すのが憎悪感情であり、「彼らのような本質的に邪悪な非人間的存在に通じる言語はただひとつ、暴力だ」という結論に帰結する。憎悪感情は、怒りや恐怖などのネガティブな諸心情の中でも最も破壊力を持つものとされる（ハルパリン et al., 2012）。

こうして見ると過激化する側もそれを抑止しようとする治安当局も、認知の偏りや思い込みといった同じような問題を抱え、それを是正するための同じような対策（「悪魔の代弁者」に見られるような批判精神の醸成）を必要としている。その意味では、両者はコインの表と裏をなしている。

内集団と外集団の意識上の対立が続く状況下では、単に「反対意見」を聞いてもまず各自の意識の中に取り込まれない。これまで抱いてきた意識、つまり敵対グループは悪魔で非人間的といった認識が根強く、反対意見を一度や二度聞いてもそれとの「認知的不協和」(Festinger, 1957)を起こして反対意見は無視されたり軽視されたりするのがオチだ。

しかし敵対するグループの人間性や、自分たちと同じ血が通う人間だといった共感しやすい情報がコンスタントに入ってくると、少しずつでも従来の認識が変わる場合がある。ただしそれはその個人が信頼する情報源からのものでなければ取り込まれない。

多様な角度からの情報提供という意味で一端を担うのが良質のメディアであることは言うまでもない。人は個人レベルではどうしても自分の価値観と異なる価値観を持つ人や単純に嫌いな人との会話や接触を拒否してしまいがちで、それが思考の偏り、ひいては過激化を促しかねない。デジタル化が進む現代ではこの傾向はますます強まり、思考の先鋭化が進む。信頼されるメディアが社会に多様な価値観を発信し続け、過激化した個人や組織に別の基軸としての価値観を提供できるようになることは、過激化の流れに抗する潮流を生み出すことにもなる。

その意味では、過激化抑止はジャーナリズムの重要な仕事のひとつといえる。

おわりに

イスラエル・ヘルツェリア学際研究所（ＩＤＣヘルツェリア）の大学院での研究生活が1年を迎えようとしていた２０１８年9月初め、臨時講師として教壇に立ったドロン・ペリ博士の授業で、さまざまな世界の紛争を社会心理学の立場からとらえることの面白さを知った。ペリ博士は英国の名門ロンドン大学キングスカレッジにて博士号（中東研究）を取得した、イスラエルの占領に極めて批判的な人だった。

私は当時、留学を延長すべきかどうか悩んでいたので思い切ってペリ博士に打ち明けてみた。人が過激化し、やがて不特定多数の市民を攻撃するようになる心理的なメカニズムに興味があるけれど、それを専門分野とする教授が少ないこと、できればペリ博士が授業で取り上げたような社会心理学的な見地も含めてより深く研究をしたいのだがどのような進路を取るべきかとアドバイスを求めた。

その時、彼が言ってくれた言葉が私のその後の研究生活、ひいてはこの本を書く動機付けにもなった。

「君が興味を抱くテーマに１００％合う研究をしている教授はいないし、そうした分野を専門とする学部や学科もまずない。むしろ研究者は自分の関心テーマの情報をさまざまな分野からかき集めて、自分だけの研究世界を作る。それが研究活動というものなのだよ」

私はこの言葉によって遅ればせながら「開眼」した。自分が関心を抱くテーマと同じような研究を続ける教授や大学、研究所ばかりを探していたが、考えてみれば、そういう姿勢では誰かがすでにやった研究に追随することにもなりかねない。大事なことはいかに自分ならではの研究世界を立ち上げるか。むしろ自分を中心に置き、大学やシンクタンク、そこの研究者などから必要な知識や分析をかき集め、そこからオリジナルな世界を創造することこそが大事なのだ。

私は会社に相談し、留学を1年延長する許可をもらってＩＤＣを足場に研究生活を続けることにした。また、ＩＤＣのシンクタンクで研修生（インターン）を務め、さらにテルアビブ大学の大学院で「危機&トラウマ学」を学びそこで得た要素を研究に取り込んだ。

同じような分野に関心を持つジャーナリストや研究者の方々が、取材や研究テーマを掘り下げる際に本書が何らかの役に立つことがあればこれほどうれしいことはない。

本書を上梓するにあたり、イスラエル、パレスチナにおける取材でお世話になったすべての皆さんに深く感謝したい。毎日新聞エルサレム支局の現・高橋宗男特派員や現地スタッフ、トルコで助手を務めてくれた仲間たちには本当に温かい支援をいただいた。特に支局勤務のユダヤ人の同僚（researcher and local producer）、ガイ・グリーン（Guy Green）氏には大変お世話になった。彼の正確で緻密な情報収集・分析により、私は中東で何が起きても動じることなく対応することができた。彼の絶大なる支援がなければ、私の特派員生活はなかった。また、留学や進路を決めるに際しては防衛大学校の立山良司・名誉教授に相談に乗っていただき、貴重なアドバイスをいただいた。

最後になったが毎日新聞出版の峯晴子さんに御礼申し上げたい。原稿が遅れがちな私をいつも温かい言葉で励まし、最後まで支えてくださった。峯さんとの出会いがなければこの本は生まれなかった。

海外での単身赴任が続く私を励まし続け、その帰国を待ち続けてくれた家族には言葉では尽くせない思いがある。私を支えてくださったすべての方々への御礼として、本書が少しでも社会に貢献できるものとなるよう願ってやまない。

２０２０年６月

東京都内の自宅にて　大治朋子

脇本竜太郎. (2012). *存在脅威管理理論への誘い―人は死の運命にいかに立ち向かうのか*. サイエンス社.

脇本竜太郎. (2019). *なぜ人は困った考えや行動にとらわれるのか?――存在脅威管理理論から読み解く人間と社会*. ちとせプレス

ワグナー , R. V. & ロング, K. R. (2008). *テロリズムを理解する 社会心理学からのアプローチ――第10章平和心理学から見たテロリズム* (モハダム & マーセラ (eds.)) (釘原直樹 監訳). ナカニシヤ出版.

フロイト, A. (1985). *自我と防衛* (第2版)(外林大作 訳). 誠信書房.

ブロンフェンブレンナー , U. (1996). *人間発達の生態学(エコロジー)―発達心理学への挑戦.* 川島書店.

正木大貴. (2018). 承認欲求についての心理学的考察 ―現代の若者とSNSとの関連から. 京都女子大学大学院 現代社会研究科 現代社会研究科論集, 12, 25–44.

松本光弘. (2015). *イスラム聖戦テロの脅威 日本はジハード主義と闘えるのか*. 講談社.

丸山耀平. (2020, February 7). 相模原殺傷 犯行、両親から制止 差別思想、幼少期からか. 東京新聞. https://www.tokyo-np.co.jp/article/17911

水戸健一, 大場弘行, & 村上尊一. (2016, July 27). 障害者施設で19人刺殺：２月に予告手紙 容疑の元職員 衆院議長に. 毎日新聞, 1.

水戸健一. (2016, July 29). 相模原殺傷：「ヒトラー降りてきた」措置入院中に植松容疑者. 毎日新聞, 29.

モハダム, F.M., & マーセラ, A.J. (2008). *テロリズムを理解する 社会心理学からのアプローチ.* (釘原直樹 監訳). ナカニシヤ出版.

矢野哲也. (2012). 米国の無人機による新たな軍事行動について. *防衛研究所紀要2*, *15*(1), 19–36.
http://www.nids.mod.go.jp/publication/kiyo/pdf/bulletin_j15-1_2.pdf

山岸俊男. (2011). *徹底図解 社会心理学―歴史に残る心理学実験から現代の学際的研究まで.* 新星出版社.

吉野太一郎. (2016). *【相模原殺傷】「障害者470名を抹殺できます」植松聖容疑者、衆院議長に手紙(全文).* The Huffington Post (日本語版).
https://www.huffingtonpost.jp/2016/07/26/letter-to-chairman_n_11207296.html

ラハド, M., シャシャム, M., & アヤロン, O. (2017). *緊急支援のためのBASIC Phアプローチ――レジリエンスを引き出す6つの対処チャンネル*(佐野信也 & 立花正一 監訳). 遠見書房.

ラマ・ケツン・サンポ, & 中沢新一. (1981). *虹の階梯―チベット密教の瞑想修行.* 平河出版社.

レイノルズ, E. (2016). 研究が裏づける、ティーンエイジャーの脳の「いいね」依存. Wired.
https://wired.jp/2016/06/13/teenage-brain-on-social-media/

http://www.iti.or.jp/kikan67/67nagasaka.pdf

中島義明 (Ed.). (1999). *心理学辞典. 有斐閣.*

中村紬葵, & 国本愛. (2020, March 17). 相模原殺傷判決：差別意識変えぬまま被告、閉廷間際挙手 裁判長は発言認めず. 毎日新聞, 25.

中山俊宏. (2011).「アメリカ後の世界」におけるアメリカ外交―オバマ外交の世界認識―. 青山国際政経論集, 85. https://www.sipeb.aoyama.ac.jp/uploads/03/ab156bda0883abeb8d80f5de3d23ec175fd11c8b.pdf

野村総合研究所. (n.d.). マズローの欲求階層説. 野村総合研究所. Retrieved May 11, 2020, from https://www.nri.com/jp/knowledge/glossary/lst/ma/maslow

ハラリ, Y. N. (2019). *21 Lessons―21世紀の人類のための21の思考* (Kindle) (柴田裕之 訳). 河出書房新社.

春増翔太, 江刺正嘉, 近松仁太郎, 鈴木一生, 黒川晋史, & 川上晃弘. (2016, August 2). 相模原殺傷事件：発生から1週間 弱者どう守る. 毎日新聞, 28.

ハルパリン, E., シャービット, K., & グロス, J. J. (2012). *紛争と平和構築の社会心理学―集団間の葛藤とその解決：3章「集団間紛争における感情と感情抑制―評価基盤フレームワーク」* (熊谷智博 & 大渕憲一 監訳). 北大路書房.

バル・タル, D. (2012). *紛争と平和構築の社会心理学―集団間の葛藤とその解決：序章「葛藤・紛争と社会心理学」* (熊谷智博 & 大渕憲一 監訳). 北大路書房.

バンデューラ, A. (2008). *テロリズムを理解する 社会心理学からのアプローチ――第 6 章 テロと反テロにおける道徳規範からの選択的離脱の役割* (モハダム & マーセラ (Eds.)) (釘原直樹 監訳). ナカニシヤ出版.

フィッシャー , R. J., & ケルマン, H. C. (2012). *紛争と平和構築の社会心理学―集団間の葛藤とその解決：2章「紛争の知覚」* (熊谷智博 & 大渕憲一 監訳). 北大路書房.

福永方人, & 宇多川はるか. (2016, July 28). 相模原殺傷：容疑者 2月に言動一変 障害者敵視 強める. 毎日新聞, .1.

フランクル, V.E. (2002). *夜と霧 新版*. 池田香代子(訳). みすず書房.

ブルーアー , M. B. (2012). *紛争と平和構築の社会心理学―集団間の葛藤とその解決：5章「アイデンティティと紛争」* (熊谷智博 & 大渕憲一 監訳). 北大路書房.

宍戸護, 酒井祥宏, & 山本佳孝. (2008, June 11). 誰でもよかった：秋葉原通り魔事件／中 青森の有名進学高 挫折した優等生〈負けっぱなしの人生〉. 毎日新聞, 7.

清水隆雄. (2005). *テロリズムの定義―国際犯罪化への試み.*

週刊女性. (2016, August). No Title. 週刊女性. https://www.jprime.jp/articles/-/7858?page=2

ジンバルドー, P. (2015). *ルシファー・エフェクト―ふつうの人が悪魔に変わるとき.* 海と月社.

杉山登志郎. (2019). 複雑性PTSDへの簡易トラウマ処理による治療. 心身医学, 59(3), 219–224. https://doi.org/10.15064/jjpm.59.3_219

鈴木公基, & 桜井茂男. (2001). 認知的完結欲求―情報処理量および対人関係性からの検討. *Tsukuba Psychological Research,* 23, 153–160.

鈴木友理子. (2013). ICD分類の改訂に向けて：ストレス関連障害の動向. 精神経誌, 115(1), 69–75. https://journal.jspn.or.jp/jspn/openpdf/1150010069.pdf

高島博之, 杉本修作, & 町田徳丈. (2008a, June 9). 通り魔事件：奇声発し「ニヤリ」笑み わずか数分の惨劇. 毎日新聞, 11.

垂水友里香, 杉直樹, 木下翔太郎, 遠藤大志, 杉本修作, & 松浦吉剛. (2016, July 27). 障害者施設殺傷：容疑者、過去に教員志望. 毎日新聞, 31.

テイラー, D. M., & ルイス, D. (2008). *テロリズムを理解する 社会心理学からのアプローチ――第8章 テロリズムとアイデンティティの追求* (モハダム & マーセラ (eds.))(釘原直樹 監訳). ナカニシヤ出版.

東京新聞. (2020, March 4). ＜証言 相模原殺傷事件＞ (2)自ら外れた教師への道. 東京新聞. https://www.tokyo-np.co.jp/article/17644

遠山和彦. (2008, June 10). 誰でもよかった：秋葉原通り魔事件／上 孤独な心情、サイトに. 毎日新聞, 29.

ドレイフィス, C. (2017, April). スマホやSNSに「依存」するのは理由があった 知られざる「行動依存症」の実態. 東洋経済. https://toyokeizai.net/articles/-/166280

内閣官房. (2013). 平成二十五年法律第百八号 特定秘密の保護に関する法律. 日本法令索引. https://elaws.e-gov.go.jp/search/elawsSearch/elaws_search/lsg0500/detail?lawId=425AC0000000108#78

長坂寿久. (2007). 日本のNPOセクターの発展と実状. 季刊 国際貿易と投資.

金友子. (2016). *生存学研究センター報告書 [24]：第Ⅱ部 思考―フェミニズムをめぐる論考 理論／実践 4. マイクロアグレッション概念の射程.* 立命館大学生存学研究所. https://www.ritsumei-arsvi.org/publication/center_report/publication-center24/publication-399/

木村元. (2009). グアンタナモの拷問被害者による損害賠償請求事件. *GEMC Journal, 1,* 66–81. http://www.law.tohoku.ac.jp/gcoe/wp-content/uploads/2009/03/gemc_01_cate4_4.pdf

釘原直樹. (2019). *テロリズムの心理学：第 4 章集団の光と影* (越智啓太 (ed.)). 誠信書房.

クルグランスキ, A. W., シャービット, K., & フィッシュマン, S. (2012). *紛争と平和構築の社会心理学―集団間の葛藤とその解決：8章「テロリストの心理：個人、集団、組織レベルの分析」*(熊谷智博 & 大渕憲一 監訳). 北大路書房.

警察庁. (2019). 警察庁組織令. 日本法令索引.
https://elaws.e-gov.go.jp/search/elawsSearch/elaws_search/lsg0500/detail?lawId=329CO0000000180#335

公安調査庁. (2019). *アルカイダ Al-Qaida.* 公安調査庁.
http://www.moj.go.jp/psia/ITH/organizations/SW_S-asia/al-qaida.html

公共政策調査会. (2019). *「東京オリンピック・パラリンピック競技大会等の開催に伴うセキュリティに係る提言書」について.*
http://www.cpp-japan.org/pdf/20190326_security.pdf

コータント, D. K., ウォーチェル, S., & ハンザ, M. (2012). *紛争と平和構築の社会心理学―集団間の葛藤とその解決：1章「豚、スリングショット、およびその他の集団間紛争の基盤」*(熊谷智博 & 大渕憲一 監訳). 北大路書房.

コーリン,C. ほか (2013). *心理学大図鑑.* 三省堂.

齋藤剛. (2014, April).「秋葉原連続通り魔事件」そして犯人(加藤智大)の弟は自殺した. 週刊現代(電子版).
https://gendai.ismedia.jp/articles/-/39034?page=5

佐々木洋, 金森崇之, & 山下智恵. (2019, May 10). クローズアップ：ソーシャルメディアで過激思想拡散 高まるテロ対策機運 15日パリで国際会議. 毎日新聞, 3.

サムナー , W. G. (2005). *フォークウェイズ.* 青木書店.

スチナ地殻変動／3 銃社会 過剰防衛の懸念 ナイフ攻撃 身構える市民. 毎日新聞, 8.

大治朋子. (2015i, October 30). イスラエル・エンドレスウォー：第1章 パレスチナ地殻変動／4 ネット世論「反自治政府」へ 「イスラエルと連携」情報に怒り. 毎日新聞, 8.

大治朋子. (2016, September 27). 貧困の東エルサレム「暴力回避」学んで 民間団体合気道や道徳教育. 毎日新聞, 8.

大治朋子. (2020, April 14). 火論：首相の動画「炎上」に思う. 毎日新聞, 2.

大塚和夫, 小杉泰, 小松久男, 東長靖, 羽田正, & 山内昌之 (Eds.). (2002). *岩波イスラーム辞典*. 岩波書店.

大渕憲一. (2011). *人を傷つける心―攻撃性の社会心理学*. サイエンス社.

大渕憲一. (2018). *無差別テロの心理分析*. *刑政*, *129*(3), 80–93.

越智啓太. (2019). *テロリズムの心理学：第1章テロリズムへの心理学的アプローチ* (越智啓太 (ed.)). 誠信書房

外務省. (2019). *パレスチナ(Palestine)基礎データ*. 外務省. https://www.mofa.go.jp/mofaj/area/plo/data.html#section2

片田珠美. (2017). *拡大自殺―大量殺人・自爆テロ・無理心中*. KADOKAWA.

加藤智大. (2014). *東拘永夜抄*. 批評社.

金森崇之, 長野宏美, & 大治朋子. (2019, December 17). Moment：検証・セキュリティー4：単独型テロ 阻止困難 抑止力効かず急に過激化. 毎日新聞, 4.

カーネマン, D, & 村井章子. (2014). *ファスト&スロー―あなたの意思はどのように決まるか？(上)*. 早川書房.

加納寛子. (2019). 承認欲求とソーシャルメディア使用傾向の関連性. 情報教育, 1, 18–23.

ガノール, B. (2018). *カウンター・テロリズム・パズル―政策決定者への提言*(佐藤優 監修, 河合洋一郎 訳). 並木書房.

カバットジン, J. (2007). *マインドフルネスストレス低減法*. 北大路書房.

上東麻子. (2016, July 27). 障害者施設殺傷事件：識者の見方. 毎日新聞, 15.

亀岡智美. (2012). 子どものトラウマ. 日本保健医療行動科学会年報, 27, 74–81. http://www.jahbs.info/journal/pdf/vol27/vol27_3_4.pdf

川上晃弘, 佐々木洋, & 古関俊樹. (2008b, June 9). 秋葉原で通り魔：7人死亡 トラックではね、次々刺す. 毎日新聞, 1.

告 人間関係「家族同然」. 毎日新聞, 25.
伊藤直孝. (2010b, July 29). 秋葉原事件：加藤被告「自殺考えた」07年2回 列車飛び込み図る. 毎日新聞, 13.
伊藤直孝. (2010c, July 30). 秋葉原事件：加藤被告 掲示板荒らされ「やるしかない」派遣切り「無関係」. 毎日新聞, 30.
井上孝代, 甕岩奈々, & 菊池陽子. (2004). *共感性を育てるカウンセリング*. 川島書店. https://www.academia.edu/13791835/井上孝代_2004_共感性を育てるカウンセリング_川島書店
江川紹子. (2019). *「カルト」はすぐ隣に——オウムに引き寄せられた若者たち*. 岩波書店.
NHK障害者殺傷事件取材班. (2020, January 25). "さとくん"が19人を殺害するまで. *NHK*. https://www3.nhk.or.jp/news/html/20200125/k10012257641000.html
NNN. (2020). *自分の"見た目"テーマに一人芝居する女性：NNNドキュメント50周年*. NNN. https://www.news24.jp/articles/2020/02/10/07593112.html
大治朋子. (2009, November 6). 米軍基地乱射 12人死亡 精神科医の少佐——テキサス. 毎日新聞, 1.
大治朋子. (2015a). *イスラエルインテリジェンス・オフィサーへの取材メモ*.
大治朋子. (2015b, February 6). シリア人避難所：男子の9割死亡・不明 高校生「聖戦に行く」「イスラム国」に共感. 毎日新聞, 1.
大治朋子. (2015c, March 4).元IS戦闘員、実態証言 処刑が「踏み絵」 忠誠心の証明 未成年者も標的. 毎日新聞, 1,2.
大治朋子. (2015d, June 3). エンドレスウォー：序章 対IS最前線／1「反イスラエル」増幅. 毎日新聞, 1.
大治朋子. (2015e, July 26).少年、IS戦力に シリアで自爆訓練証言「お金くれる」友と参加. 1,8.
大治朋子. (2015f, October 27). イスラエル・エンドレスウォー：第1章 パレスチナ地殻変動／1 若者、組織なき襲撃 ソーシャルメディアで共鳴. 毎日新聞, 1,8.
大治朋子. (2015g, October 28). イスラエル・エンドレスウォー：第1章 パレスチナ地殻変動／2 ネット情報 相互不信深め 同じ映像でも異なる解釈. 毎日新聞, 9.
大治朋子. (2015h, October 29). イスラエル・エンドレスウォー：第1章 パレ

cm200910/cmselect/cmcomloc/65/6506.htm#note85

United States Secret Service and United States Department of Education.（2002）. *The Final Report and Findings of the Safe School Initiative: Implications for the Prevention of School Attacks. May,* 1–63. http://www.secretservice.gov/data/protection/ntac/ssi_final_report.pdf

University of Maryland.（2020）. *The National Consortium for the Study of Terrorism and Responses to Terrorism.* https://www.start.umd.edu/

van der Kolk, B.（2001）. *Traumatic Stress: Chapter 7:The Assesment and Treatment of Complex PTSD*（R. Yehuda（Ed.））. American Psychiatric Press. https://doi.org/10.1017/CBO9781107415324.004

Venhaus, john M.（2010）. *Why Youth Join al-Qaeda.* https://www.usip.org/sites/default/files/SR236Venhaus.pdf

Victoroff, J.（2005）. The mind of the terrorist : A review and critique of psychological approaches. *Journal of Conflict Resolution,* 49（1）, 3–42. https://doi.org/10.1177/0022002704272040

Volkan, V.（2006）. *Killing in the Name of Identity: A Study of Bloody Conflicts.* Pitchstone Publishing.

Ward, C., Bochner, S., & Furnham, A.（2001）. *The psychology of culture shock*（2nd ed.）. Routledge.

Zeigler-Hill, V., & Shackelford, T. K.（2017）. *Encyclopedia of Personality and Individual Differences.* Springer Link. https://link.springer.com/referenceworkentry/10.1007%2F978-3-319-28099-8_1427-1

秋山信一.（2015, January 21）. イスラム国：「日本人2人殺害」脅迫 ネットに人質映像 72時間以内、2億ドル要求. 毎日新聞, 1.

秋山信一, & 大治朋子.（2015, January 29）.「イスラム国」：新条件「死刑囚移送、日没期限」日本時間深夜、トルコ境界指定 後藤さん音声か. 毎日新聞, 1.

アフメド, M.A.（2020）. アベレッジ・モハメド：*Average Mohamed.* Average Mohamed. https://averagemohamed.com/

池内恵.（2015）. *イスラーム国の衝撃.* 文藝春秋.

伊藤直孝, & 和田武士.（2010, July 27）. 秋葉原無差別殺傷：動機「掲示板荒らされ」加藤被告 本人質問に「後悔」. 毎日新聞, 9.

伊藤直孝.（2010a, July 28）. 秋葉原無差別殺傷：「掲示板は帰る場所」加藤被

and matchmaking. http://security.blogs.cnn.com/2012/07/20/hasans-e-mail-exchange-with-al-awlaki-islam-money-and-matchmaking/

Shechtman, Z., & Basheer, O. (2005). Normative beliefs supporting aggression of Arab children in an intergroup conflict. *Aggressive Behavior, 31*, 324–335.

Simon, B., & Stürmer, S. (2003). Respect for Group Members: Intragroup Determinants of Collective Identification and Group-Serving Behavior. *Personality and Social Psychology Bulletin, 29*(2), 183–193. https://doi.org/10.1177/0146167202239043

Sivek, S. C. (2013). Packaging inspiration: Al Qaeda's digital magazine inspire in the self-radicalization process. *International Journal of Communication, 7*(1), 584–606. https://ijoc.org/index.php/ijoc/article/view/1670

Solomon, S, Bravo, M., Rubio-Stipec, M., & Canino, G. (1993). Effect of family role on response to disaster. *Journal of Traumatic Stress, 6*(2), 255–269. http://www.embase.com/search/results?subaction=viewrecord&from=export&id=L24205708

Solomon, Sheldon, Greenberg, J., & Pyszczynski, T. (2000). Pride and Prejudice. *Current Directions in Psychological Science, 9*(6), 200–204. https://doi.org/10.1111/1467-8721.00094

Speckhard, A., & Akhmedova, K. (2005). Talking to terrorists. *Journal of Psychohistory, 33*(2), 125–156. https://doi.org/10.2968/060002020

Stalinsky, S. (2012). *Maj. Nidal Hasan, Fort Hood Shooter And Lone-Wolf Jihadi.* MEMRI. https://www.memri.org/cjlab/maj-nidal-hasan-fort-hood-shooter-and-lone-wolf-jihadi-celebrated-and-lionized-by-terror-groups-and-leaders-al-qaeda-aqap-taliban-imu-and-more-as-well-as-top-online-jihadi-f

Stern, J. (2003). *Terror in the Name of God: Why Religious Militants Kill.* Harper Perennial.

The White House. (2015). *FACT SHEET: The White House Summit on Countering Violent Extremism.* Office of the Press Secretary. https://obamawhitehouse.archives.gov/the-press-office/2015/02/18/fact-sheet-white-house-summit-countering-violent-extremism

UK Parliament. (2009). *Preventing Violent Extremism - Communities and Local Government Committee Contents.* https://publications.parliament.uk/pa/

theory. *Journal of Personality and Social Psychology, 90*(5), 751–783. https://doi.org/10.1037/0022-3514.90.5.751

Pew Research Center. (2011). *Chapter 4. Views of Extremist Groups and Suicide Bombing.* https://www.pewresearch.org/global/2011/05/17/chapter-4-views-of-extremist-groups-and-suicide-bombing/

Post, J. M., McGinnis, C., & Moody, K. (2014). The Changing Face of Terrorism in the 21st Century: The Communications Revolution and the Virtual Community of Hatred. *Behavioral Sciences & the Law, 32*(3), 306–334. https://doi.org/10.1002/bsl.2123

Pyszczynski, T., Abdollahi, A., Solomon, S., Greenberg, J., Cohen, F., & Weise, D. (2006). Mortality Salience, Martyrdom, and Military Might: The Great Satan Versus the Axis of Evil. *Personality and Social Psychology Bulletin, 32*(4), 525–537. https://doi.org/10.1177/0146167205282157

Ribeiro, M. H., Ottoni, R., West, R., Almeida, V. A. F., & Wagner Meira, W. M. (2020). Auditing radicalization pathways on YouTube. *FAT* 2020 - Proceedings of the 2020 Conference on Fairness, Accountability, and Transparency,* 131–141. https://doi.org/10.1145/3351095.3372879

Ross, L., & Ward, A. (1995). Psychological Barriers to Dispute Resolution. In M. Zanna (Ed.), *Advances in Experimental Social Psychology* (pp. 255–304). Academic Press. https://doi.org/10.1016/S0065-2601(08)60407-4

Rouhana, N. N., & Bar-Tal, D. (1998). Psychological Dynamics of Intractable Ethnonational Conflicts: The Israeli-Palestinian Case. *American Psychologist, 53*(7), 761–770. https://doi.org/10.1037/0003-066X.53.7.761

Sageman, M. (2004). *Understanding Terror Networks.* University of Pennsylvania Press. https://doi.org/10.9783/9780812206791

Sageman, M. (2008). *Leaderless jihad : terror networks in the twenty-first century.* University of Pennsylvania Press.

Sageman, M. (2014). The Stagnation in Terrorism Research. *Terrorism and Political Violence,* 26(4), 565–580. https://doi.org/10.1080/09546553.2014.895649

Shane, S. (2016). The Enduring Influence of Anwar al-Awlaki in the Age of the Islamic State. *CTCSENTINEL,* 15–19. https://ctc.usma.edu/july-2016/

Shaughnessy, L. (2012). *Hasan's e-mail exchange with al-Awlaki; Islam, money*

tice in close relationships. New York: Plenum Press. pp.1-10

Milgram, S. (1974). *Obedience to authority : an experimental view.* Tavistock.

Moeschberger, S. L., Dixon, D. N., Niens, U., & Cairns, E. (2005). Forgiveness in Northern Ireland: A model for peace in the midst of the "Troubles." *Peace and Conflict: Journals of Peace Psychology, 11*, 199–214.

Moghaddam, F. M. (2005). The Staircase to Terrorism: A Psychological Exploration. *American Psychologist, 60*(2), 161–169. https://doi.org/10.1037/0003-066X.60.2.161

Moskalenko, S., & Mccauley, C. (2016). *Friction: How conflict radicalizes them and us* (Kindle). Oxford University Press; Revised.

Munger, K., & Phillips, J. (2019). *A Supply and Demand Framework for YouTube Politics.*

Nicas, J. (2018, February 7). How YouTube Drives People to the Internet's Darkest Corners. *Wall Street Journal.* https://www.wsj.com/articles/how-youtube-drives-viewers-to-the-internets-darkest-corners-1518020478

NPR. (2005, April 14). Full Text of Eric Rudolph's Confession. *NPR.* https://www.npr.org/templates/story/story.php?storyId=4600480

Nutkiewicz, M. (2003). Shame, Guilt, and Anguish in Holocaust Survivor Testimony. *The Oral History Review, 30*(1), 1–22. https://www.academia.edu/12631614/Shame_Guilt_and_Anguish_in_Holocaust_Survivor_Testimony?auto=download

Oksanen, A., Nurmi, J., Vuori, M., & Räsänen, P. (2013). Jokela: The social roots of a school shooting tragedy in Finland. *School Shootings: International Research, Case Studies, and Concepts for Prevention, May 2014,* 189–215. https://doi.org/10.1007/978-1-4614-5526-4_9

Oren, N., & Bar-Tal, D. (2007). The detrimental dynamics of delegitimization in intractable conflicts: The Israeli-Palestinian case. *International Journal of Intercultural Relations, 31*(1), 111–126. https://doi.org/10.1016/j.ijintrel.2006.07.003

Pape, R. (2006). *Dying to Win: The Strategic Logic of Suicide Terrorism.* Random House Trade Paperbacks.

Pettigrew, T. F., & Tropp, L. R. (2006). A meta-analytic test of intergroup contact

periences of Bystanders of Workplace Ethnic Harassment. *Journal of Applied Social Psychology, 37*(10), 2261–2297.
https://doi.org/10.1111/j.1559-1816.2007.00258.x

Maalouf, A. (2001). *In the Name of Identity: Violence and the Need to Belong.* Arcade Publishing.

Mahut. (2020). *About Mahut Israel.* Mahut.
http://www.mahut-israel.org/ABOUT-MAHUT-ISRAEL.html

Malkki, L. (2014). Political Elements in Post-Columbine School Shootings in Europe and North America. *Terrorism and Political Violence, 26*(1), 185–210.
https://doi.org/10.1080/09546553.2014.849933

Maoz, I., & McCauley, C. (2008). Threat, dehumanization, and support for retaliatory aggressive policies in asymmetric conflict. *Journal of Conflict Resolution, 52*(1), 93–116.

March, U., Prados, A. B., & Blanchard, C. M. (2005). *CRS Report for Congress Received through the CRS Web Saudi Arabia : Terrorist Financing Issues.*
https://fas.org/sgp/crs/terror/RL32499.pdf

McGregor, H. A., Greenberg, J., Arndt, J., Lieberman, J. D., Solomon, S., Simon, L., & Pyszczynski, T. (1998). Terror Management and Aggression: Evidence That Mortality Salience Motivates Aggression Against Worldview-Threatening Others. *Journal of Personality and Social Psychology, 74*(3), 590–605.
https://doi.org/10.1037/0022-3514.74.3.590

McKinley, J. C., & Dao, J. (2009, November 8). Fort Hood Gunman Gave Signals Before His Rampage. *New York Times.*
https://www.nytimes.com/2009/11/09/us/09reconstruct.html

Meleagrou-Hitchens, A. (2011). *As American as Apple Pie: How Anwar al-Awlaki Became the Face of Western Jihad.* http://www.gordogan.com.hr/gordogan/wp-content/uploads/2011/10/2011-09-Meleagrou-Hitchens-Alexander-As-American-as-Apple-Pie-Anwar-al-Awlaki.pdf

Merari, A. (2010). *Driven to Death : Psychological and Social Aspects of Suicide Terrorism.* Oxford Univ Print.

Mikura, G., & Lerner, M. J. (1994). Justice in close relationships: An introduction. In M. J. Lerner, & G. Mikula (Eds), *Entitlement and the affectional bond: Jus-*

Janoff-Bulman, R. (1992). *Shattered assumptions : towards a new psychology of trauma.* Free Press.

Kay, A. C., & Ross, L. (2003). The perceptual push: The interplay of implicit cues and explicit situational construals on behavioral intentions in the Prisoner's Dilemma. *Journal of Experimental Social Psychology, 39*(6), 634–643. https://doi.org/10.1016/S0022-1031(03)00057-X

Kelman, Herbert. (1973). Violence without moral restrains:Reflection on the dehumanization of victims and victimizers. *Journal of Social Issues, 29*(4), 25–61.

Kelman, Herbert. (1999). The interdependence of Israeli and Palestinian national identities: The role of the other in existential conflicts. *Journal of Social Issues, 55*(3), 581–600.

Krämer, U. M., Jansma, H., Tempelmann, C., & Münte, T. F. (2007). Tit-for-tat: The neural basis of reactive aggression. *NeuroImage, 38*(1), 203–211. https://doi.org/10.1016/j.neuroimage.2007.07.029

Kruglanski, A. W., & Webster, D. M. (1996). Motivated closing of the mind: "Seizing" and "freezing." *Psychological Review, 103*(2), 263–283. https://doi.org/10.1037/0033-295X.103.2.263

Kruglanski, A. W., & Fishman, S. (2009). Psychological Factors in Terrorism and Counterterrorism: Individual, Group, and Organizational Levels of Analysis. *Social Issues and Policy Review, 3*(1), 1–44. https://doi.org/10.1111/j.1751-2409.2009.01009.x

Kruglanski, A. W., Raviv, A., Bar-Tal, D., Raviv, A., Sharvit, K., Ellis, S., Bar, R., Pierro, A., & Mannetti, L. (2005). Says Who?: Epistemic Authority Effects in Social Judgment. *Advances in Experimental Social Psychology, 37*(December), 345–392. https://doi.org/10.1016/S0065-2601(05)37006-7

Lazarus, R. S., & Folkman, S. (1984). *Stress, Appraisal, and Coping.* Springer.

Lederman, S. A., Rauh, V., Weiss, L., Stein, J. L., Hoepner, L. A., Becker, M., & Perera, F. P. (2004). The Effects of the World Trade Center Event on Birth Outcomes among Term Deliveries at Three Lower Manhattan Hospitals. *Environmental Health Perspectives, 112*(17), 1772–1778. https://doi.org/10.1289/ehp.7348

Low, K. S. D., Radhakrishnan, P., Schneider, K. T., & Rounds, J. (2007). The Ex-

image.guardian.co.uk/sys-files/Politics/documents/2005/07/26/Muslim-Poll.pdf

Halperin, E., Russell, A. G., Dweck, C. S., & Gross, J. J. (2011). Anger, Hatred, and the Quest for Peace: Anger Can Be Constructive in the Absence of Hatred. *Journal of Conflict Resolution, 55*(2), 274–291. https://doi.org/10.1177/0022002710383670

Hamm, M., & Spaaij, R. (2017). *The Age of Lone Wolf Terrorism.* Columbia Univ Press.

Herman, J. (2003). TRAUMA AND RECOVERY: The Aftermath of Violence—*From Domestic Abuse to Political Terror. 14*(3&4), 369–386.

Hobfoll, S. E. (1989). Conservation of Resources: A New Attempt at Conceptualizing Stress. *American Psychologist.* https://doi.org/10.1037/0003-066X.44.3.513

Hobfoll, S. E., Canetti-Nisim, D., & Johnson, R. J. (2006). Exposure to terrorism, stress-related mental health symptoms, and defensive coping among Jews and Arabs in Israel. *Journal of Consulting and Clinical Psychology, 74*(2), 207–218. https://doi.org/10.1037/0022-006X.74.2.207

Hoffer, E. (2002). *The True Believer:Thoughts on the Nature of Mass Movements.* Harper Perennial Modern Classics.

Horgan, J. (2002). *The Psychology of Terrorism.* Routledge.

Howard, T., Poston, B., & Benning, S. D. (2019). The Neurocognitive Process of Digital Radicalization: A Theoretical Model and Analytical Framework. *Jornal for Deradicalization,* 122–146. https://digitalscholarship.unlv.edu/cgi/viewcontent.cgi?article=1210&context=political_science_articles

Huey, L. (2015). This is Not Your Mother's Terrorism: Social Media, Online Radicalization and the Practice of Political Jamming. *Journal of Terrorism Research, 6*(2). https://doi.org/10.15664/jtr.1159

Hunter, J. A., Stringer, M., & Watson, R. P. (1991). Intergroup violence and intergroup attributions. *British Journal of Social Psychology, 30*(3), 261–266. https://doi.org/10.1111/j.2044-8309.1991.tb00943.x

ICSR. (2015). *Foreign fighter total in Syria/Iraq now exceeds 20,000; surpasses Afghanistan conflict in the 1980s*. ICSR. https://icsr.info/2015/01/26/foreign-fighter-total-syriairaq-now-exceeds-20000-surpasses-afghanistan-conflict-1980s/

ITC. (2020). *Israel Trauma Coalition.* http://israeltraumacoalition.org/

De Dreu, C. K. W., & van Knippenberg, D. (2005). The possessive self as a barrier to conflict resolution: Effects of mere ownership, process accountability, and self-concept clarity on competitive cognitions and behavior. *Journal of Personality and Social Psychology, 89*(3), 345–357.
https://doi.org/10.1037/0022-3514.89.3.345

Diehl, C., & Schnell, R. (2006). "Reactive Ethnicity" or "Assimilation"? Statements, Arguments, and First Empirical Evidence for Labor Migrants in Germany. *International Migration Review, 40*(4), 786–816.
https://doi.org/10.1111/j.1747-7379.2006.00044.x

Dunkel-Schetter, C., & Bennett, T. L. (1990). Differentiating the cognitive and behavioral aspects of social support. In B. R. Sarason, I. Sarason, & G. Pierce (Eds.), *Social support: An interactional view.* Wiley.

Easterbrook, J. A. (1959). The effect of emotion on cue utilization and the organization of behavior. *Psychological Review, 6*(3), 183–201.

Eisenberg, N. (1982). *The Development of prosocial behavior*. Academic Press.

EMediaMillWorks. (2001, September 20). Text: President Bush Addresses the Nation. *The Washington Post.* https://www.washingtonpost.com/wp-srv/nation/specials/attacked/transcripts/bushaddress_092001.html

EMediaMillWorks. (2002, January 29). Text of President Bush's 2002 State of the Union Address. *The Washington Post.*
https://www.washingtonpost.com/wp-srv/onpolitics/transcripts/sou012902.htm

FBI. (n.d.). *Eric Rudolph*. FBI. Retrieved June 13, 2020, from
https://www.fbi.gov/history/famous-cases/eric-rudolph

FBI. (1998). *Operation Lone Wolf.* The FBI SAN DIEGO Division.
https://archives.fbi.gov/archives/sandiego/about-us/history/operation-lone-wolf

Festinger, L. (1957). *A Theory of Cognitive Dissonance.* Stanford University Press.

Ganor, B. (2006). *The Counter-Terrorism Puzzle: A Guide for Decision Makers.* Transaction Publishers.

Guardian. (2004). *Guardian ICM/Poll: Muslim Poll November 2004.* Guardian. http://image.guardian.co.uk/sys-files/Guardian/documents/2004/11/30/Muslims-Nov041.pdf

Guardian. (2005). *Guardian ICM/Poll: Muslim Poll July 2005.* Guardian. http://

bic-Named Applicants in the Netherlands: An Internet-Based Field Experiment Examining Different Phases in Online Recruitment Procedures. *Social Forces, 92*(3), 957–982. https://doi.org/10.1093/sf/sot124

Bromet, E. J. (2014). Emotional Consequences of Nuclear Power Plant Disasters. *Health Physics, 106*(2), 206–210. https://doi.org/10.1097/HP.0000000000000012

Bronfenbrenner, U. (1977). Toward an experimental ecology of human development. *American Psychologist, 32*(7), 513–531. https://doi.org/10.1037/0003-066X.32.7.513

Bruneau, E. (2016). *Understanding the Terrorist Mind. 2016.* https://www.ncbi.nlm.nih.gov/pmc/articles/PMC5198759/

Cehajic, S., Brown, R., & Castano, E. (2008). Forgive and Forget? Antecedents and consequences of intergroup forgiveness in Bosnia and Herzegovina. *Political Psychology, 29*, 351–367.

Chajut, E., & Algom, D. (2003). Selective Attention Improves Under Stress: Implications for Theories of Social Cognition. *Journal of Personality and Social Psychology, 85*(2), 231–248. https://doi.org/10.1037/0022-3514.85.2.231

Chrousos, G. P. (2009). Stress and disorders of the stress system. *Nature Reviews Endocrinology, .5*(7), 374. https://doi.org/10.1038/nrendo.2009.106

Coolsaet, R. (2005). Between al-Andalus and a failing integration Europe's pursuit of a long-term counterterrorism strategy in the post-al-Qaeda era. *Egmont Institute,* 30.

Cruickshank, P., & Ali, M. H. (2007). Abu Musab Al Suri: Architect of the New Al Qaeda. *Studies in Conflict & Terrorism, 30*(1), 1–14. https://doi.org/10.1080/10576100601049928

Danieli, Y. (1984). Psychotherapists' participation in the conspiracy of silence about the holocaust. *Psychoanalytic Psychology, 1*(1), 23–42. https://doi.org/10.1037//0736-9735.1.1.23

Day, A., Chung, D., O'Leary, P., & Carson, E. (2009). Programs for men who perpetrate domestic violence: An examination of the issues underlying the effectiveness of intervention programs. *Journal of Family Violence, 24*(3), 203–212. https://doi.org/10.1007/s10896-008-9221-4

参考文献

AFP.（2008, March 5）. アブグレイブ刑務所の虐待事件、要因は「人格」ではなく「環境」. *AFP.* https://www.afpbb.com/articles/-/2359630

Amcha.（2016）. *About Amcha.* Amcha. http://www.amcha.org/node/390

American Psychiatric Association.（2014）. *DSM-5 精神疾患の診断・統計マニュアル（日本語）*（日本精神神経学会（Ed.））. 医学書院.

Asch, S.（1955）. Opinion and Social Pressure. *Scientific American, 193*（5）.

B'Tselem.（2017a）. *Administrative Detention.* B'Tselem. https://www.btselem.org/administrative_detention

B'Tselem.（2017b）. *Home Demolition as Collective Punishment.* B'Tselem. https://www.btselem.org/punitive_demolitions

Bandura, A., Underwood, B., & Fromson, M. E.（1975）. Disinhibition of aggression through diffusion of responsibility and dehumanization of victims. *Journal of Research in Personality, 9*（4）, 253–269. https://doi.org/10.1016/0092-6566(75)90001-X

Bandura, A.（1990）. Origins of terrorism: Psychologies, ideologies, theologies, states of mind: Mechanisms of moral disengagement in terrorism. In *Insurgent Terrorism.* Cambridge: Cambridge University Press. https://doi.org/10.4324/9781351155564-4

Bar-Tal, D.（2007）. Sociopsychological Foundations of Intractable Conflicts. *American Behavioral Scientist, 50*（11）, 1430–1453. https://doi.org/10.1177/0002764207302462

Batson, C. D., Early, S., & Salvarani, G.（1997）. Perspective taking: Imagining how another feels versus imagining how you would feel. *Personality and Social Psychology Bulletin, 23*, 751–758.

Benoist, C.（2017）. *Death in numbers: A year of violence in the occupied palestinian territory and Israel.* https://chloebenoist.wordpress.com/2017/01/14/death-in-numbers-a-year-of-violence-in-the-occupied-palestinian-territory-and-israel/

Blommaert, L., Coenders, M., & van Tubergen, F.（2014）. Discrimination of Ara-

著者紹介　大治朋子　おおじ・ともこ
毎日新聞編集委員。1989年、毎日新聞入社。東京本社社会部、ワシントン特派員、エルサレム特派員を歴任。2004～2005年、英オックスフォード大学ロイタージャーナリズム研究所客員研究員。2017年から2年間、留学休職。イスラエル・ヘルツェリア学際研究所（IDCヘルツェリア）大学院（テロ対策・国土安全保障論、サイバーセキュリティ専攻）修了（Magna Cum Laude）。同研究所併設のシンクタンク「国際テロ対策研究所（ICT）」研修生。テルアビブ大学大学院（危機・トラウマ学）首席（Summa Cum Laude）にて修了。2019年秋、復職。社会部時代の調査報道で2002、2003年度の新聞協会賞をそれぞれ受賞。2010年度ボーン・上田記念国際記者賞受賞。単著に『勝てないアメリカ――「対テロ戦争」の日常』（岩波新書）、『アメリカ・メディア・ウォーズ　ジャーナリズムの現在地』（講談社現代新書）など。

歪んだ正義　「普通の人」がなぜ過激化するのか

第1刷　2020年8月10日
第3刷　2020年11月10日

著者　大治朋子
発行人　小島明日奈
発行所　毎日新聞出版
〒102-0074
東京都千代田区九段南1-6-17　千代田会館5階
営業本部　03（6265）6941
図書第二編集部　03（6265）6746
印刷・製本　中央精版印刷

ISBN978-4-620-32638-2